国家重点研发计划课题（2020YFD1100705）

贵州山地民族聚落研究丛书

Research Series on Mountainous Minorities Settlements in Guizhou

黔中地区屯堡聚落调查研究

SURVEY AND STUDY ON TUNPU SETTLEMENTS IN CENTRAL GUIZHOU

周政旭 封基钺 等著

中国建筑工业出版社

图书在版编目（CIP）数据

黔中地区屯堡聚落调查研究 = SURVEY AND STUDY ON TUNPU SETTLEMENTS IN CENTRAL GUIZHOU / 周政旭等著. —北京：中国建筑工业出版社，2021.8
（贵州山地民族聚落研究丛书）
ISBN 978-7-112-26332-5

Ⅰ. ①黔… Ⅱ. ①周… Ⅲ. ①汉族—村落—调查研究—贵州 Ⅳ. ①K928.5

中国版本图书馆CIP数据核字（2021）第138803号

责任编辑：张　明　徐晓飞
责任校对：王　烨

贵州山地民族聚落研究丛书
Research Series on Mountainous Minorities Settlements in Guizhou
黔中地区屯堡聚落调查研究
SURVEY AND STUDY ON TUNPU SETTLEMENTS IN CENTRAL GUIZHOU
周政旭　封基钺　等著
*
中国建筑工业出版社出版、发行（北京海淀三里河路9号）
各地新华书店、建筑书店经销
北京锋尚制版有限公司制版
北京中科印刷有限公司印刷
*
开本：787毫米×1092毫米　1/16　印张：19½　字数：259千字
2022年3月第一版　2022年3月第一次印刷
定价：**128.00**元
ISBN 978-7-112-26332-5
（37625）

本书贡献者

调查测量：周政旭　刘加维　胡　杰　丁　菲　刘纾萌　孟宇飞　李敬婷　孙海燕　许佳琪　李晓晴　庞李颖强　胡雅琪　贾子玉　王　念　王仲宇　陈思淇　郭　灏　岑元林　程　盟　黄小静　熊　杰　龚　恒　胡日刚　李龙虎　代　亮　杨晓艳　霍振曦　佘俊锋　桂晓刚　李舜阳

绘　　图：周政旭　刘加维　刘纾萌　孟宇飞　李敬婷　孙海燕　许佳琪　李晓晴　庞李颖强　胡雅琪　贾子玉　王　念　王仲宇　陈思淇

研　　究：周政旭　贾子玉　王　念　胡雅琪　许佳琪　孙海燕　李敬婷　封基铖　吕燕平　胡　杰　郭　灏　王　慧　钱　云

前　言

贵州位于中国西南，地处云贵高原东部，是全国唯一没有平原支撑的省份。全省平均海拔1100米左右，山地与丘陵面积占全省面积的92.5%，是典型的“山地省”。同时，贵州是一个多民族聚居的省份，是最富于民族特色的省份之一。数千年以来，各民族的祖先陆续迁徙到贵州，从事农耕或者半游牧生产，并以村寨、部落的方式逐渐定居下来。由于地形富于变化、山川阻隔影响较大，因此各民族在迁徙与定居的过程中，形成了“大杂居、小聚居”的分布状态，并形成、发展和保留了特色的民族与地方民族文化。时至今日，贵州省世代居住有苗、侗、布依、仡佬等17个少数民族，各民族文化千姿百态，多元共生，共同构建中华民族文化共同体。

在此背景下，贵州形成了诸多丰富多彩的山地聚落。截至2019年，在住房和城乡建设部、文化部等多部门联合公布的5批共6819个中国传统村落名录中，贵州省共724个村落名列其中，占到全国的约10.6%。而这724个村落，基本都是山地聚落的典型代表。此外，遍及全省还有为数众多、各具特色的山地聚落。它们植根当地，适应自然，巧妙地解决了人在山地严苛的生存压力之下的聚居问题，并且发育出各具特色的民族特色，具有十分重要的历史价值、文化价值。同时，山地聚落特色的保护与发展，能够对当地人居改善、旅游发展起到积极作用，进而有效提高当地农民收入水平，是贵州这个典型贫困山区贫困空间治理的重要方面之一。

可惜的是，很多聚落的独特价值却很少被外人所认识，甚至不为当地民众所理解。在城镇化、工业化、全球化的狂飙突进中，一些聚落正在受到极为严峻的外部与内部挑战，特色正在消失，“千村一面”的现象正在村庄重演。

出于深入挖掘山地民族聚落独特价值的考虑，在清华大学吴良镛、朱文一、吴唯佳诸老师的指导与帮助下，我在博士后阶段开始对山地民族聚落形成与演变的历史过程系统开展研究，在民族志文本与聚落真实空间中发掘材料，从散见的线索出发努力构建其历史图景。从源头出发，以筚路蓝缕营建家园的当地先民的视角，当能悟出更多的智慧，亦能为今日之聚落发展、特色存续提供更多镜鉴。

在此过程中，我们也深深感到这些区域基础研究资料的匮乏。不仅历史资料欠缺，连当前聚落的空间资料亦极不完整。不过还好，从“田野”中亲手发掘一手材料尽管辛苦，却是一件让人兴奋的事情。于是，我们自2015年起作了一个“田野”计划，近年内每个夏天选择一处典型的民族聚居区域，以建筑学、人类学、社会学等多学科融合的视角，从区域、聚落、组团、建筑等多层次开展人居环境调查研究活动。每调研一个区域，则整理形成基础资料，并从多专题加以深入研究，以系统地梳理、提炼其价值。

在完成对黔中“扁担山—白水河”地区的调查和研究之后，本书即是我们第二次“田野”——黔中屯堡地区——的研究成果。上篇主要是对该区域以及10余个典型聚落的调研测绘。下篇则分别是针对聚落分布、空间形态、防御体系、水环境与水景观、仪式景观、民居建筑等方面的专题研究。

本书是“贵州山地民族聚落研究丛书”的第3本。本系列研究基于清华大学建筑与城市研究所、贵州省住房和城乡建设厅合作搭建的“贵州省‘四在农家·美丽乡村’人居环境整治示范项目”平台。研究受国家重点研发计划课题（批准号：2020YFD1100705）资助。

周政旭

2021年8月于清华园

目　录

4 屯堡聚落防御体系

5 屯堡聚落水环境与水景观

6 屯堡聚落典型特征空间

7 屯堡聚落仪式景观与仪式空间

8 屯堡民居典型类型

上篇

调研测绘

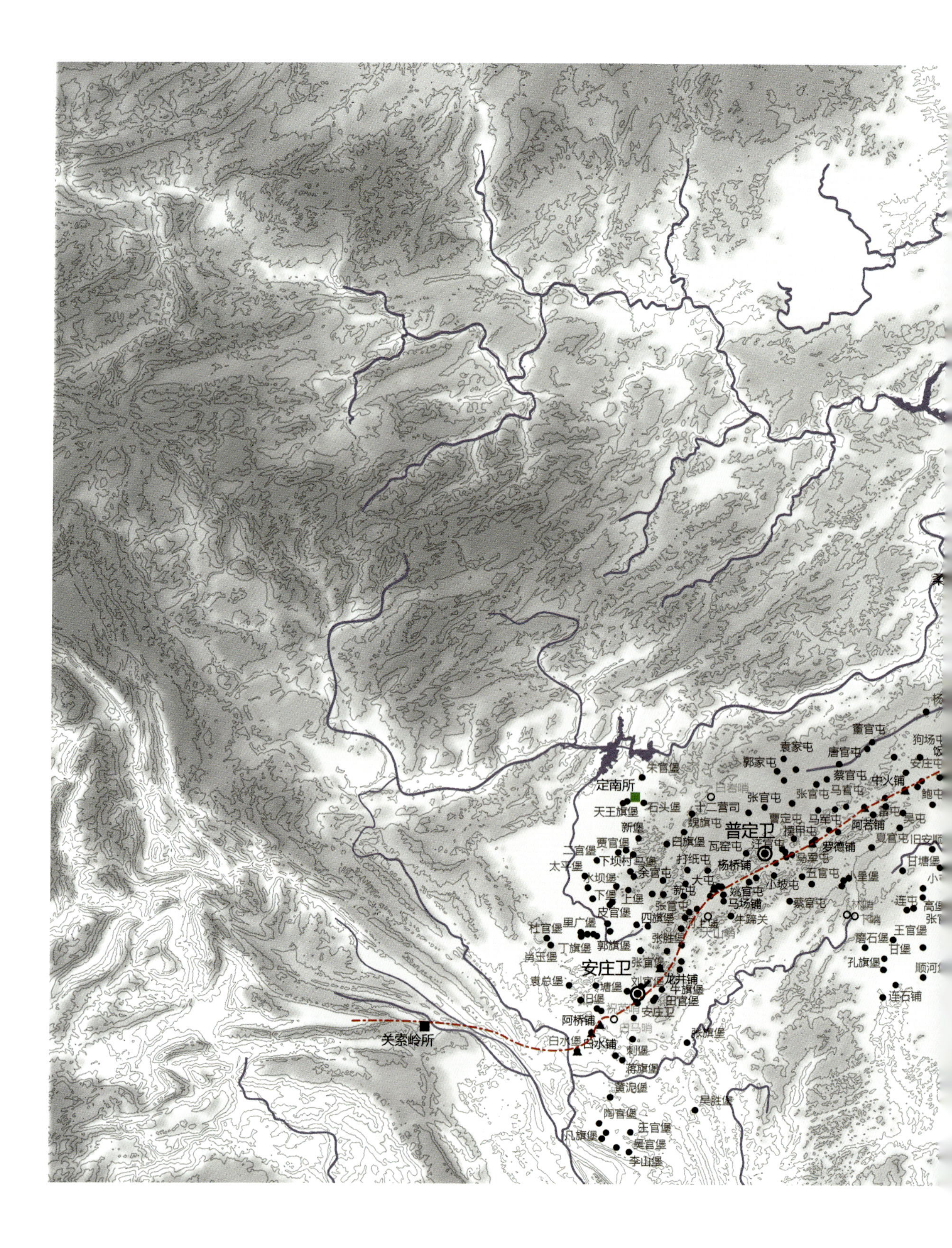

定南所
朱官堡
白岩哨
天王旗堡
石头堡
十二营司
魏旗屯
新堡
贾官堡
白旗堡
二官堡
下坝村
马堡
太平堡
水坝堡
余官屯
打纸屯
下堡
上堡
皮官堡
里广堡
杜官堡
四旗堡
丁旗堡
郭旗堡
肖玉堡
张富堡
安庄卫
袁总堡
塘堡
刘官堡
龙井铺
牛旗堡
旧堡
田官堡
祝英哨
安庄卫
阿桥铺
白马哨
关索岭所
白水堡
白水铺
刺堡
蒋旗堡
张旗堡
黄泥堡
吴胜堡
陶官堡
王官堡
凡旗堡
吴官堡
李山堡
普定卫
瓦窑屯
汪官屯
杨桥铺
大屯
新屯
张官屯
姚官屯
马场铺
河上堡
大山哨
牛蹄关
张胜堡
郭家屯
袁家屯
董官屯
唐官屯
蔡官屯
中火铺
张官屯
马官屯
曹定屯
马军屯
阿若铺
雷屯
吴屯
夏官屯
罗德铺
马军屯
五官屯
小坡屯
小垒堡
蔡官屯
林哨
下哨
连屯
甘塘堡
王官堡
磨石堡
甘堡
孔旗堡
连石铺
鲍屯
安庄屯

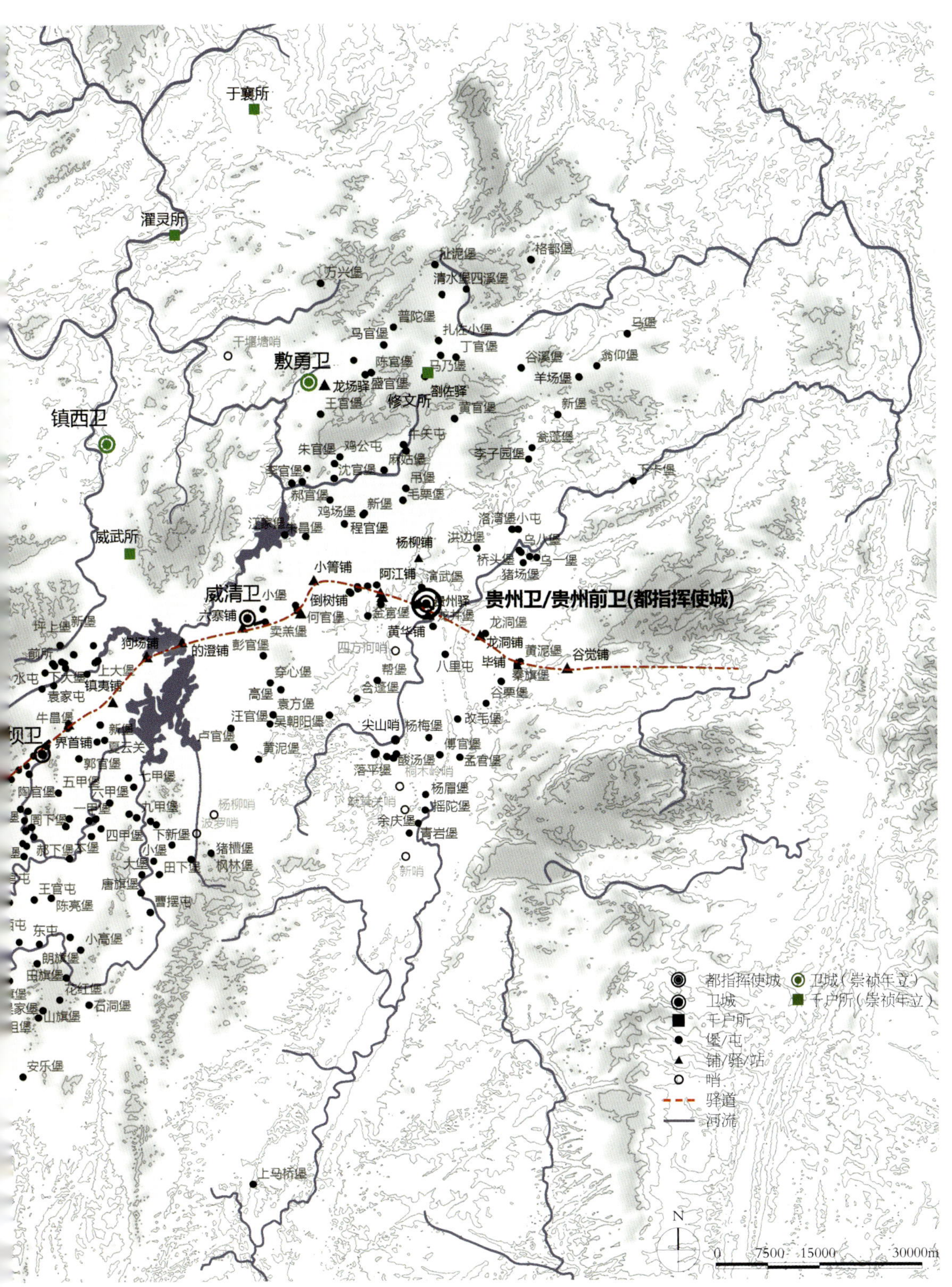

黔中屯堡分布图 | DISTRIBUTION OF TUNPU VILLAGES, CENTRAL GUIZHOU

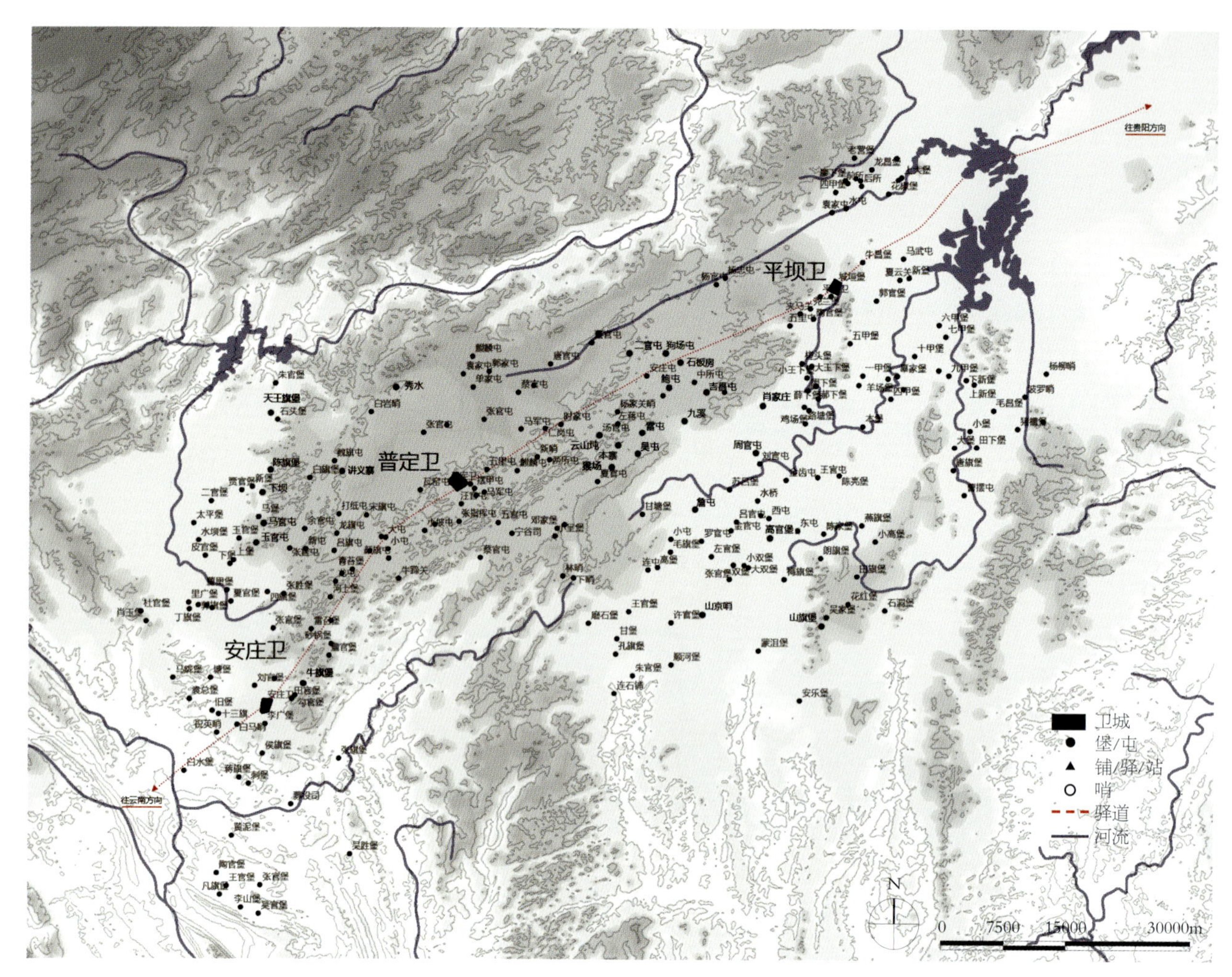

普定卫、安庄卫、平坝卫屯堡聚落分布图 | DISTRIBUTION OF TUNPU VILLAGES (PUDINGWEI,ANZHUANGWEI AND PINGBAWEI)

（根据范增如《明代安顺屯堡分布图》绘制）

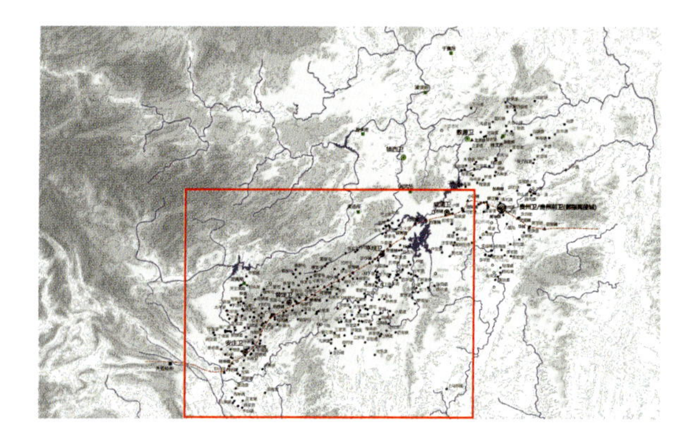

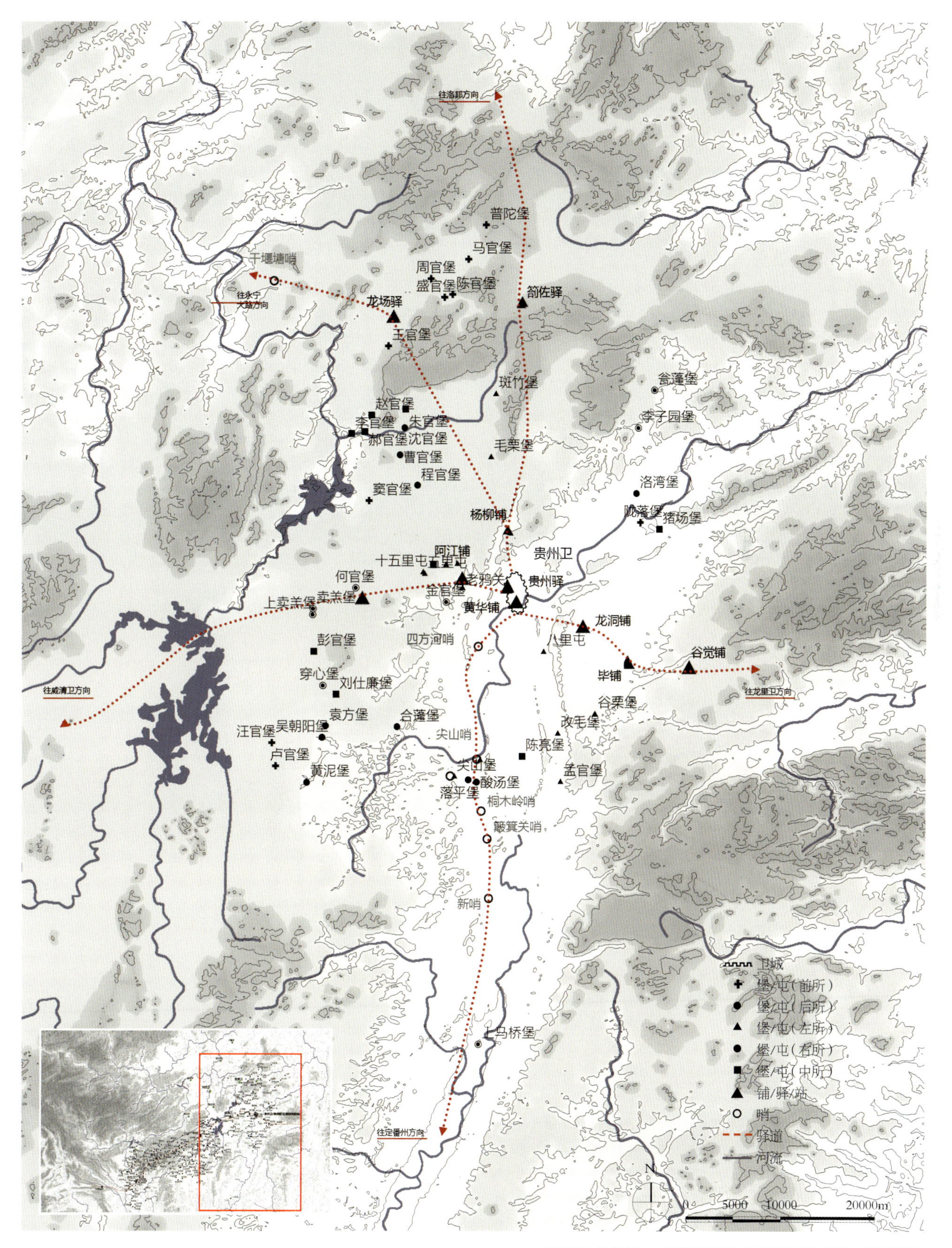

贵州卫屯堡分布图 | DISTRIBUTION OF TUNPU VILLAGES, GUIZHOUWEI

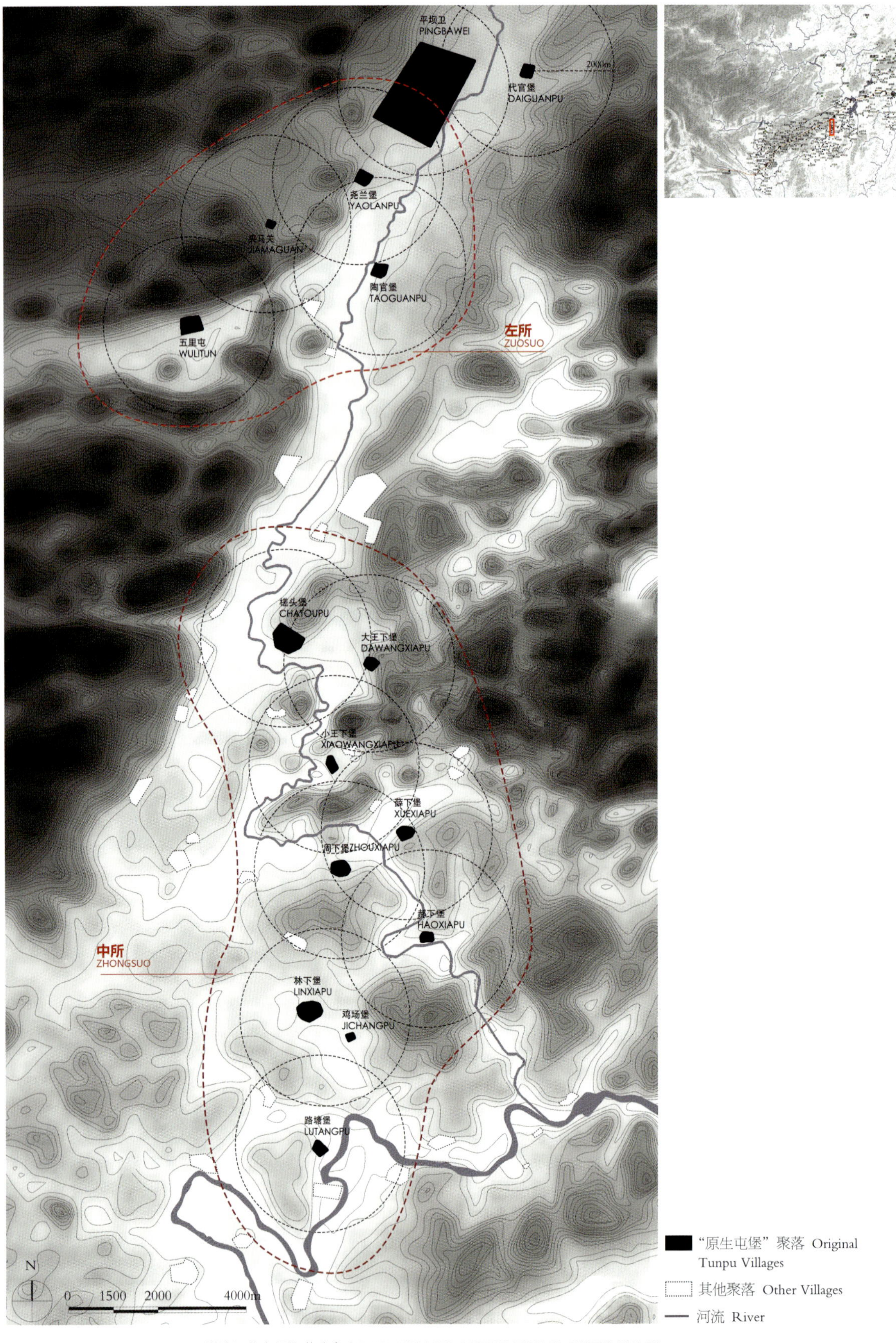

槎头河谷屯堡聚落分布 | TUNPU VILLAGES DISTRIBUTION IN CHATOU VALLEY

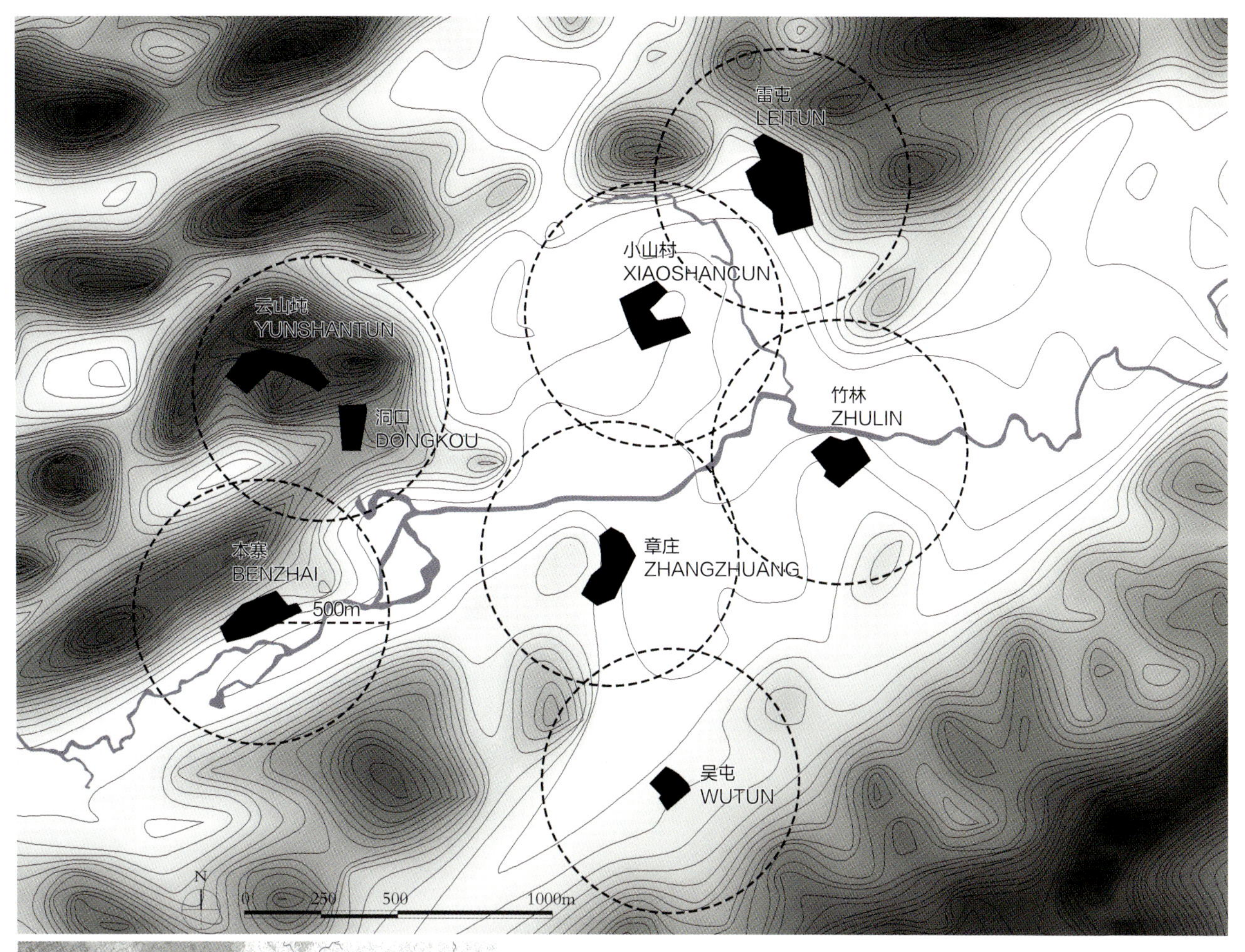

云峰八寨 | YUNFENG EIGHT VILLAGES

本寨 | BENZHAI

雷屯 | LEITUN

云山屯 | YUNSHANTUN

鲍屯 | BAOTUN VILLAGE

区位：贵州省安顺市西秀区大西桥镇

海拔：约1316m

坐标：北纬26.33°，东经106.12°

村庄（传统核心区）面积：4.2hm²

民族：汉族

人口：约2400人

Location: Daxiqiao Town, Xixiu District, Anshun City, Guizhou Province

Altitude: ~ 1316m

Coordinate: N26.33°, E106.12°

Village (Historical Core) Area: ~ 4.2hm²

Nationality: Han

Population: ~ 2400

鲍屯 | BAOTUN VILLAGE

鲍屯 | BAOTUN VILLAGE

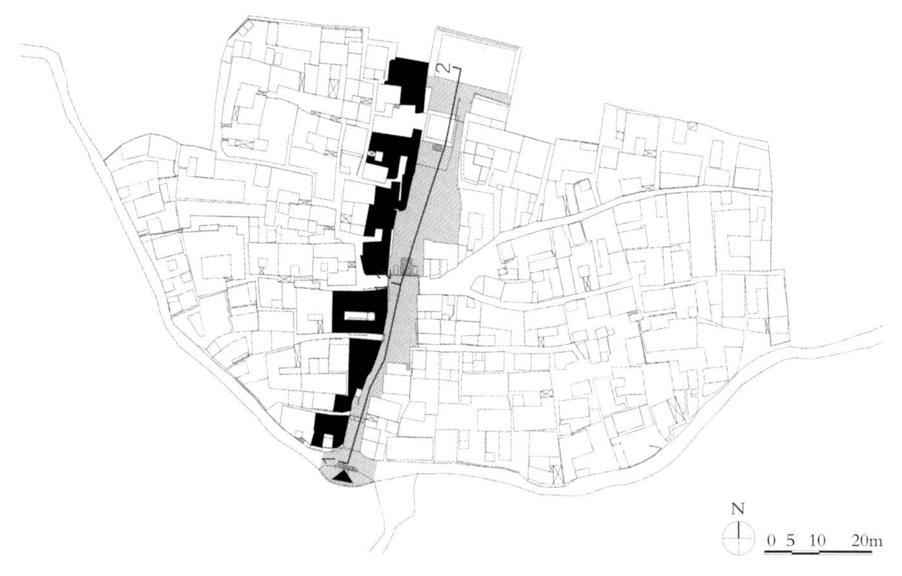

鲍屯平面 | BAOTUN VILLAGE PLAN

1-1 剖面 | 1-1 SECTION

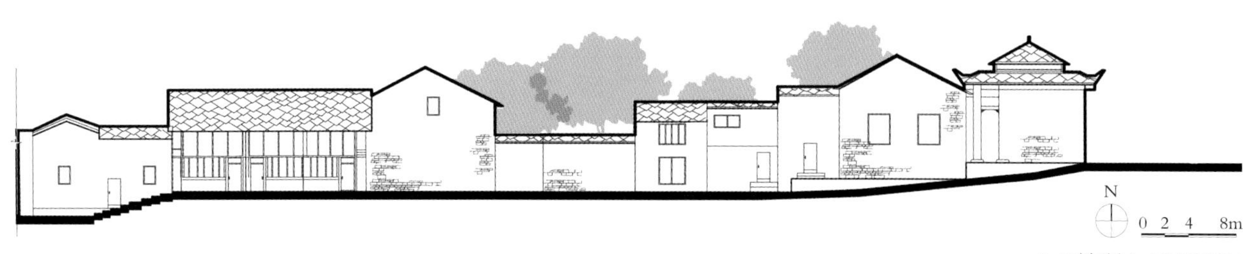

2-2 剖面 | 2-2 SECTION

鲍屯公共空间 | PUBLIC SPACE, BAOTUN VILLAGE

占地面积 | 230平方米
建筑面积 | 380平方米
建筑层数 | 2层

SITE AREA | 230m^2
BUILDING AREA | 380m^2
NUMBER OF FLOORS | 2

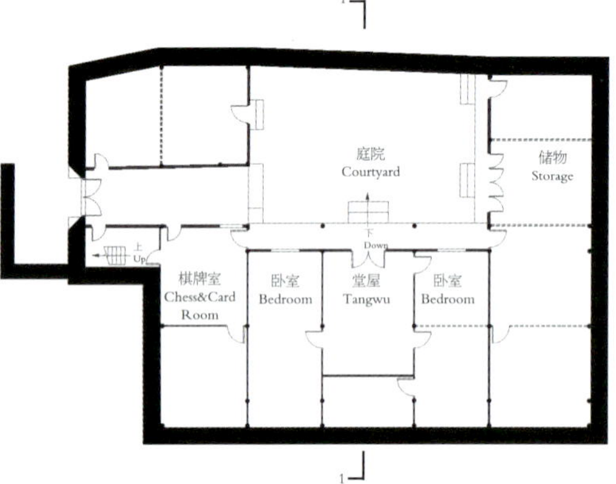

一层平面图 | FIRST FLOOR PLAN

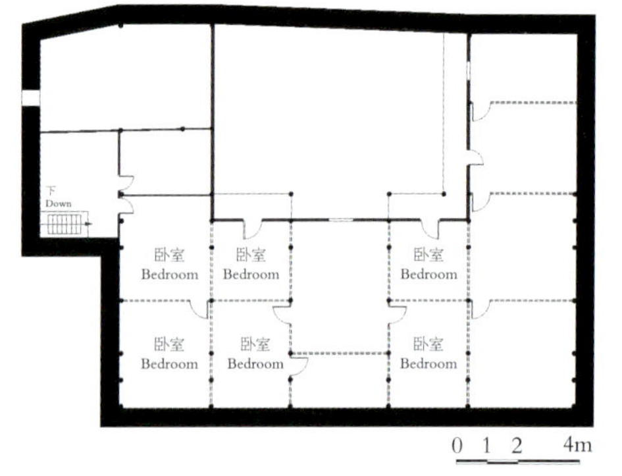

二层平面图 | SECOND FLOOR PLAN

鲍屯　鲍文弼宅 | BAO WENBI'S HOUSE, BAOTUN VILLAGE

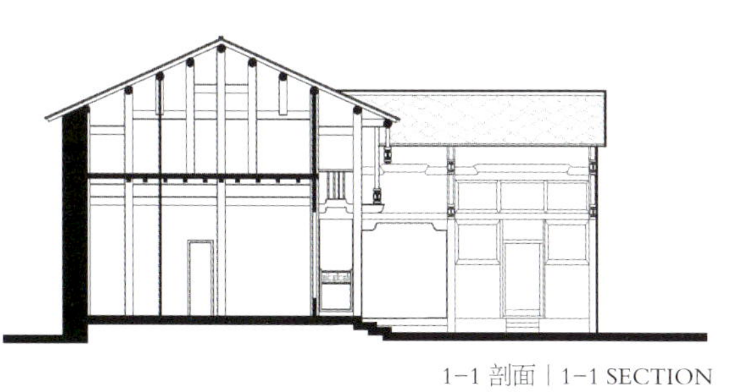

1-1 剖面 | 1-1 SECTION

内院西立面图 | WEST FACADE OF COURTYARD

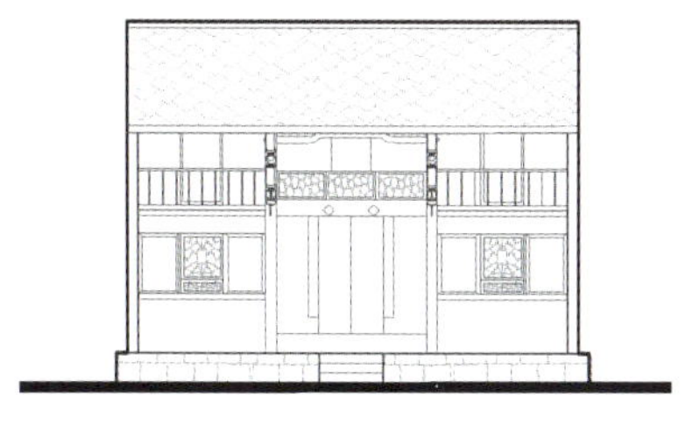

内院北立面图 | NORTH FACADE OF COURTYARD

大门立面 | GATE FACADE

鲍屯 鲍文弼宅 | BAO WENBI'S HOUSE, BAOTUN VILLAGE

占地面积｜220平方米
建筑面积｜380平方米
建筑层数｜2层

SITE AREA｜220m²
BUILDING AREA｜380m²
NUMBER OF FLOORS｜2

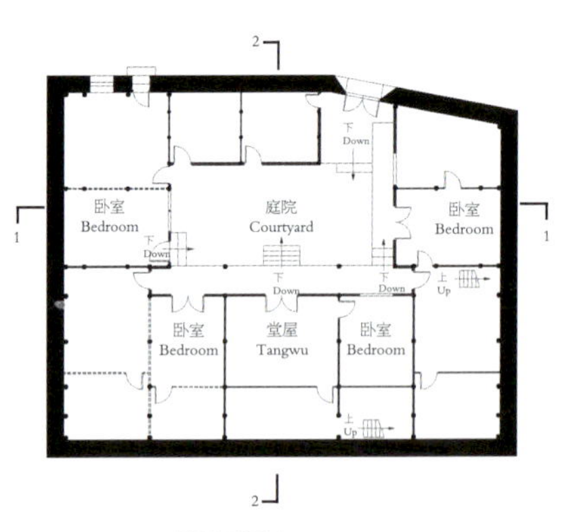

一层平面图｜FIRST FLOOR PLAN

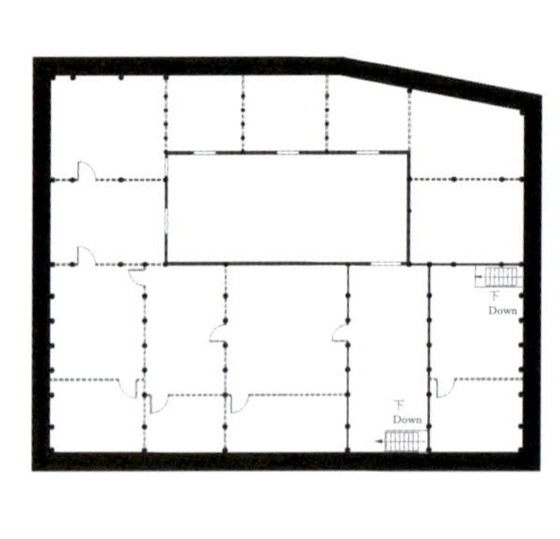

二层平面图｜SECOND FLOOR PLAN

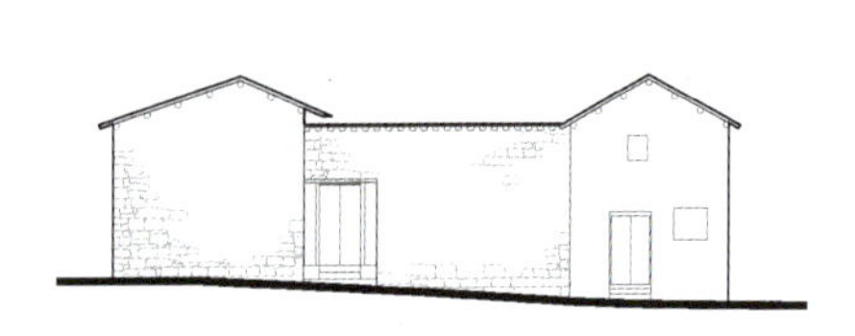

外立面图｜FACADE

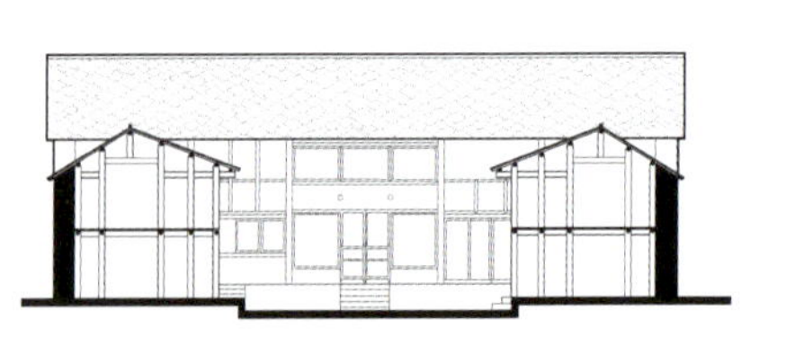

1-1 剖面图｜1-1 SECTION

2-2 剖面图｜2-2 SECTION

鲍屯　住宅030#｜030# HOUSE, BAOTUN VILLAGE

占地面积｜270平方米
建筑面积｜460平方米
建筑层数｜2层

SITE AREA｜270m²
BUILDING AREA｜460m²
NUMBER OF FLOORS｜2

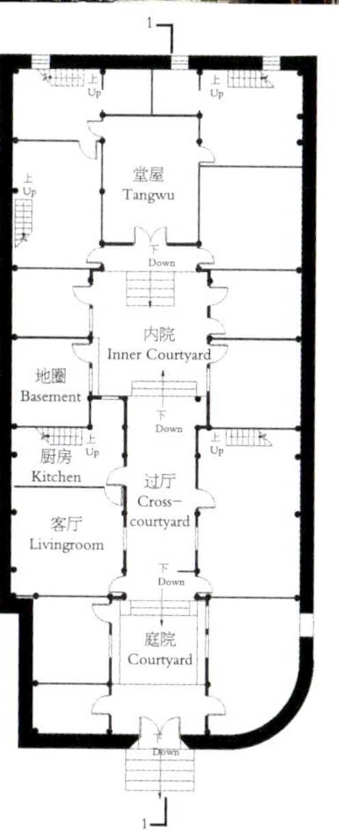

一层平面图｜FIRST FLOOR PLAN

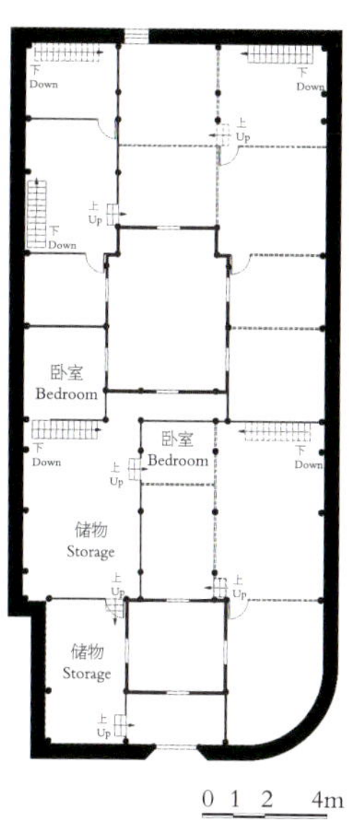

二层平面图｜SECOND FLOOR PLAN

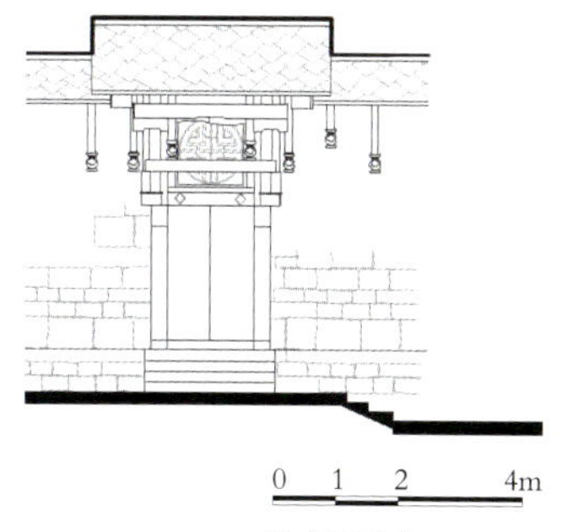

外立面图｜FACADE

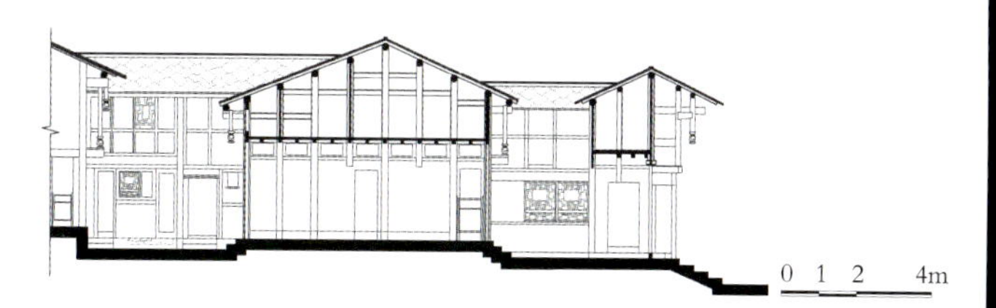

1-1 剖面图｜1-1 SECTION

鲍屯　住宅 013#｜013# HOUSE, BAOTUN VILLAGE

占地面积 | 320平方米
建筑面积 | 650平方米
建筑层数 | 2层

SITE AREA | 320m²
BUILDING AREA | 650m²
NUMBER OF FLOORS | 2

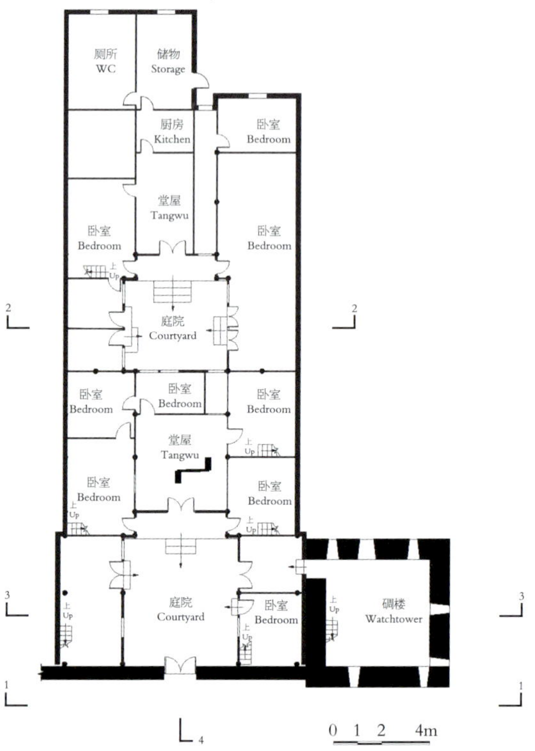

一层平面图 | FIRST FLOOR PLAN

鲍屯　碉楼院 | COURTYARD WITH WATCHTOWER, BAOTUN VILLAGE

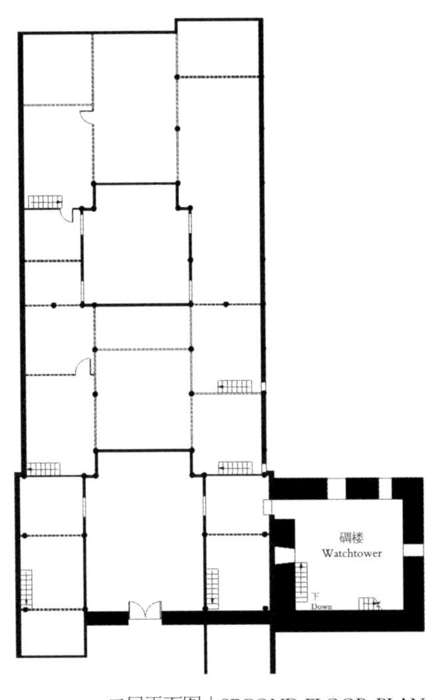

二层平面图 | SECOND FLOOR PLAN

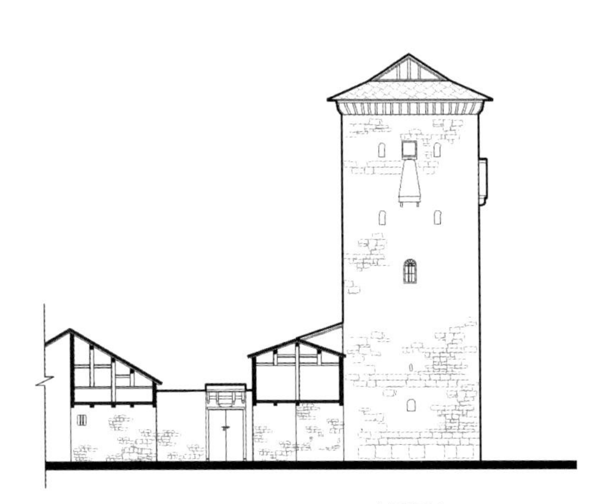

1-1 剖面图 | 1-1 SECTION

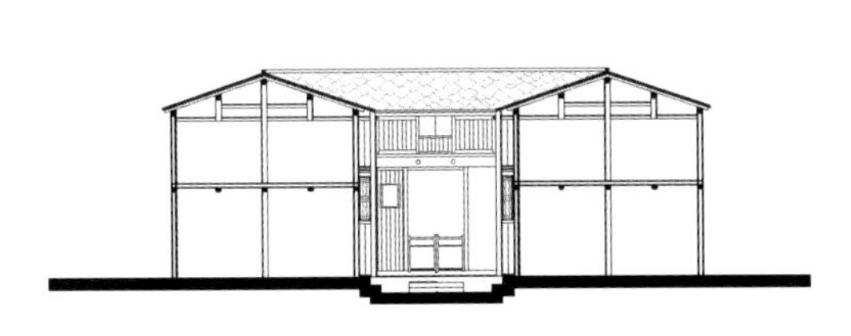

2-2 剖面图 | 2-2 SECTION

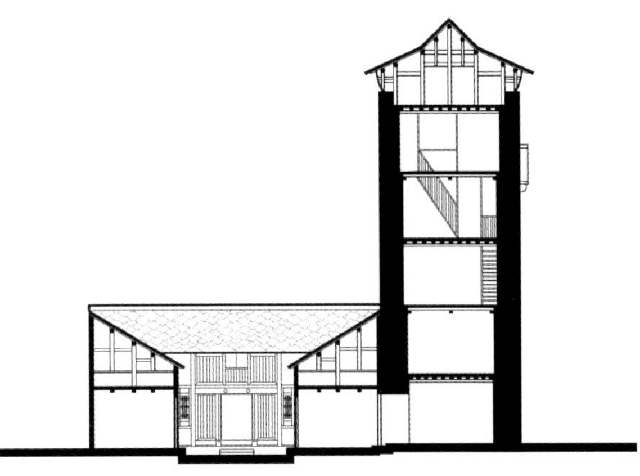

3-3 剖面图 | 3-3 SECTION

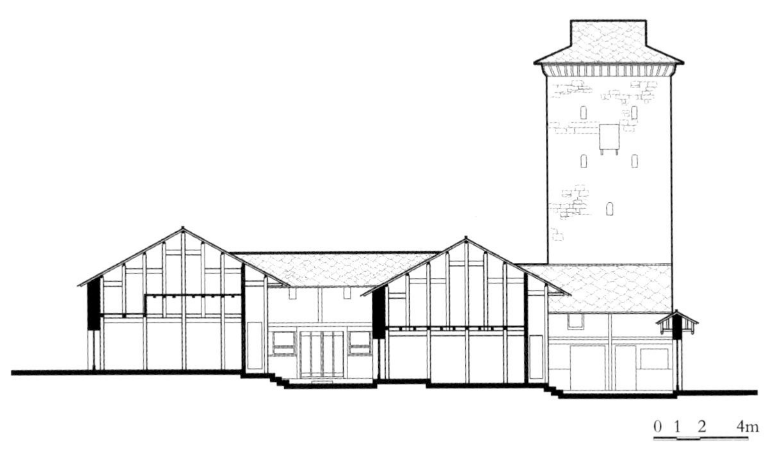

4-4 剖面图 | 4-4 SECTION

鲍屯 碉楼院 | COURTYARD WITH WATCHTOWER, BAOTUN VILLAGE

九溪｜JIUXI VILLAGE

区位：贵州省安顺市西秀区大西桥镇

海拔：约1300m

坐标：北纬26.31°，东经106.14°

村庄（传统核心区）面积：约12.7hm^2

民族：汉族

人口：约4600人

Location: Daxiqiao Town, Xixiu District, Anshun City, Guizhou Province

Altitude: ~ 1300m

Coordinate: N26.31°, E106.14°

Village (Historical Core) Area: ~ 12.7hm^2

Nationality: Han

Population: ~ 4600

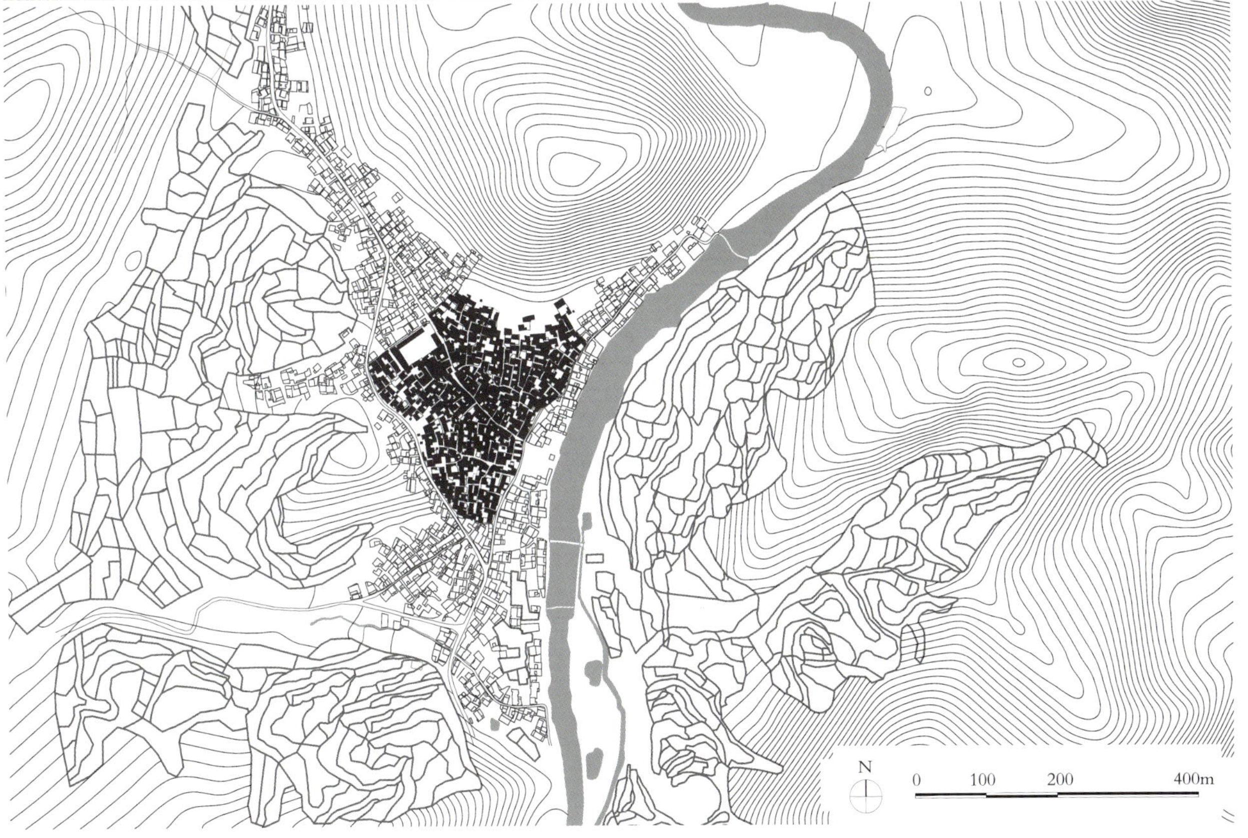
N
0
100
200
400m

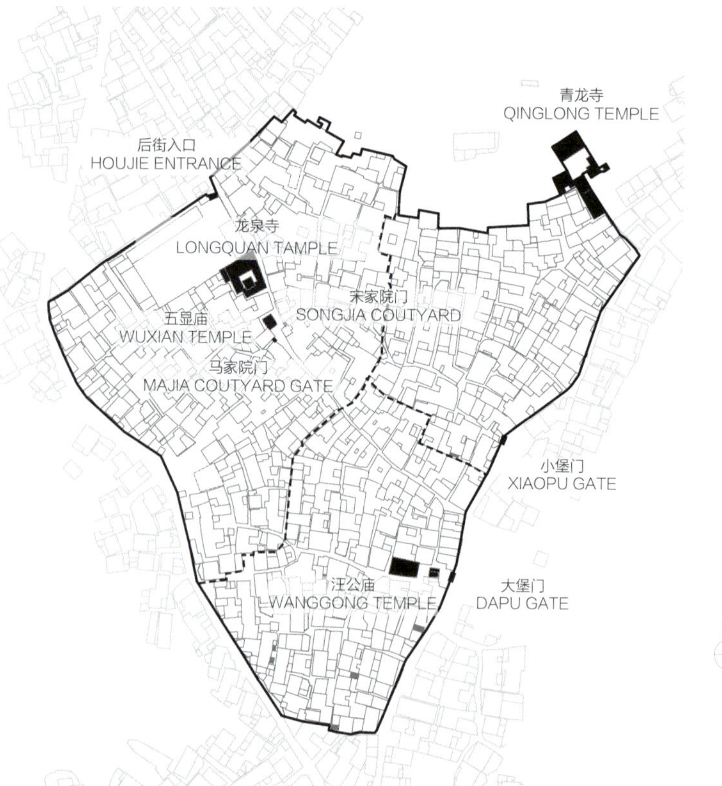

九溪平面 | JIUXI VILLAGE PLAN

大堡门 | DAPU GATE

小堡门 | XIAOPU GATE

宋家院门 | SONGJIA COUTYARD GATE

马家院门 | MAJIA COUTYARD GATE

龙泉寺 | LONGQUAN TEMPLE

青龙寺 | QINGLONG TEMPLE

九溪 | JIUIXI VILLAGE

占地面积 | 300平方米　SITE AREA | 300m²
建筑面积 | 480平方米　BUILDING AREA | 480m²
建筑层数 | 2层　NUMBER OF FLOORS | 2

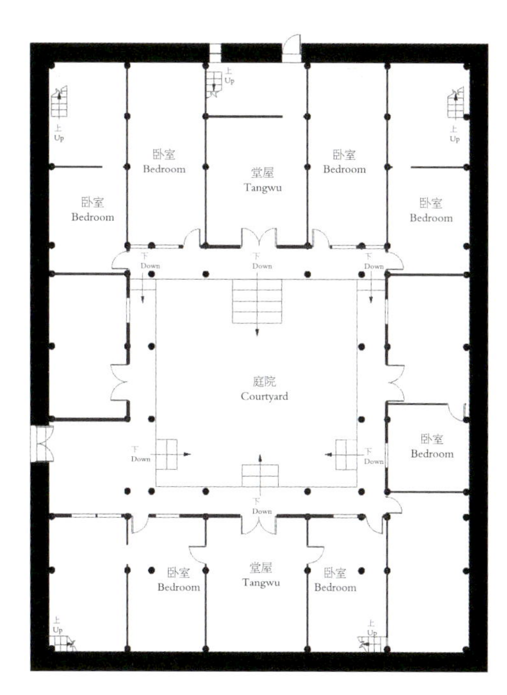

一层平面图 | FIRST FLOOR PLAN

九溪　住宅 065# | 065# HOUSE, JIUXI VILLAGE

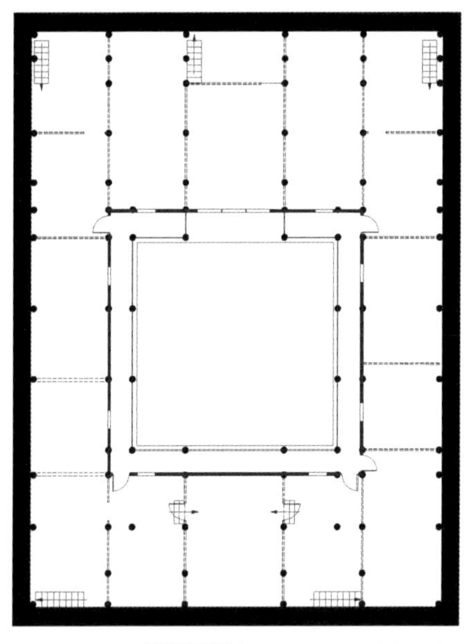

二层平面图 | SECOND FLOOR PLAN

内院东立面图 | EAST FACADE OF COURTYARD

内院南立面图 | SOUTH FACADE OF COURTYARD

内院西立面图 | WEST FACADE OF COURTYARD

内院北立面图 | NORTH FACADE OF COURTYARD

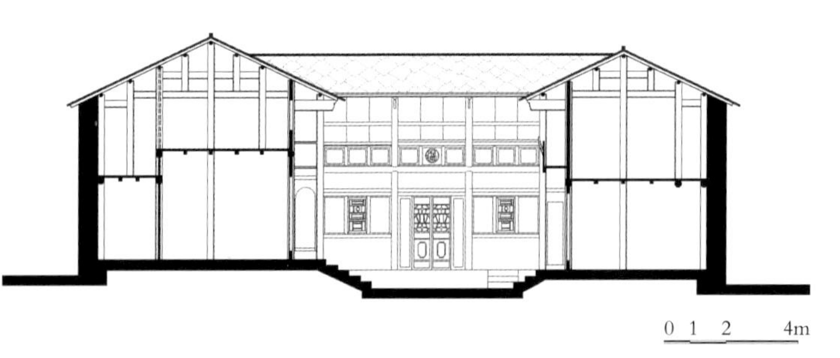

1-1 剖面图 | 1-1 SECTION

九溪 住宅 065# | 065# HOUSE, JIUXI VILLAGE

窗 | WINDOW

窗 | WINDOW

门簪 | DOOR CLASP

木刻 | CARVING

木刻 | CARVING

门簪 | DOOR CLASP

石刻 | CARVING

石刻 | CARVING

木刻 | CARVING

石刻 | CARVING

石刻 | CARVING

木刻 | CARVING

九溪　四合院 | WALLED COURTYARD HOMES, JIUXI VILLAGE

一层平面图 | FIRST FLOOR PLAN

二层平面图 | SECOND FLOOR PLAN

占地面积 | 130平方米　　SITE AREA | 130m^2
建筑面积 | 210平方米　　BUILDING AREA | 210m^2
建筑层数 | 2层　　NUMBER OF FLOORS | 2

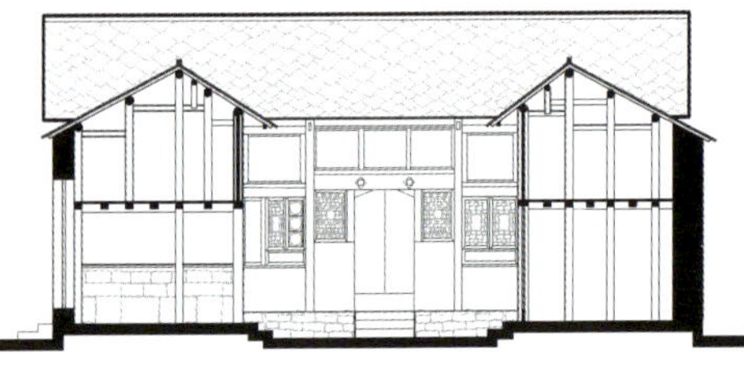

2-2 剖面图 | 2-2 SECTION

内院西立面图 | WEST FACADE OF COURTYARD

1-1 剖面 | 1-1 SECTION

九溪　宋德坤宅 | SONG DEKUN'S HOUSE, JIUXI VILLAGE

九溪　宋德坤宅 | SONG DEKUN'S HOUSE, JIUXI VILLAGE

占地面积｜450平方米　SITE AREA｜450m²
建筑面积｜580平方米　BUILDING AREA｜580m²
建筑层数｜2层　NUMBER OF FLOORS｜2

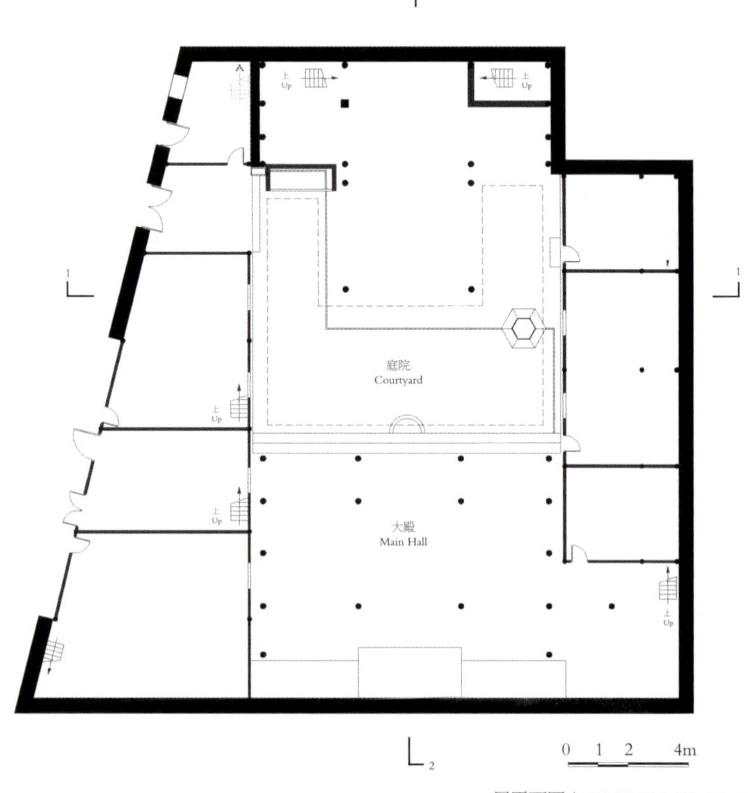

一层平面图｜FIRST FLOOR PLAN

九溪　龙泉寺｜LONGQUAN TEMPLE, JIUXI VILLAGE

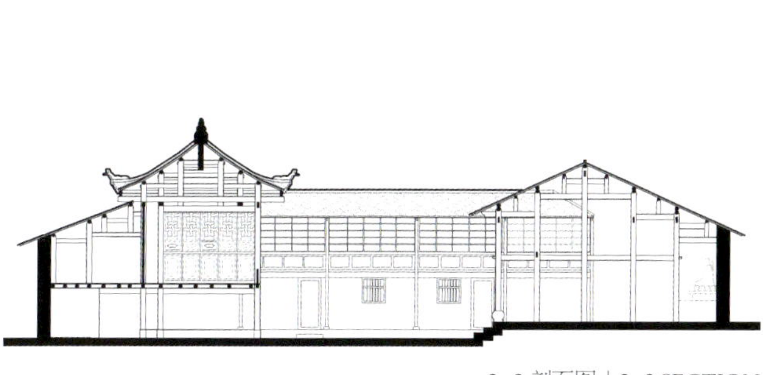

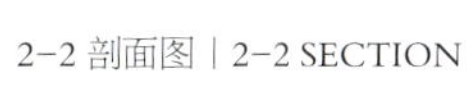

2-2 剖面图 | 2-2 SECTION

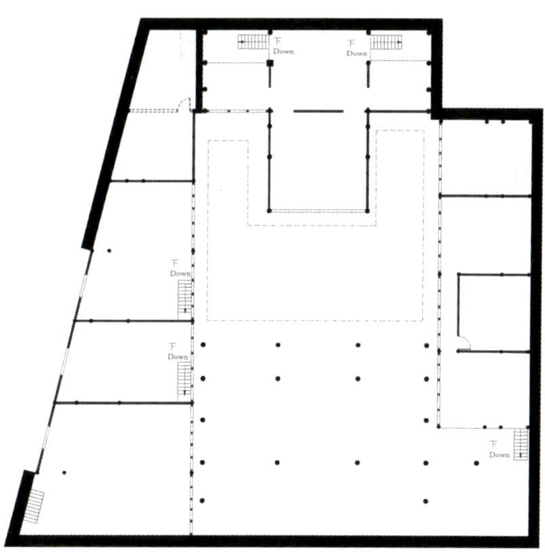

二层平面图 | SECOND FLOOR PLAN

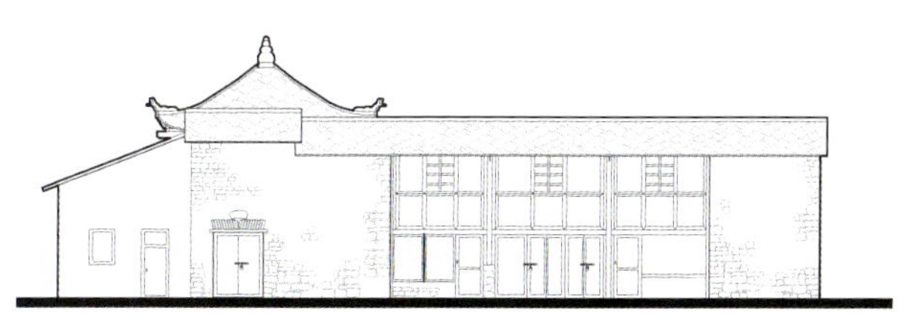

西立面图 | WEST FACADE

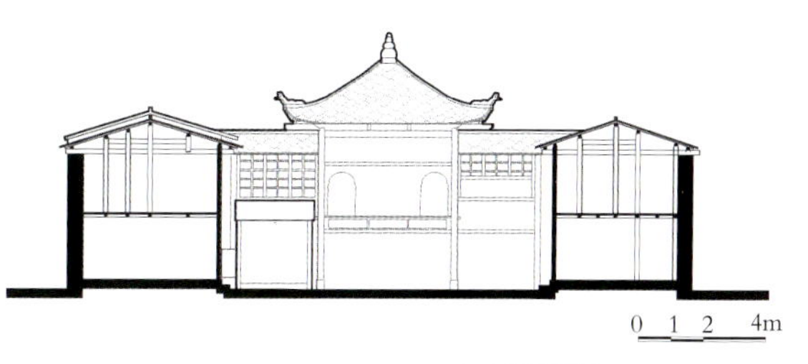

1-1 剖面图 | 1-1 SECTION

九溪　龙泉寺 | LONGQUAN TEMPLE, JIUXI VILLAGE

高官堡 | GAOGUANPU VILLAGE

区位：贵州省安顺市西秀区东屯乡

海拔：约1273m

坐标：北纬26.20°，东经106.22°

村庄（传统核心区）面积：约1.4hm^2

民族：汉

人口：约1600人

Location: Dongtun Town, Xixiu District, Anshun City, Guizhou Province

Altitude: ~ 1273m

Coordinate: N26.20°, E106.22°

Village (Historical Core) Area: ~ 1.4hm^2

Nationality: Han

Population: ~ 1600

N
0
100
200
400m

高官堡 | GAOGUANPU VILLAGE

高官堡 组团结构 | GROUPS STRUCTURE,GAOGUANPU VILLAGE

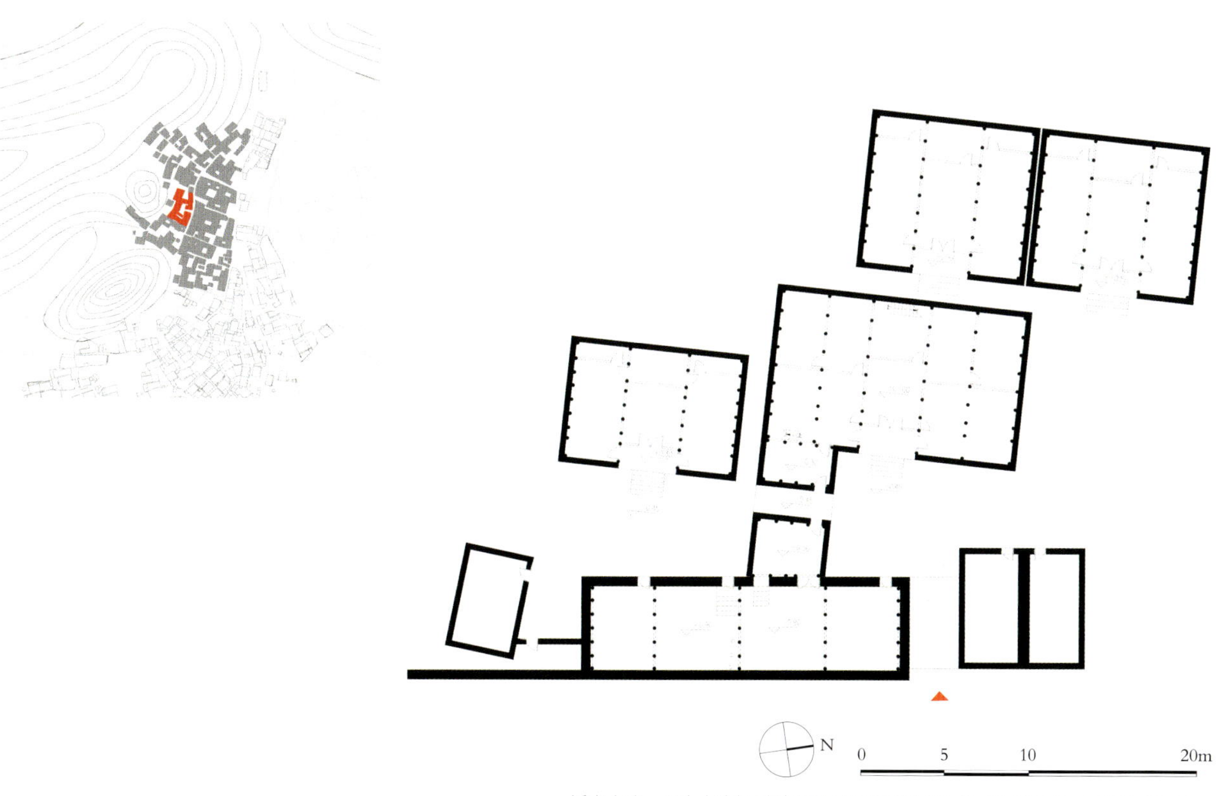

潘家大院、于家大院组团平面图 | PLAN OF PAN'S GROUP AND YU'S GROUP

高官堡 组团 | GROUPS, GAOGUANPU VILLAGE

杨家大院组团平面图 | YANG'S HOUSE GROUP PLAN

杨家大院组团立面图 1-1 | YANG'S HOUSE GROUP FACADE

高官堡　杨家大院 | YANG'S GROUP, GAOGUANPU VILLAGE

占地面积｜380平方米　SITE AREA｜380m^2
建筑面积｜590平方米　BUILDING AREA｜590m^2
建筑层数｜2层　NUMBER OF FLOORS｜2

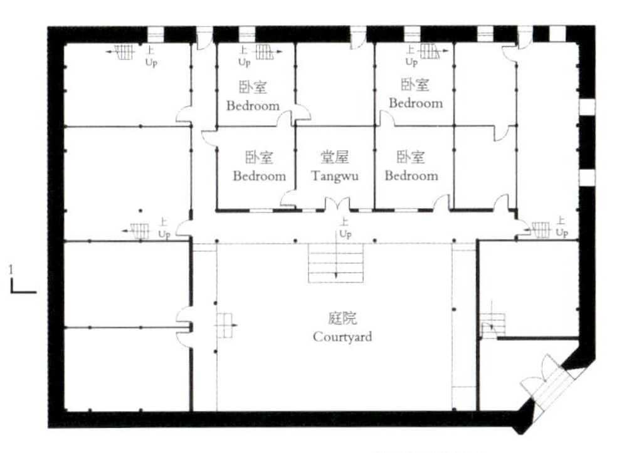

一层平面图｜FIRST FLOOR PLAN

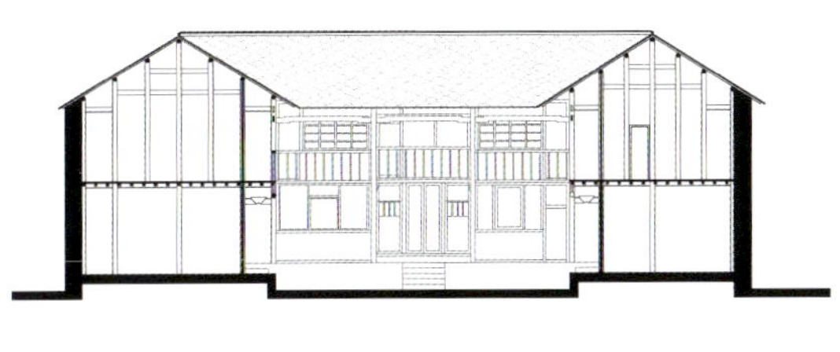

1–1 剖面图｜1–1 SECTION

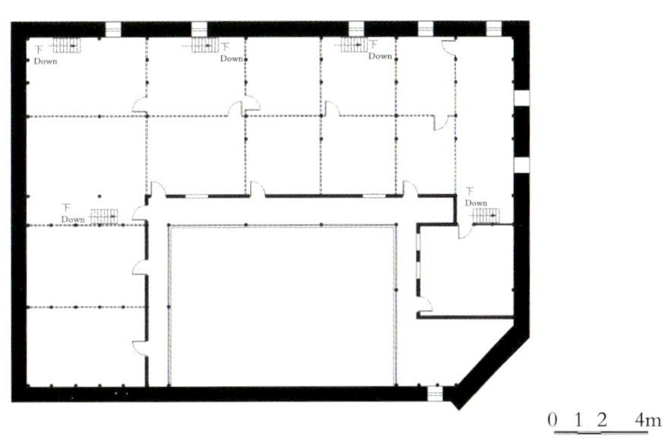

二层平面图｜SECOND FLOOR PLAN

高官堡　范顺友宅｜FAN SHUNYOU'S HOUSE, GAOGUANPU VILLAGE

占地面积 | 350平方米　　SITE AREA | 350m²
建筑面积 | 350平方米　　BUILDING AREA | 350m²
建筑层数 | 2层　　NUMBER OF FLOORS | 2

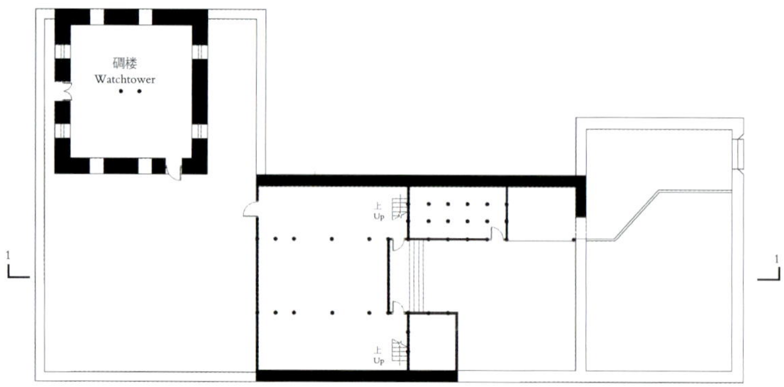

平面图 | PLAN

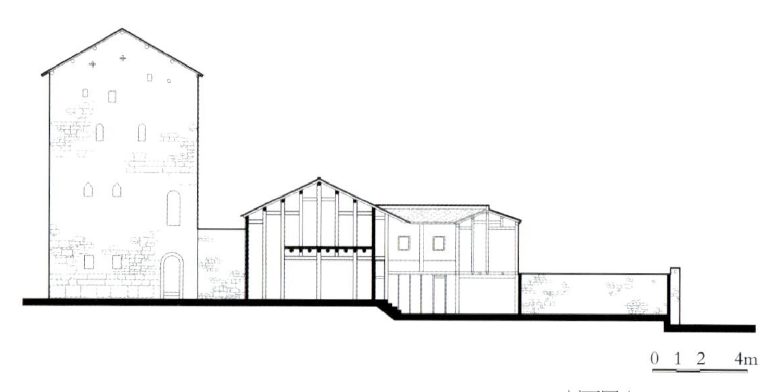

1-1 剖面图 | 1-1 SECTION

高官堡　潘家碉楼 | WATCHTOWER, GAOGUANPU VILLAGE

占地面积｜380平方米　SITE AREA｜380m^2

建筑面积｜580平方米　BUILDING AREA｜580m^2

建筑层数｜2层　NUMBER OF FLOORS｜2

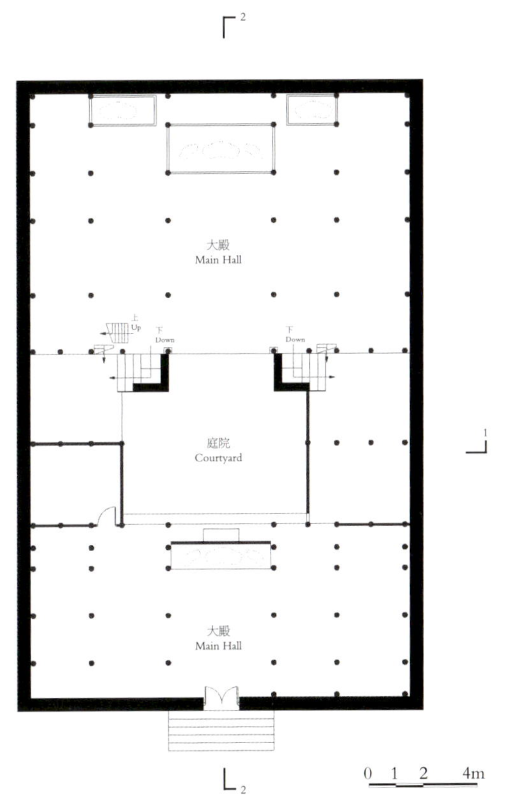

一层平面图｜FIRST FLOOR PLAN

高官堡　回龙寺｜HUILONG TEMPLE, GAOGUANPU VILLAGE

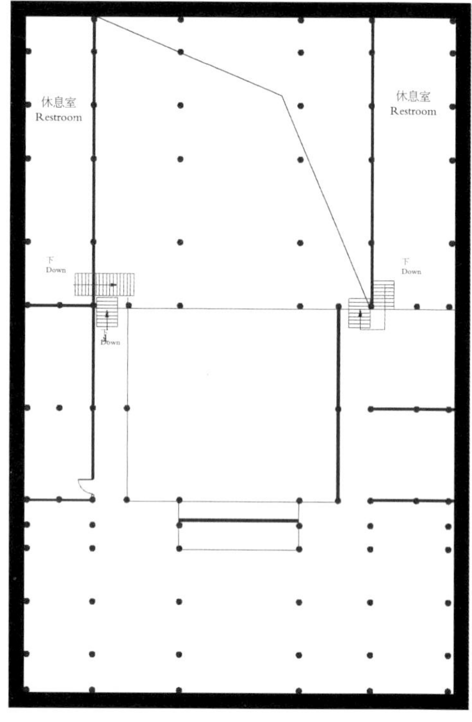

二层平面图｜SECOND FLOOR PLAN

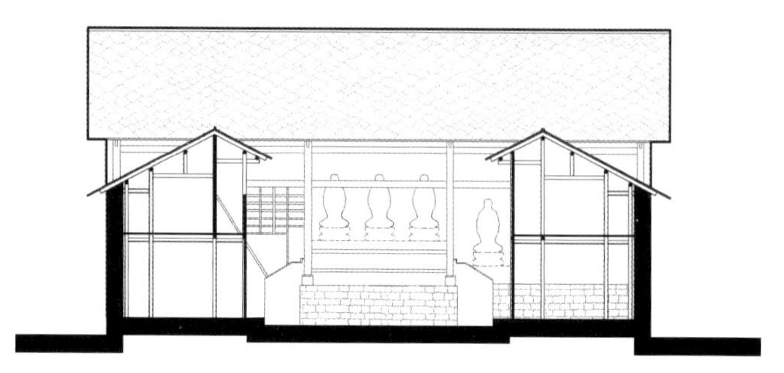

1-1 剖面图｜1-1 SECTION

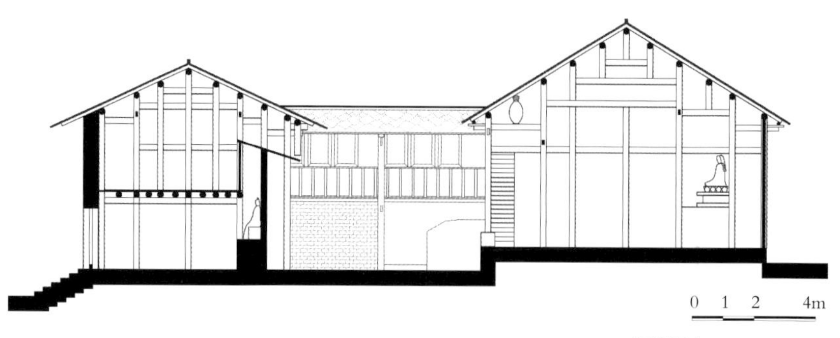

2-2 剖面图｜2-2 SECTION

高官堡　回龙寺｜HUILONG TEMPLE, GAOGUANPU VILLAGE

山旗堡｜SHANQIPU VILLAGE

区位：贵州省安顺市西秀区东屯乡

海拔：约1342m

坐标：北纬26.13°，东经106.27°

村庄（传统核心区）面积：约3.2hm^2

民族：汉

人口：约1150人

Location: Dongtun Town, Xixiu District, Anshun City, Guizhou Province

Altitude: ~1342m

Coordinate: N26.13°, E106.27°

Village (Historical Core) Area: ~ 3.2hm^2

Nationality: Han

Population: ~ 1150

山旗堡 | SHANQIPU VILLAGE

平面图 | KEY AREA PLAN

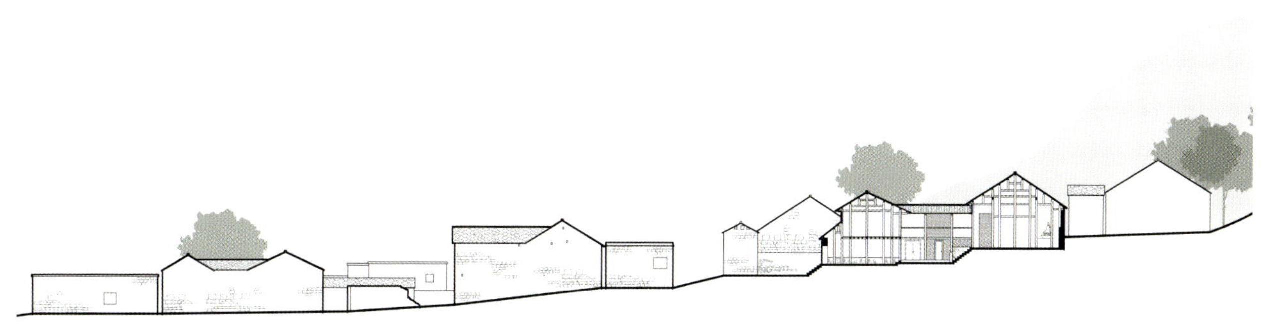

剖面图 I-I | KEY AREA SECTION

山旗堡　中轴线 | CENTRAL AXIS, SHANQIPU VILLAGE

占地面积 | 370平方米　SITE AREA | 370m²
建筑面积 | 620平方米　BUILDING AREA | 620m²
建筑层数 | 2层　NUMBER OF FLOORS | 2

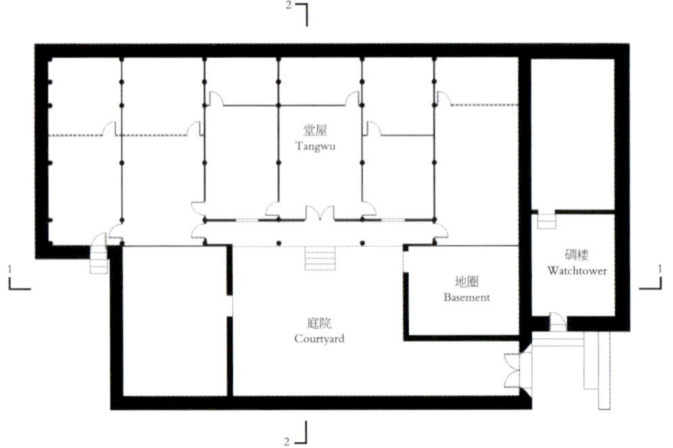

一层平面图 | FIRST FLOOR PLAN

2-2 剖面图 | 2-2 SECITON

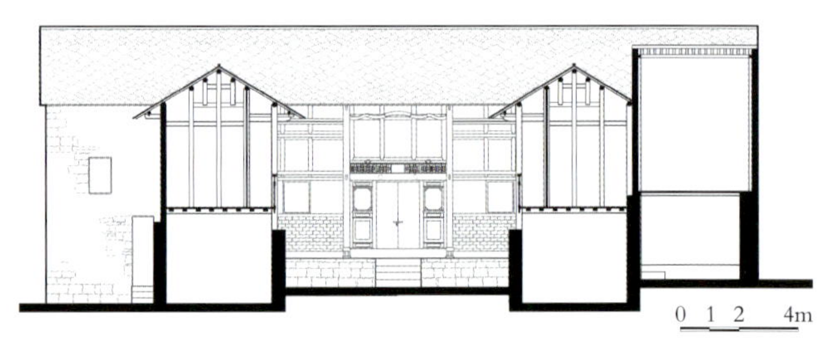

1-1 剖面图 | 1-1 SECITON

山旗堡　刘少白宅 | LIU SHAOBAI'S HOUSE, SHANQIPU VILLAGE

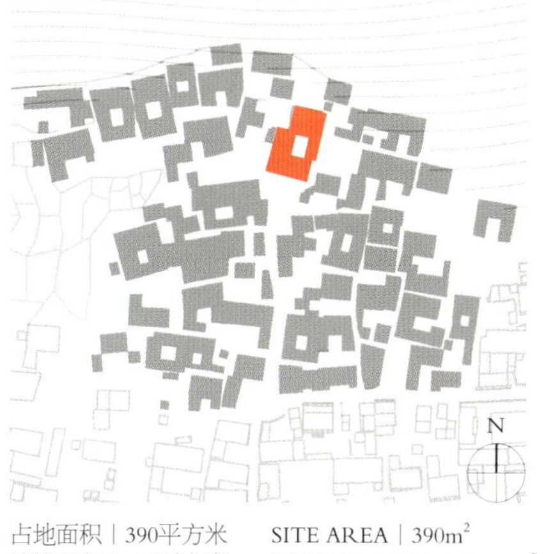

占地面积｜390平方米 SITE AREA｜390m²
建筑面积｜630平方米 BUILDING AREA｜630m²
建筑层数｜2层 NUMBER OF FLOORS｜2

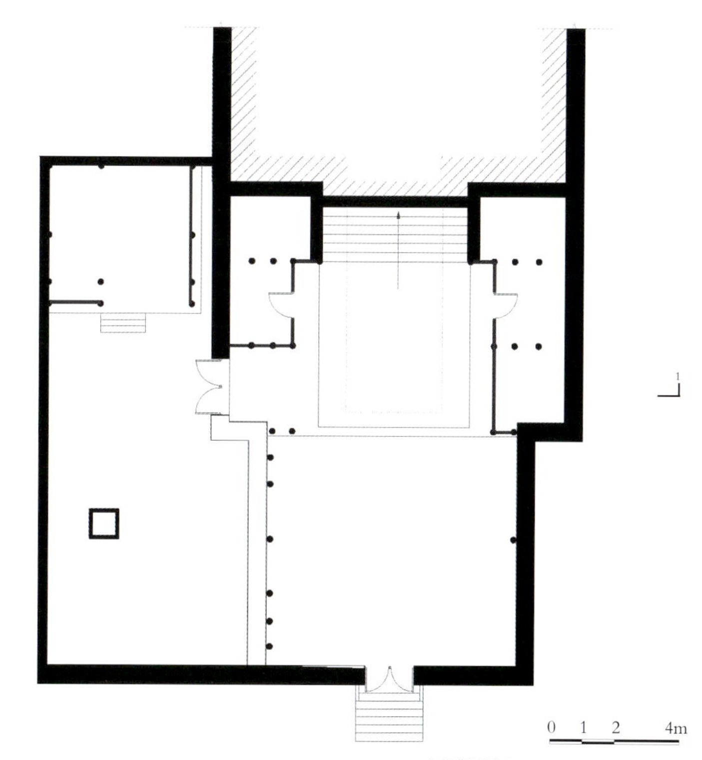

一层平面图｜FIRST FLOOR PLAN

山旗堡　兴隆寺｜XINGLONG TEMPLE, SHANQIPU VILLAGE

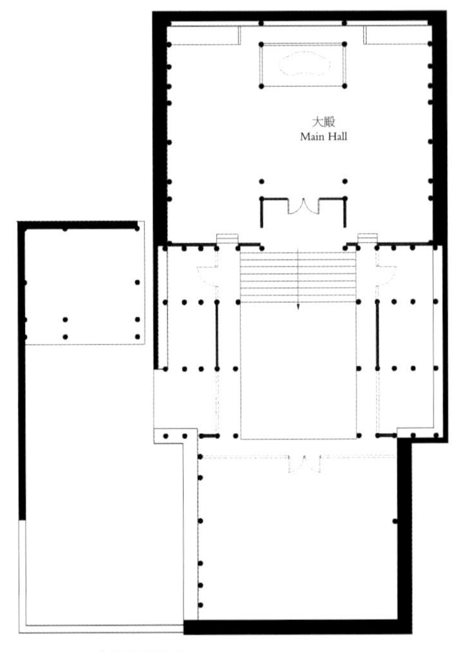

二层平面图 | SECOND FLOOR PLAN

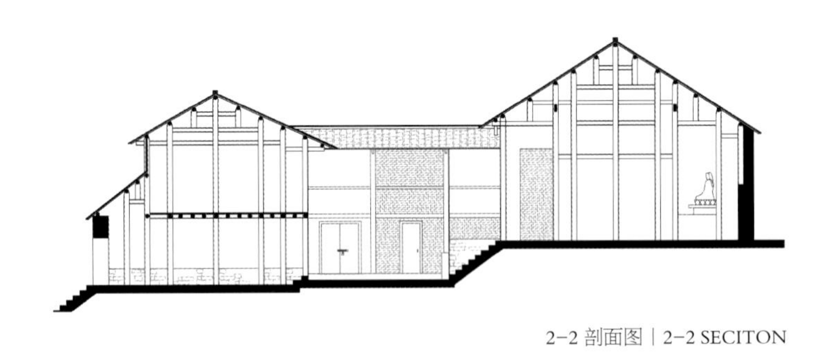

2–2 剖面图 | 2–2 SECITON

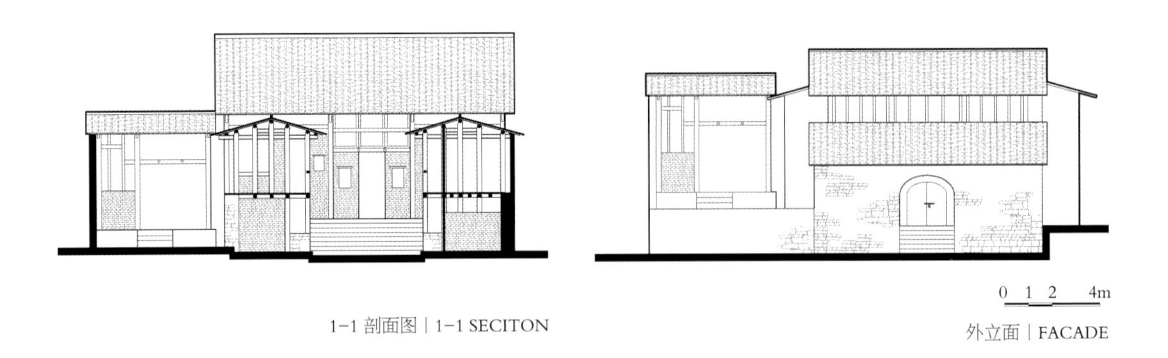

1–1 剖面图 | 1–1 SECITON

外立面 | FACADE

山旗堡　兴隆寺 | XINGLONG TEMPLE, SHANQIPU VILLAGE

占地面积｜280平方米　SITE AREA｜280m²
建筑面积｜500平方米　BUILDING AREA｜500m²
建筑层数｜2层　NUMBER OF FLOORS｜2

一层平面图｜FIRST FLOOR PLAN

山旗堡　住宅002#｜002# HOUSE, SHANQIPU VILLAGE

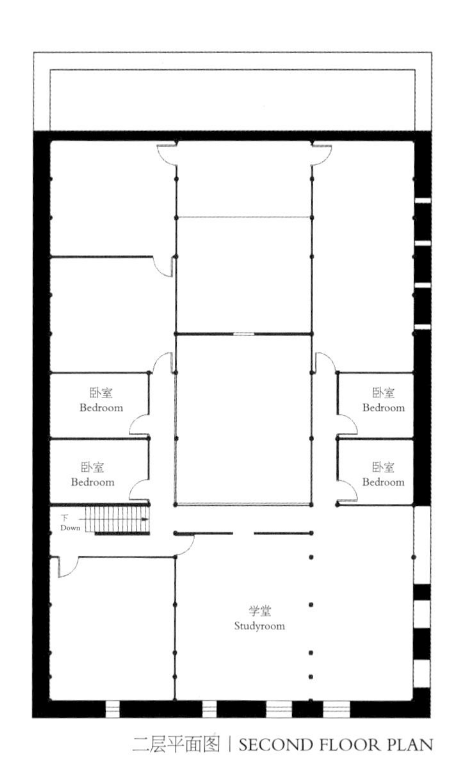

二层平面图 | SECOND FLOOR PLAN

内院北立面图 | NORTH FACADE OF COURTYARD

地下室
Basement

0 1 2 4m

地下室平面图 | BASEMENT FLOOR PLAN

1-1 剖面图 | 1-1 SECITON

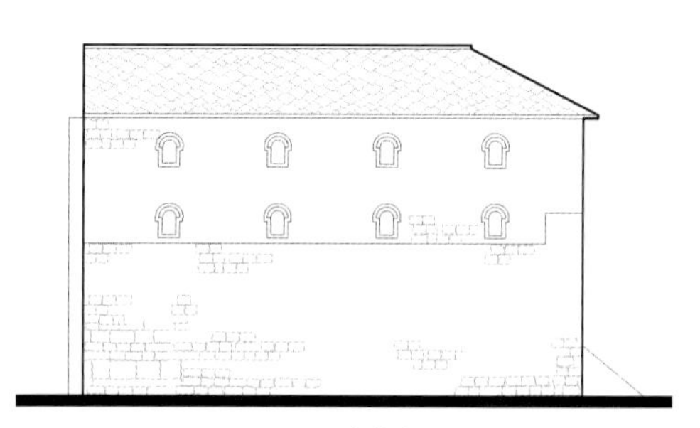

南外立面 | SOUTH FACADE

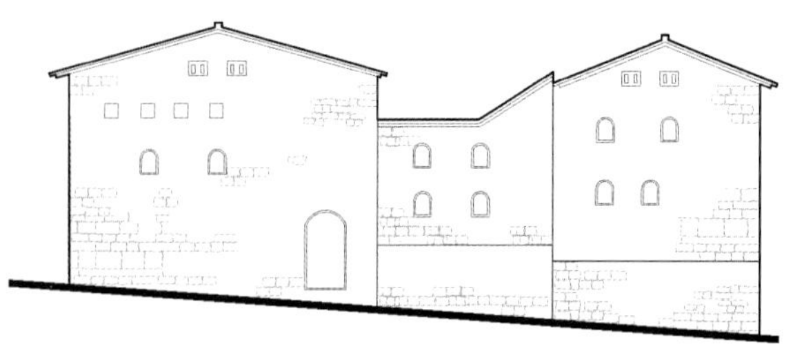

西外立面 | WEST FACADE

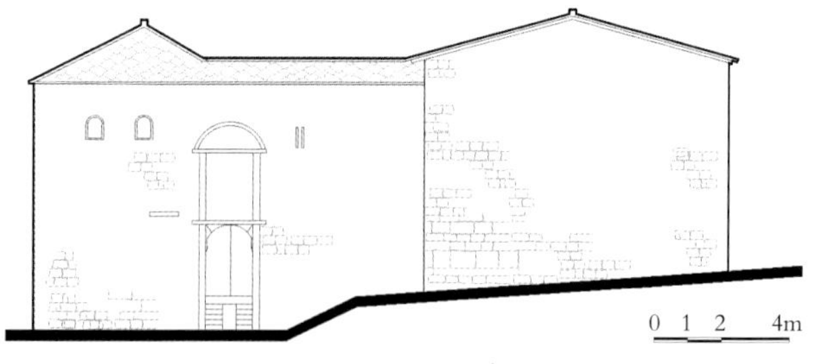

0 1 2 4m

东外立面 | NORTH FACADE

山京哨 | SHANJINGSHAO VILLAGE

区位：贵州省安顺市西秀区双堡镇

海拔：约1262m

坐标：北纬26.13°，东经106.16°

村庄（传统核心区）面积：6.1hm^2

民族：汉族，苗族，布依族

人口：约1360人

Location: Shuangpu Town, Xixiu District, Anshun City, Guizhou Province

Altitude: ~ 1262m

Coordinate: N26.13°, E106.16°

Village (Historical Corc) Area: ~ 6.1hm^2

Nationality: Han, Miao, Buyi

Population: ~ 1360

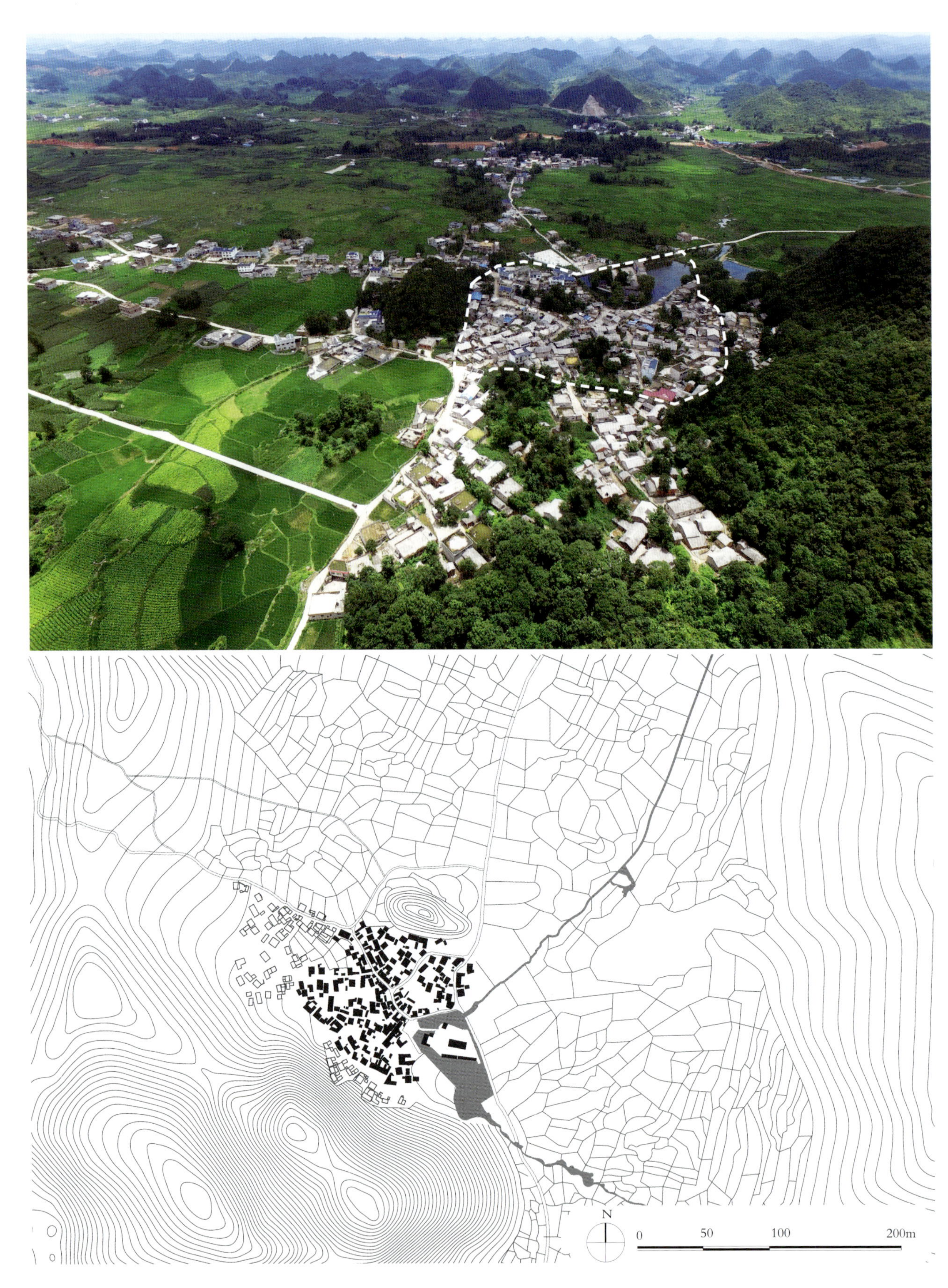

山京哨 | SHANJINGSHAO VILLAGE

炮台丨FORT
通安顺丨TO ANSHUN
残存驿道丨ANCIENT ROUTE
靶场丨TRAINING FIELD
衙丨ANCIENT GOVERNMENT BUILDING
庙丨TEMPLE
哨口丨FORT
山坉（已毁）丨FORTRESS (RUIN)
洞坉丨HIDING CAVE
通广顺丨TO GUANGSHUN
N
0 50 100 200m
街巷丨STREETS
残存城墙基台丨ANCIENT WALL
田野丨FARMLAND
水渠丨WATER CHANNEL
残存驿道丨ANCIENT ROUTE
水池丨POND

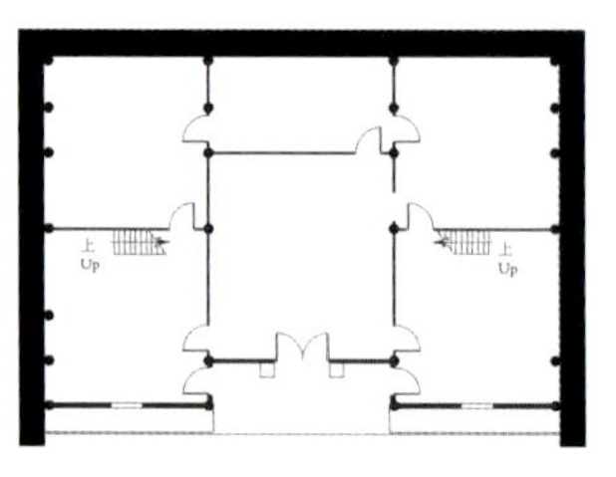

一层平面图 | FIRST FLOOR PLAN

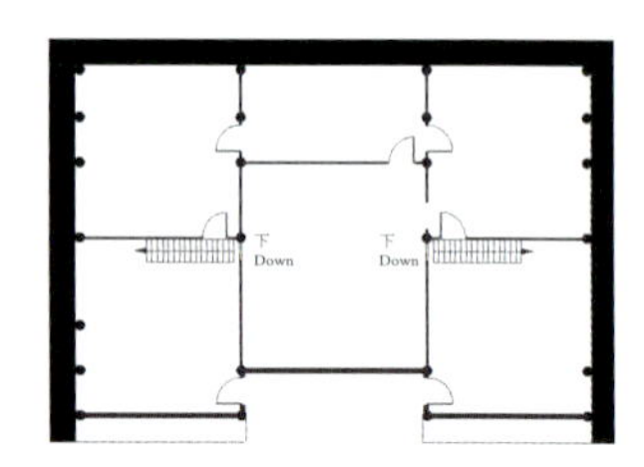

二层平面图 | SECOND FLOOR PLAN

占地面积 | 100平方米　SITE AREA | 100m^2
建筑面积 | 190平方米　BUILDING AREA | 190m^2
建筑层数 | 2层　NUMBER OF FLOORS | 2

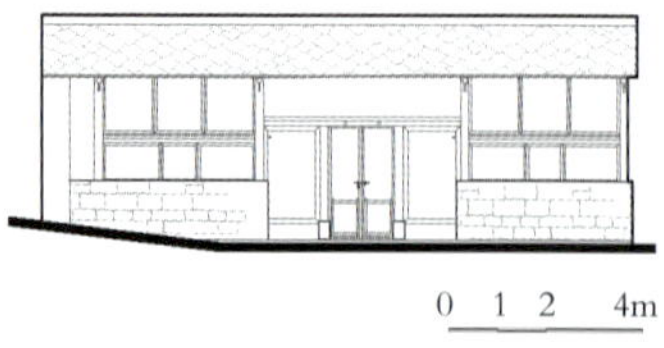

0 1 2 4m

东立面图 | EAST FACADE

山京哨　商铺 | SHOP, SHANJINGSHAO VILLAGE

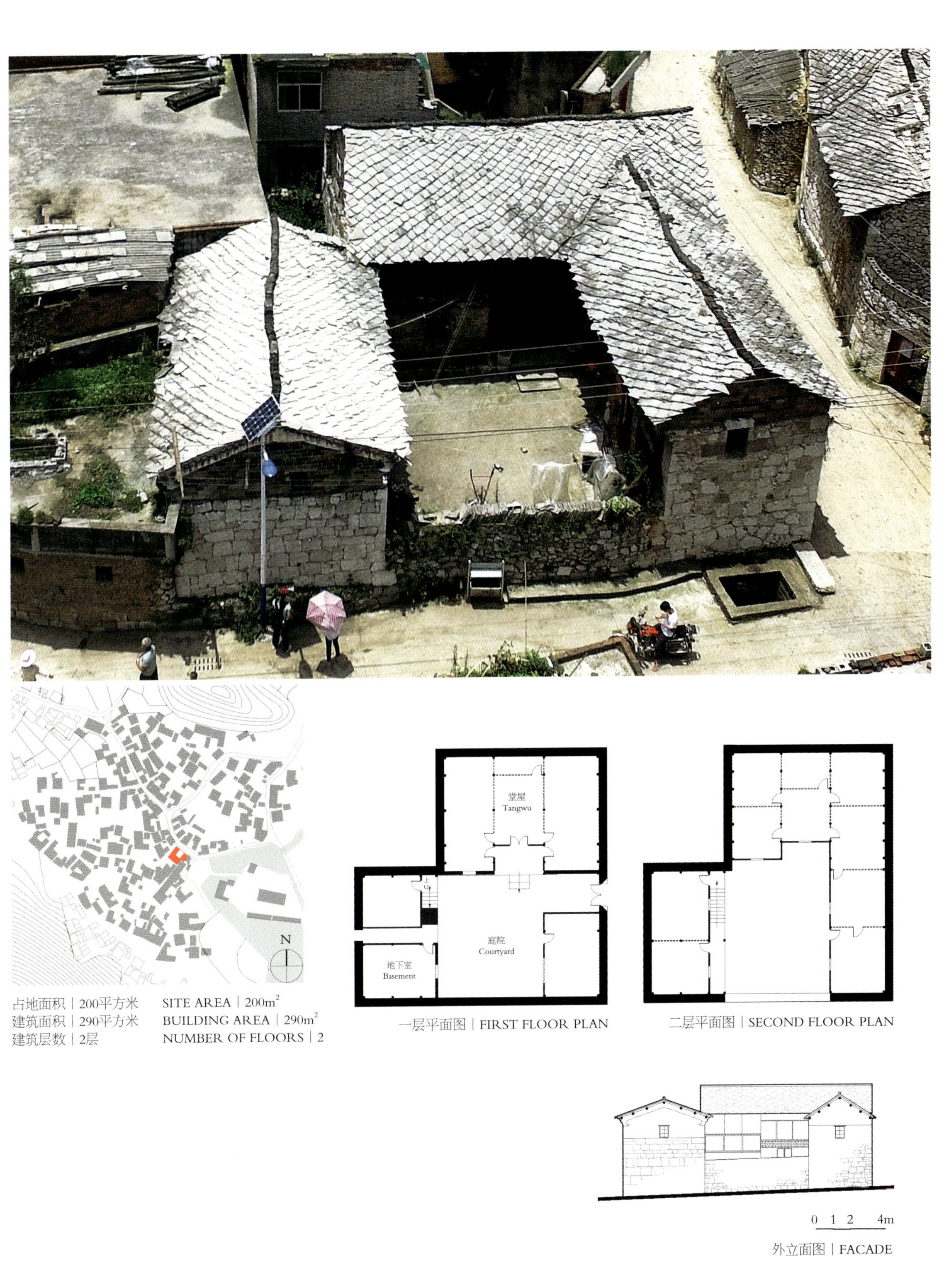

占地面积｜200平方米
建筑面积｜290平方米
建筑层数｜2层

SITE AREA｜200m²
BUILDING AREA｜290m²
NUMBER OF FLOORS｜2

一层平面图｜FIRST FLOOR PLAN

二层平面图｜SECOND FLOOR PLAN

外立面图｜FACADE

山京哨　杨正忠宅｜YANG ZHENGZHONG'S HOUSE, SHANJINGSHAO VILLAGE

秀水 | XIUSHUI VILLAGE

区位：贵州省安顺市西秀区轿子山镇

海拔：约1426m

坐标：北纬26.33°，东经105.87°

村庄（传统核心区）面积：2.3hm^2

民族：汉

人口：约1820人

Location: Jiaozishan Town, Xixiu District, Anshun City, Guizhou Province

Altitude: ~ 1426m

Coordinate: N26.33°, E105.87°

Village (Historical Core) Area: ~ 2.3hm^2

Nationality: Han

Population: ~ 1820

秀水 | XIUSHUI VILLAGE

村寨 | VILLAGE

洼地 | SWALES

洞坉入口 | THE ENTRANCE OF HIDING CAVE

村寨剖面图 | VILLAGE SECTION

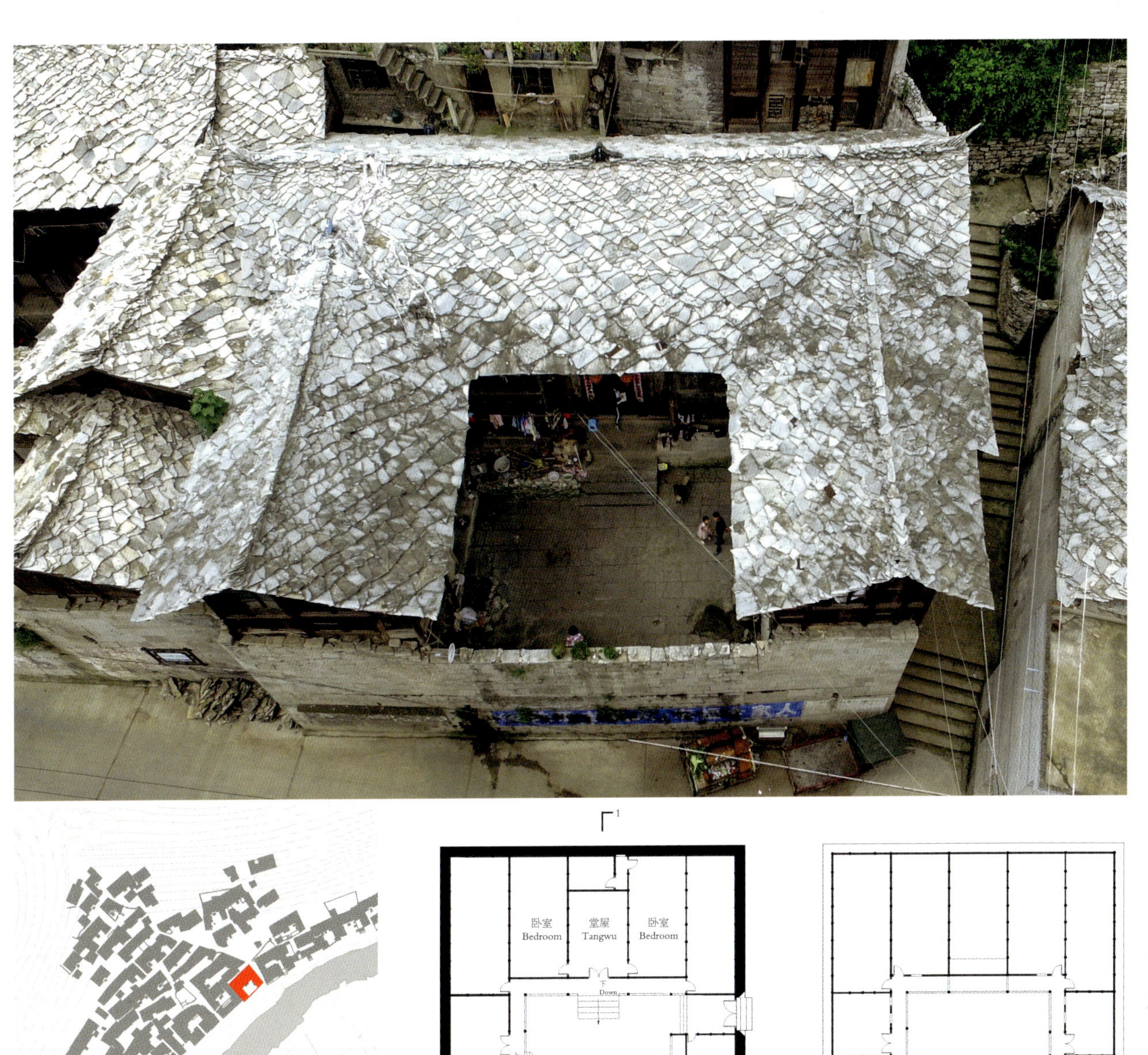

占地面积｜260平方米 SITE AREA｜260m²
建筑面积｜360平方米 BUILDING AREA｜360m²
建筑层数｜2层 NUMBER OF FLOORS｜2

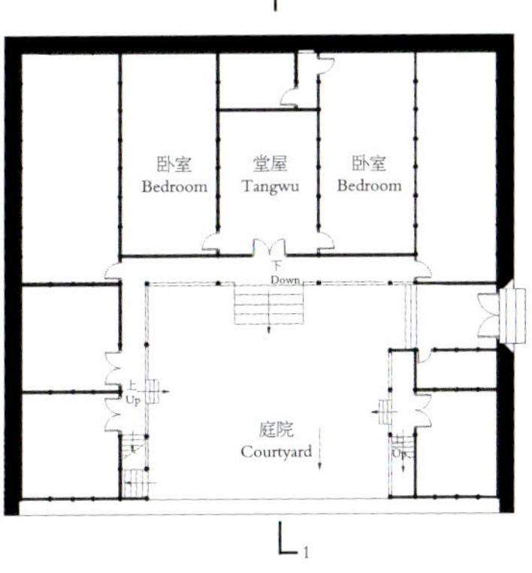

一层平面图｜FIRST FLOOR PLAN

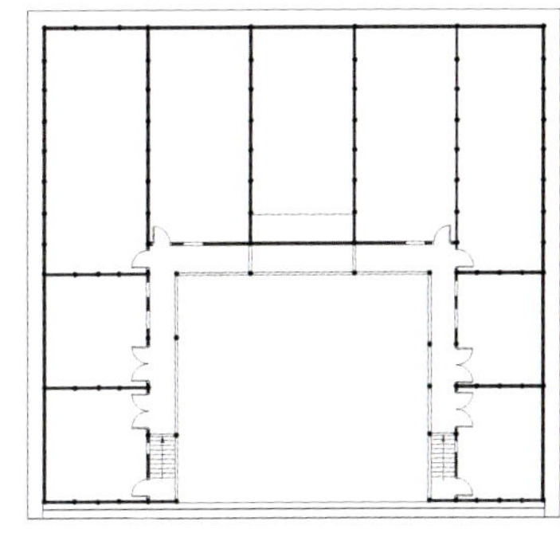

二层平面图｜SECOND FLOOR PLAN

内立面｜INSIDE FACADE

正内立面｜INSIDE FACADE

1-1 剖面图｜1-1 SECITON

秀水 住宅033#｜033# HOUSE, XIUSHUI VILLAGE

占地面积｜290平方米　SITE AREA｜290m²
建筑面积｜570平方米　BUILDING AREA｜570m²
建筑层数｜2层　NUMBER OF FLOORS｜2

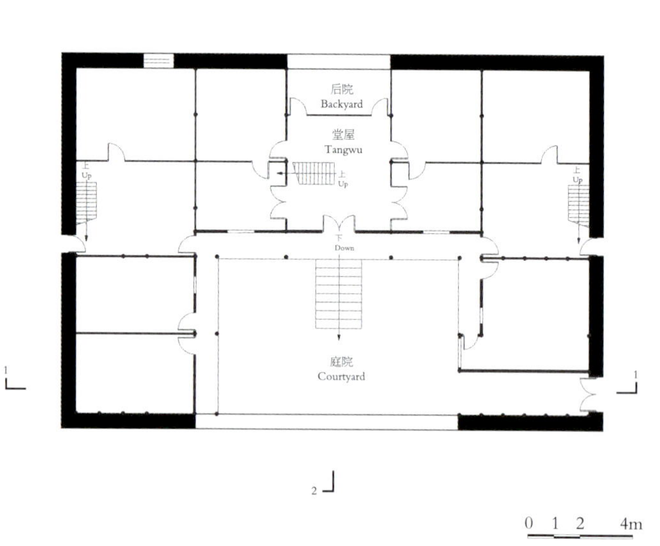

一层平面图｜FIRST FLOOR PLAN

秀水　张祖繁宅｜ZHANG ZUFAN'S HOUSE, XIUSHUI VILLAGE

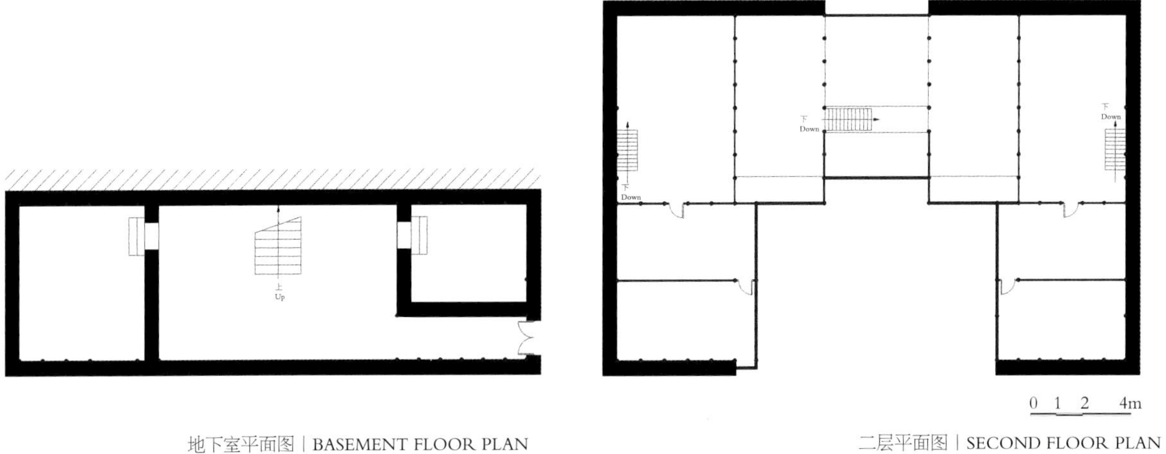

地下室平面图 | BASEMENT FLOOR PLAN

二层平面图 | SECOND FLOOR PLAN

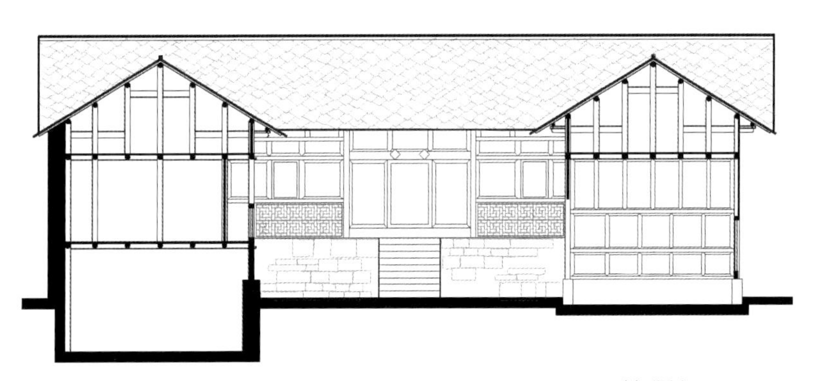

1-1 剖面图 | 1-1 SECITON

2-2 剖面图 | 2-2 SECITON

秀水　张祖繁宅 | ZHANG ZUFAN'S HOUSE, XIUSHUI VILLAGE

占地面积｜400平方米　SITE AREA｜400m²
建筑面积｜560平方米　BUILDING AREA｜560m²
建筑层数｜2层　NUMBER OF FLOORS｜2

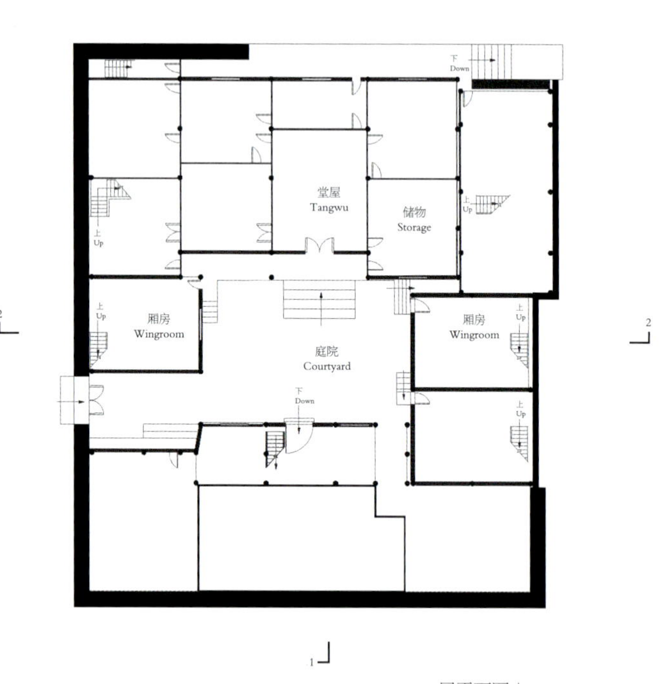

一层平面图｜FIRST FLOOR PLAN

秀水　住宅006#｜006# HOUSE, XIUSHUI VILLAGE
（根据当地住建部门提供修复图改绘）

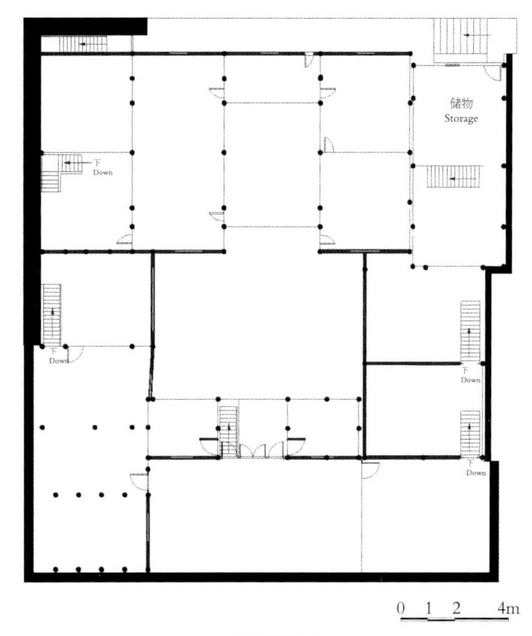

0 1 2 4m

二层平面图 | SECOND FLOOR PLAN

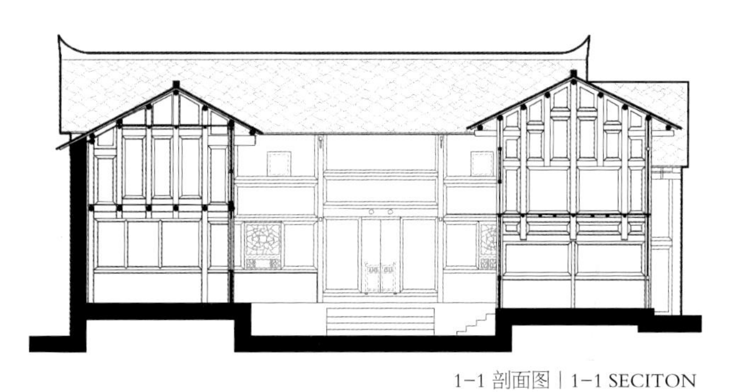

1-1 剖面图 | 1-1 SECITON

0 1 2 4m

2-2 剖面图 | 2-2 SECITON

秀水　住宅006# | 006# HOUSE, XIUSHUI VILLAGE

（根据当地住建部门提供修复图改绘）

本寨｜BENZHAI VILLAGE

区位：贵州省安顺市西秀区七眼桥镇

海拔：约1348m

坐标：北纬26.28°，东经106.07°

村庄（传统核心区）面积：约2.6hm^2

民族：汉族

人口：约1400人

Location: QiyanqiaoTown, Xixiu District, Anshun City, Guizhou Province

Altitude: ~ 1348m

Coordinate: N26.28°, E106.07°

Village (Historical Core) Area: ~ 2.6 hm^2

Nationality: Han

Population: ~1400

本寨 | BENZHAI VILLAGE

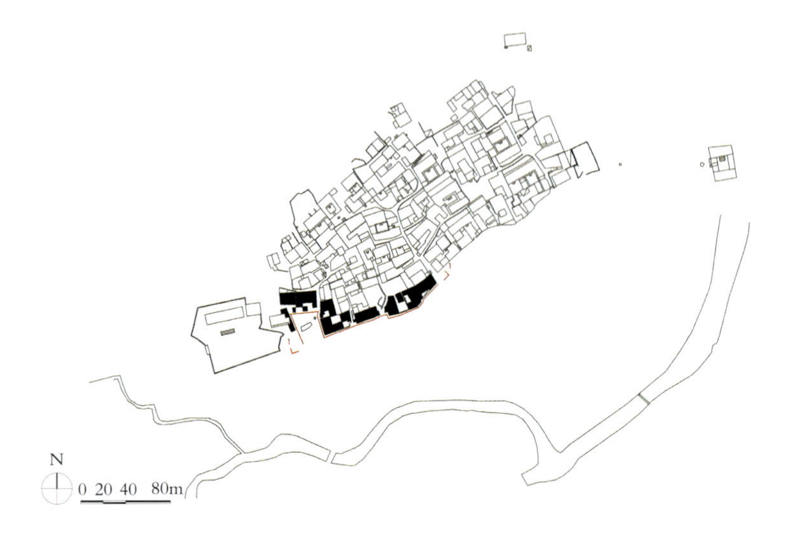

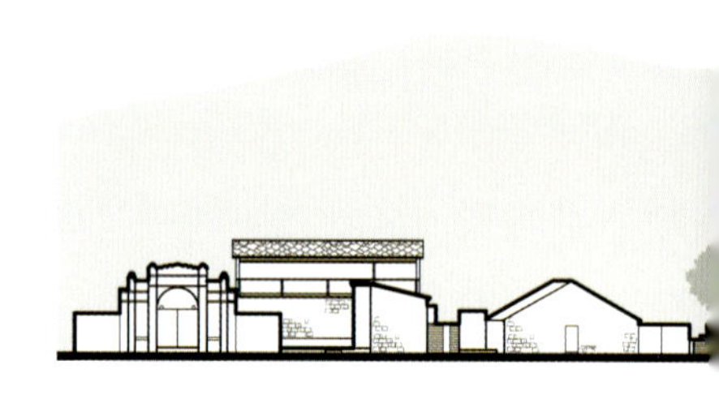

0 5 10 20m

1-1 立面 | 1-1 FACADE

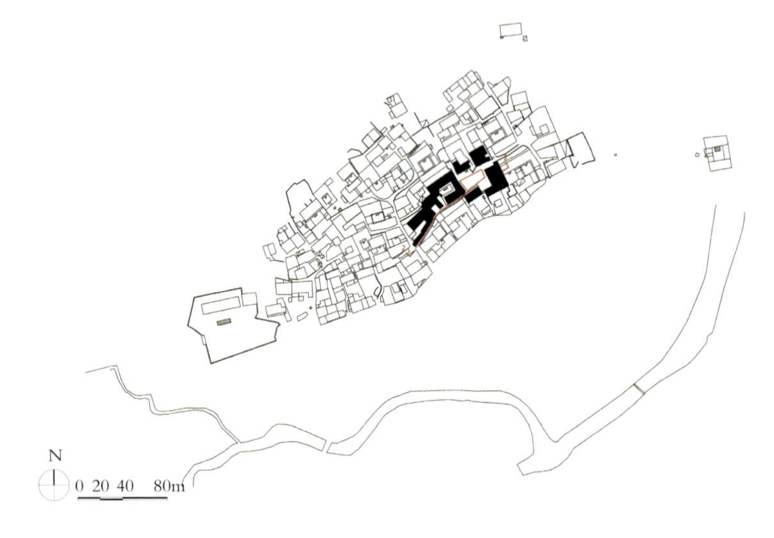

0 5 10 20m

2-2 立面 | 2-2 FACADE

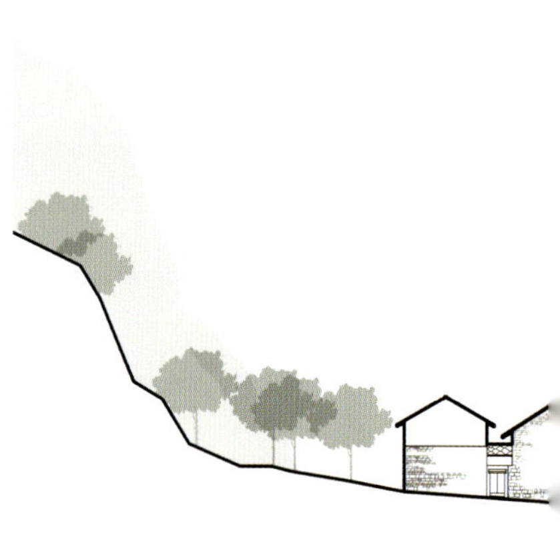

0 5 10 20m

3-3 立面 | 3-3 FACADE

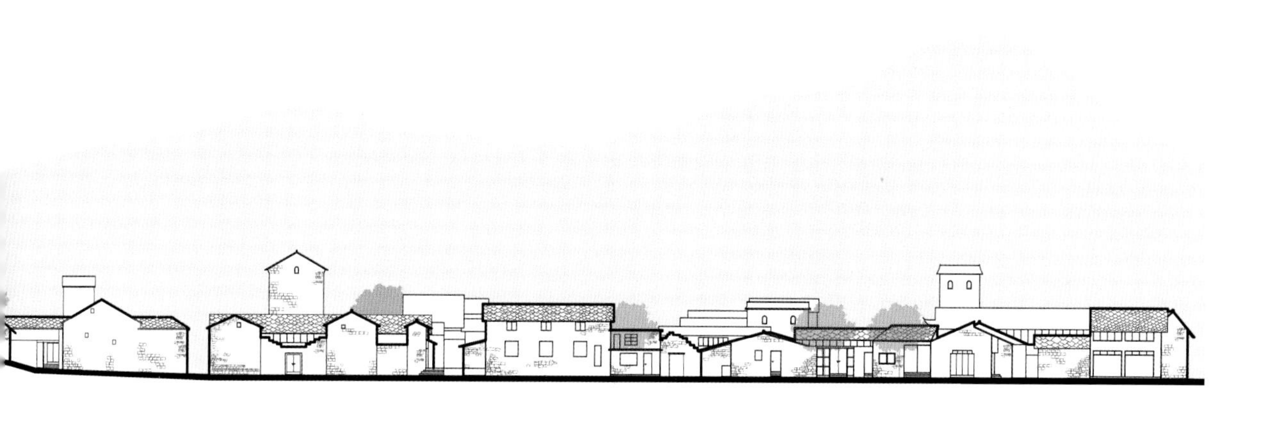

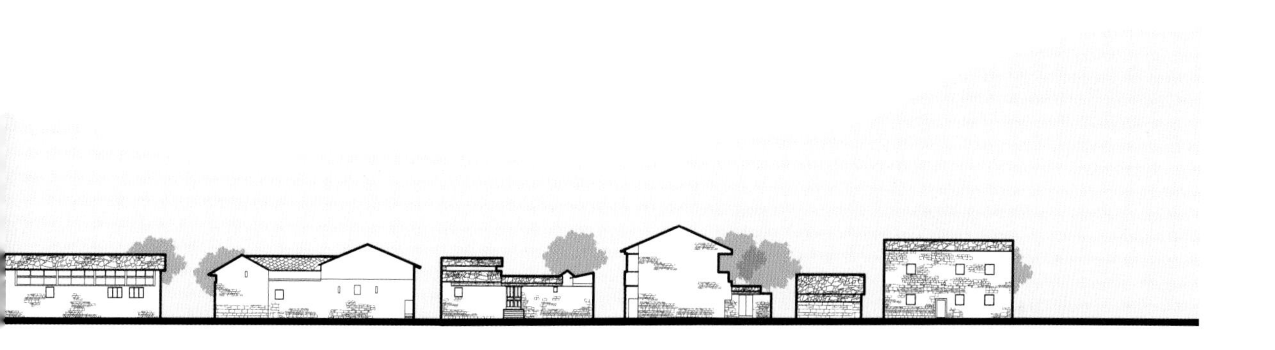

本寨　界面 | FACADE, BENZHAI VILLAGE

本寨　碉楼 | WATCHTOWER, BENZHAI VILLAGE

碉楼2# | WATCHTOWER 2#

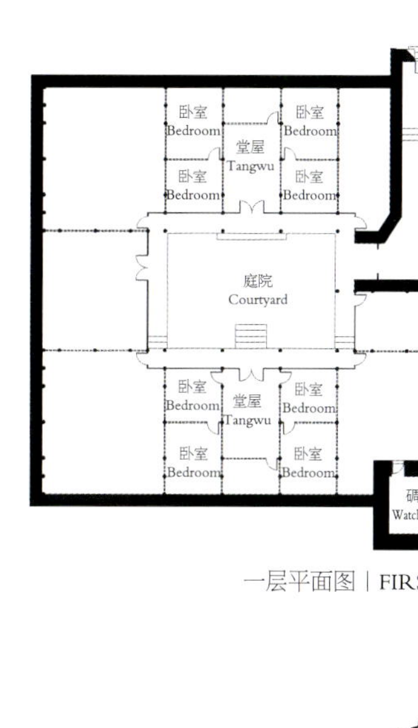

一层平面图 | FIRST FLOOR PLAN

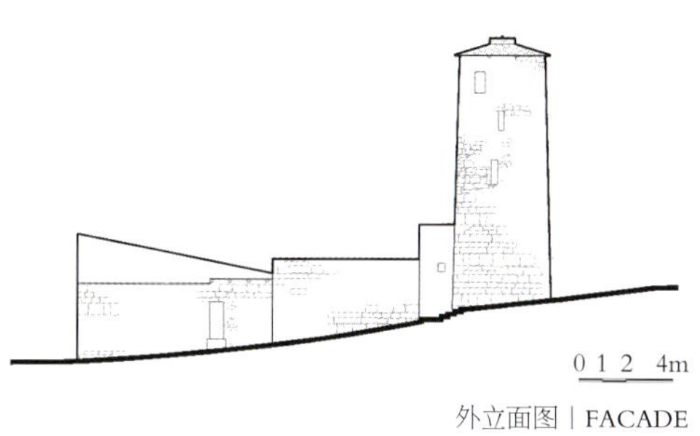

外立面图 | FACADE

碉楼3# | WATCHTOWER 3#

一层平面图 | FIRST FLOOR PLAN

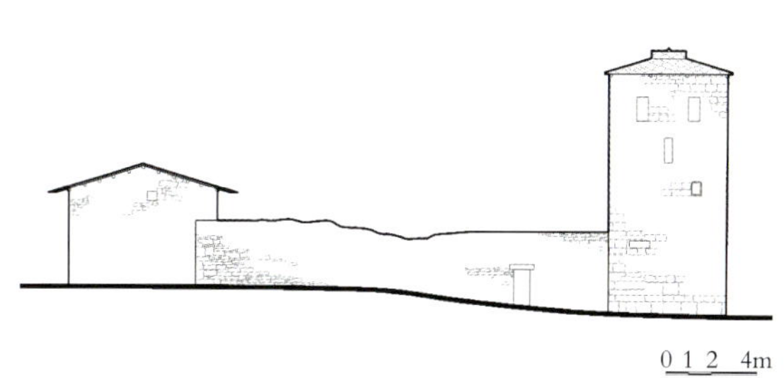

外立面图 | FACADE

本寨 碉楼 | WATCHTOWER, BENZHAI VILLAGE

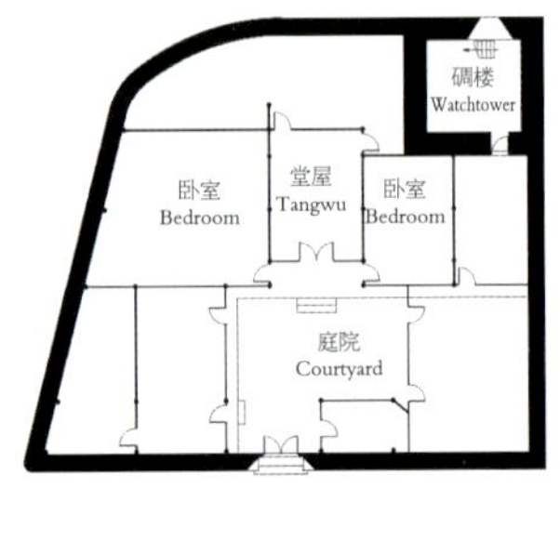

一层平面图 | FIRST FLOOR PLAN

外立面图 | FACADE

一层平面图 | FIRST FLOOR PLAN

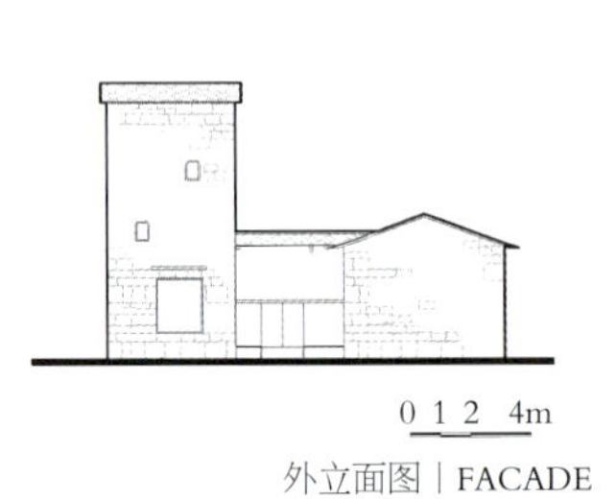

外立面图 | FACADE

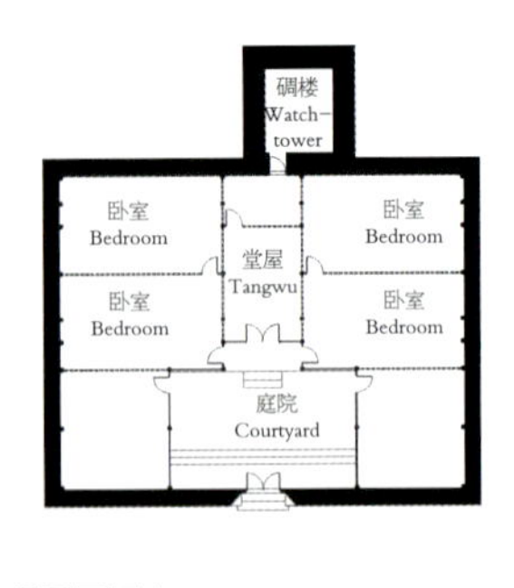

一层平面图 | FIRST FLOOR PLAN

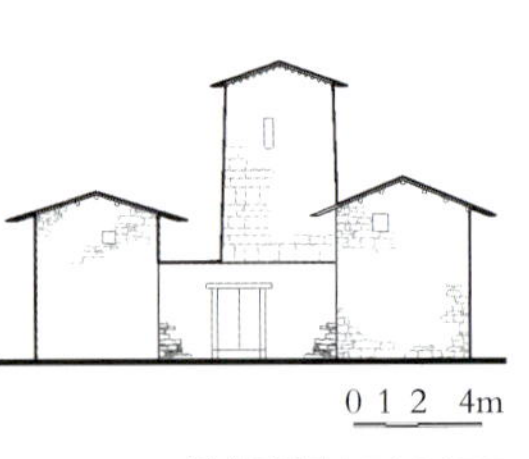

外立面图 | FACADE

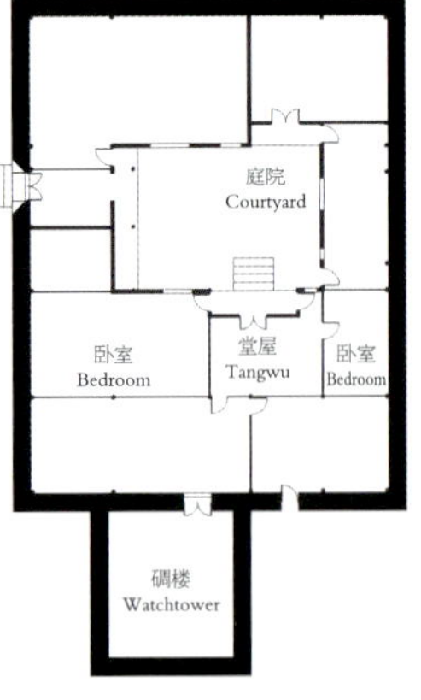

一层平面图 | FIRST FLOOR PLAN

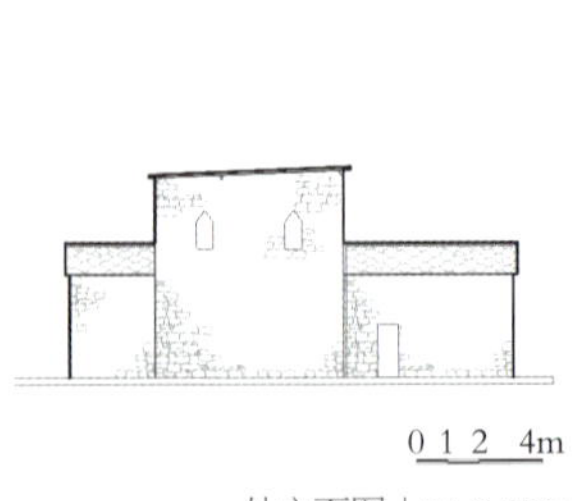

外立面图 | FACADE

本寨 碉楼 | WATCHTOWER, BENZHAI VILLAGE

占地面积｜180平方米　SITE AREA｜$180m^2$
建筑面积｜300平方米　BUILDING AREA｜$300m^2$
建筑层数｜2层　NUMBER OF FLOORS｜2

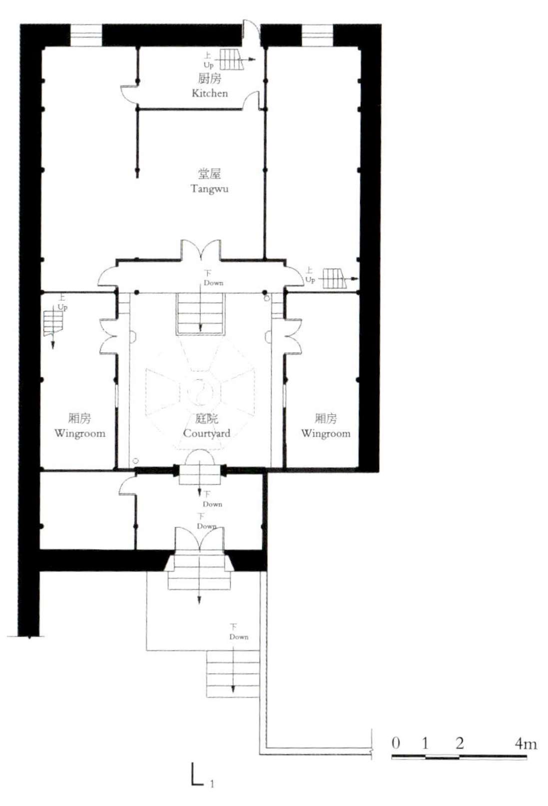

一层平面图｜FIRST FLOOR PLAN

本寨　杨家老宅｜YANG'S COURTYARD, BENZHAI VILLAGE

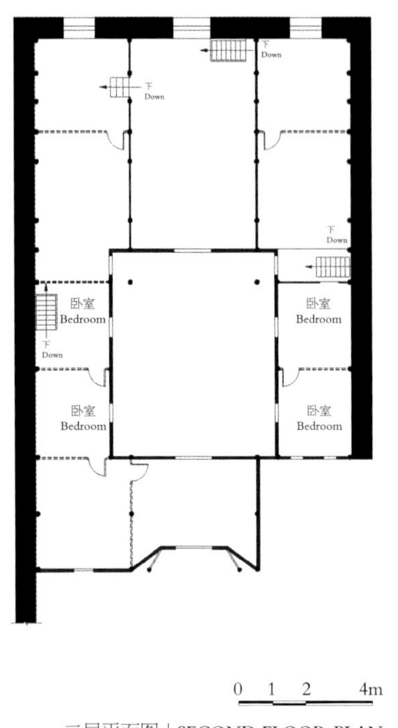

二层平面图 | SECOND FLOOR PLAN

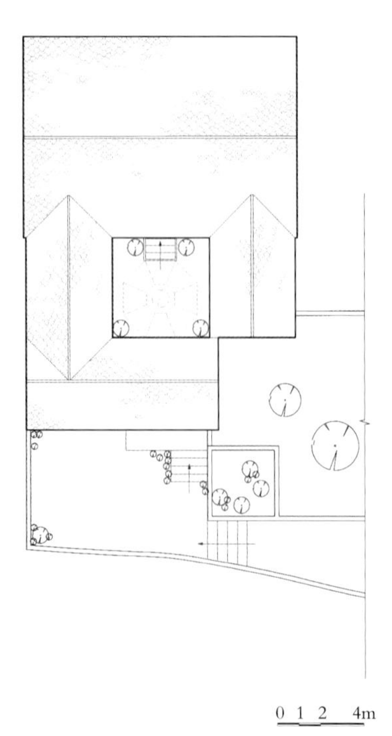

总平面图 | MASTER PLAN

1-1 剖面图 | 1-1 SECTION

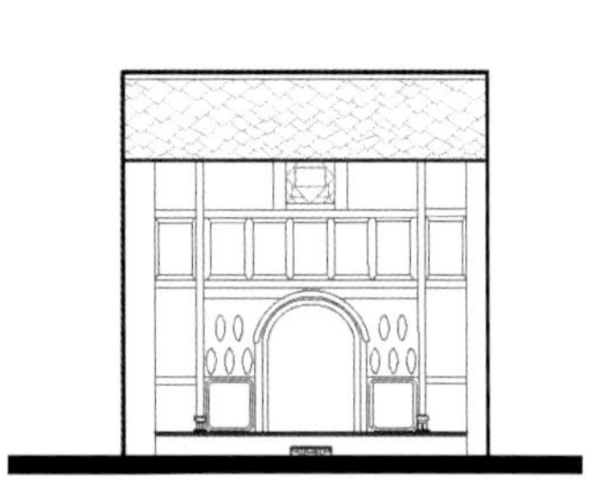

内院南立面图 | SOUTH FACADE OF COURTYARD

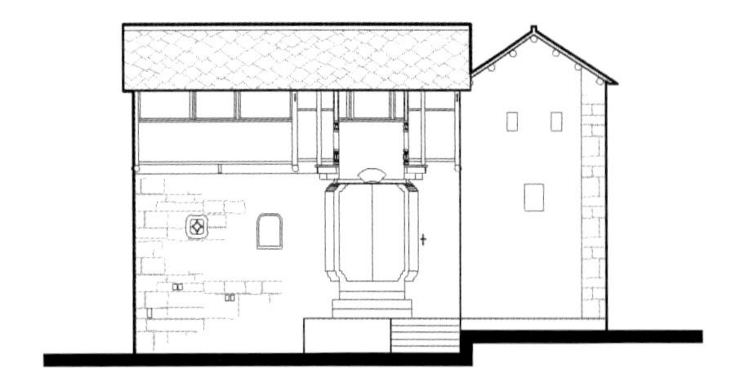

外立面图 | FACADE

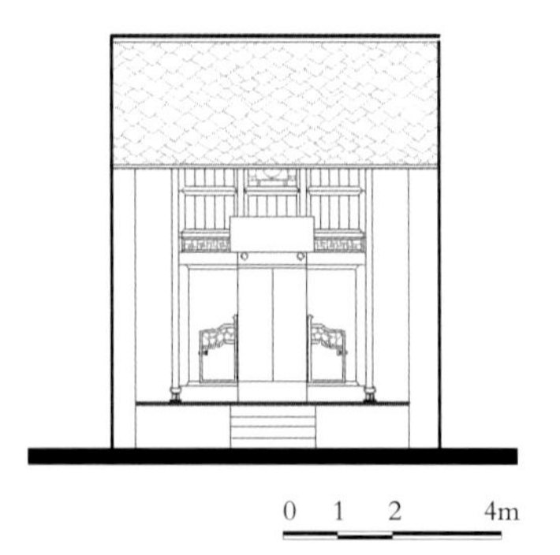

内院北立面图 | NORTH FACADE OF COURTYARD

象脚石 | STEP

落水口 | DRAIN PORT

落水口 | DRAIN PORT

象脚石 | STEP

垂花 | FLORAL PENDANT

垂花 | FLORAL PENDANT

射击口 | FIRING PORT

拴马石 | HORSE STONE

窗 | WINDOW

铺地 | PAVING

柱础 | PLINTH

枋 | ARCHITRAVE

本寨　杨家老宅 | YANG'S HOUSE, BENZHAI VILLAGE

本寨　欧式大院 | WESTERN-STYLE COURTYARD, BENZHAI VILLAGE

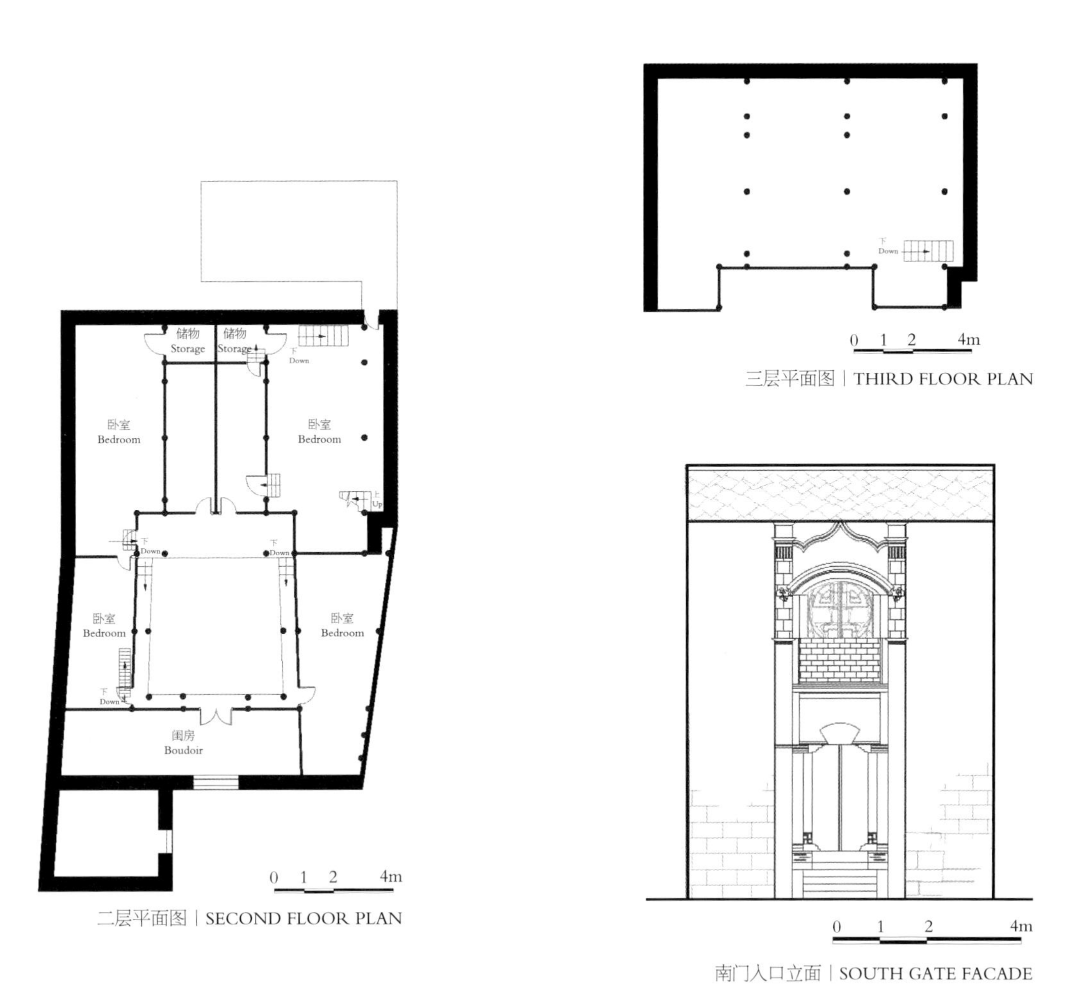

二层平面图 | SECOND FLOOR PLAN

三层平面图 | THIRD FLOOR PLAN

南门入口立面 | SOUTH GATE FACADE

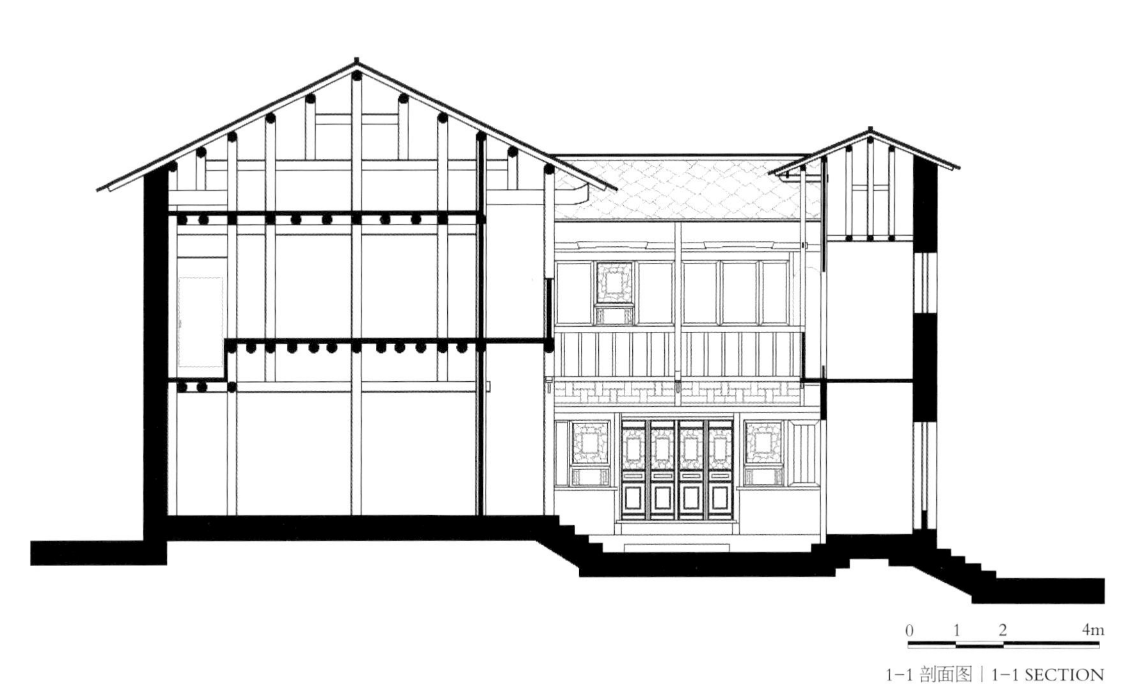

1-1 剖面图 | 1-1 SECTION

本寨　欧式大院 | WESTERN-STYLE COURTYARD, BENZHAI VILLAGE

南立面 | SOUTH FACADE

内院南立面 | SOUTH FACADE OF COURTYARD

内院北立面 | NORTH FACADE OF COURTYARD

内院西立面 | WEST FACADE OF COURTYARD

内院东立面 | EAST FACADE OF COURTYARD

枋 | ARCHITRAVE

铺地 | PAVING

石刻 | CARVING

石刻 | CARVING

本寨　欧式大院 | WESTERN-STYLE COURTYARD, BENZHAI VILLAGE

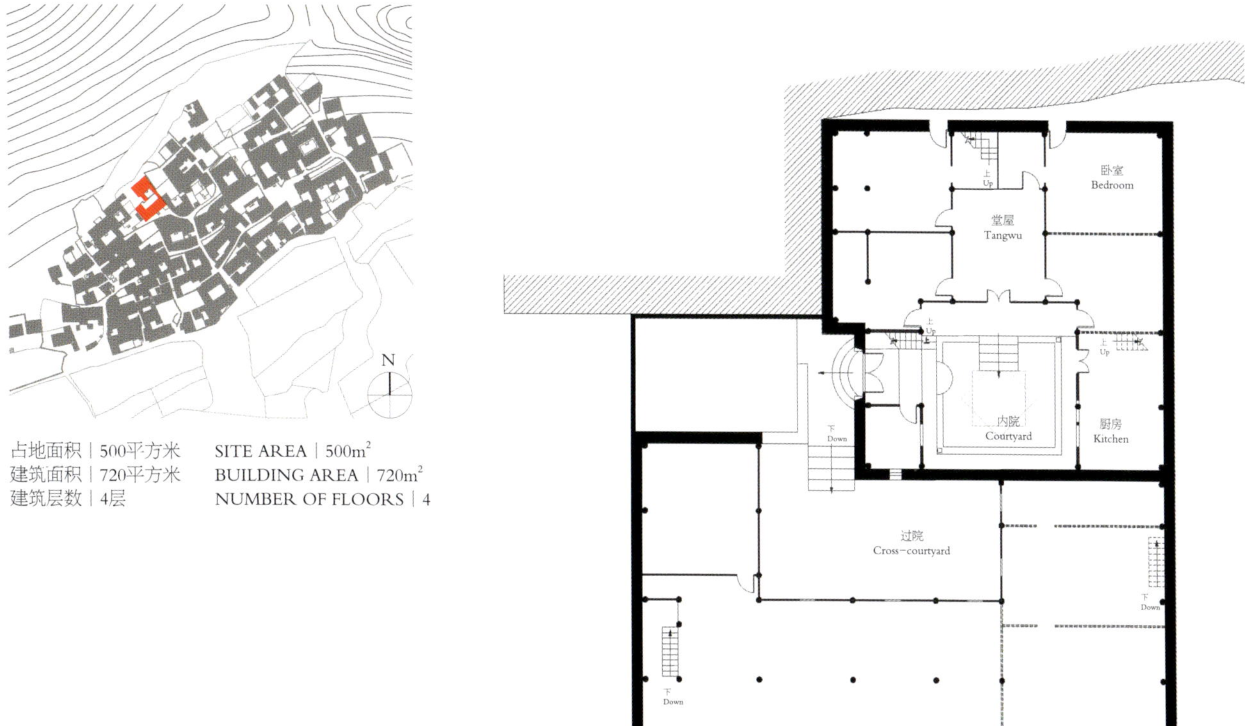

占地面积｜500平方米　SITE AREA｜500m²
建筑面积｜720平方米　BUILDING AREA｜720m²
建筑层数｜4层　NUMBER OF FLOORS｜4

二层平面图｜SECOND FLOOR PLAN

本寨　宏坤别墅｜HONGKUN VILLA, BENZHAI VILLAGE

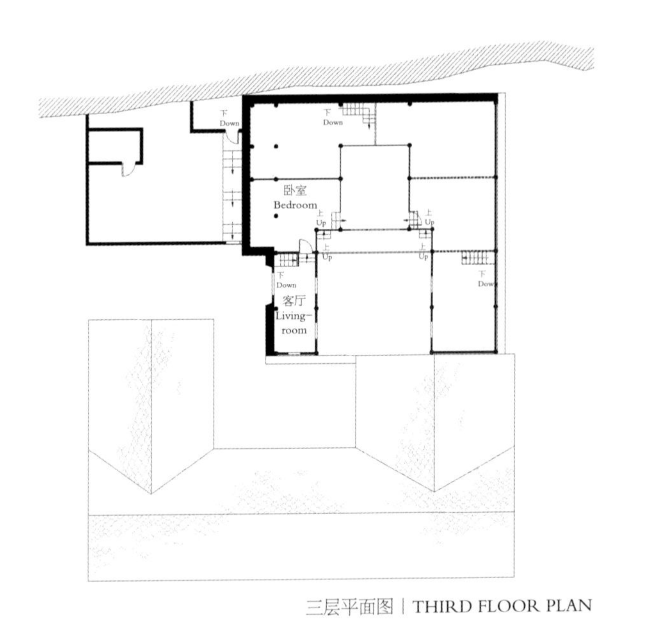

三层平面图 | THIRD FLOOR PLAN

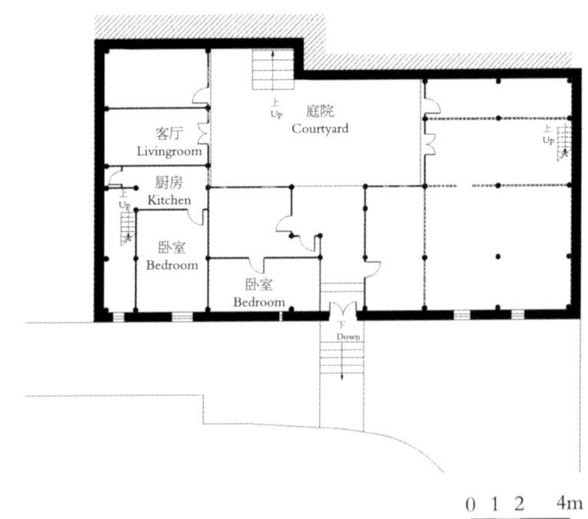

四层平面图 | FOURTH FLOOR PLAN

0 1 2 4m

一层平面图 | FIRST FLOOR PLAN

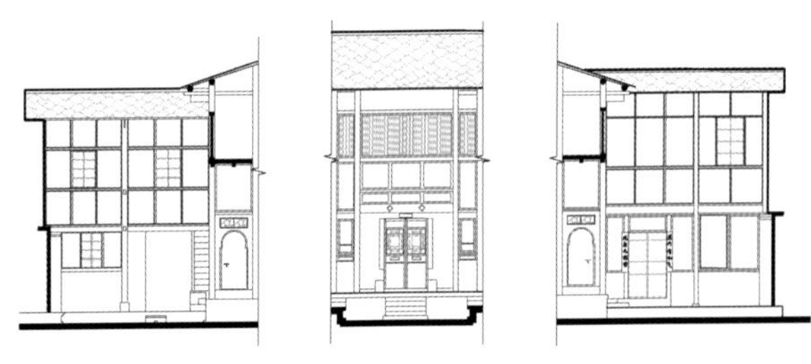
内院内立面展开图 | INSIDE FACADE UNFOLDED DRAWING OF COURTYARD

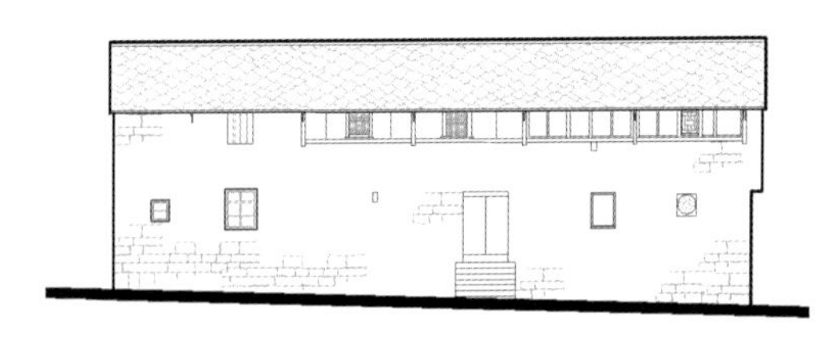
外立面图 | FACADE

过院内立面展开图 | INSIDE FACADE UNFOLDED DRAWING OF CROSS-COURTYARD

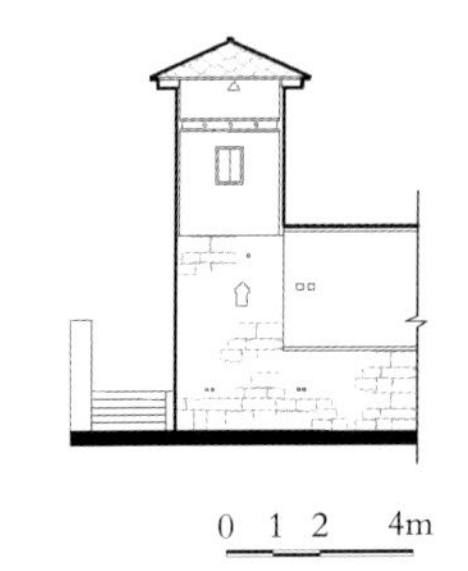
0 1 2 4m

内院立面图 | FACADE OF COURTYARD

八字门头 | GATE
西立面 | WEST FACADE
内院东立面 | EAST FACADE OF COURTYARD
过院西立面 | WEST FACADE OF CROSS-COVRTYARD
过院东立面 | EAST FACADE OF CROSS-COVRTYARD
小碉楼 | WATCHTOWER
象脚石 | STEP
象脚石 | STEP
门簪 | DOOR CLASP
射击口 | FIRING PORT

本寨　宏坤别墅 | HONG KUN VILLA, BENZHAI VILLAGE

占地面积｜820平方米
建筑面积｜490平方米
建筑层数｜3层

SITE AREA｜820m^2
BUILDING AREA｜490m^2
NUMBER OF FLOORS｜3

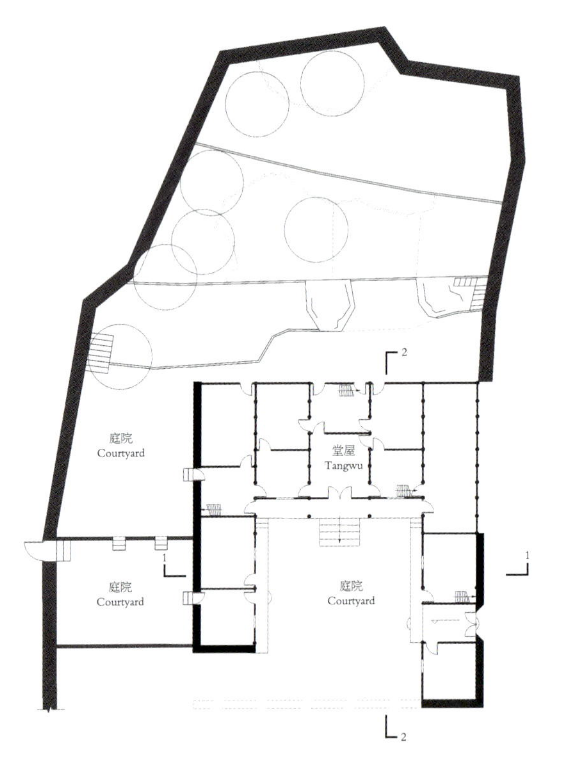

一层平面图｜FIRST FLOOR PLAN

本寨　住宅011#｜XIANG'S HOUSE, BENZHAI VILLAGE

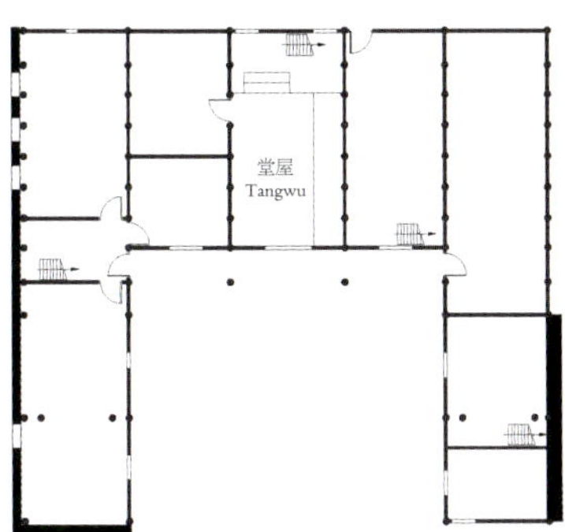

二层平面图｜SECOND FLOOR PLAN

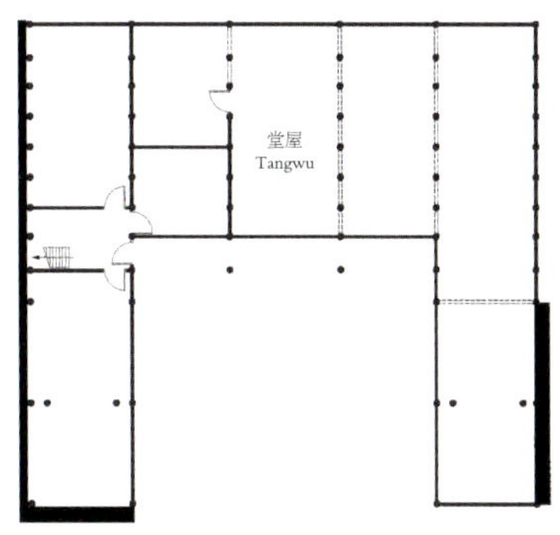

三层平面图｜THIRD FLOOR PLAN

1-1 剖面图｜1-1 SECTION

2-2 剖面图｜2-2 SECTION

本寨　住宅011#｜XIANG'S HOUSE, BENZHAI VILLAGE

云山坉｜YUNSHANTUN VILLAGE

区位：贵州省安顺市西秀区七眼桥镇

海拔：约1415m

坐标：北纬26.29°，东经106.08°

村庄（传统核心区）面积：约3.7hm^2

民族：汉族

人口：约1000人

Location: QiyanqiaoTown, Xixiu District, Anshun City, Guizhou Province

Altitude: ~ 1415m

Coordinate: N26.29°, E106.08°

Village (Historical Core) Area: ~ 3.7hm^2

Nationality: Han

Population: ~ 1000

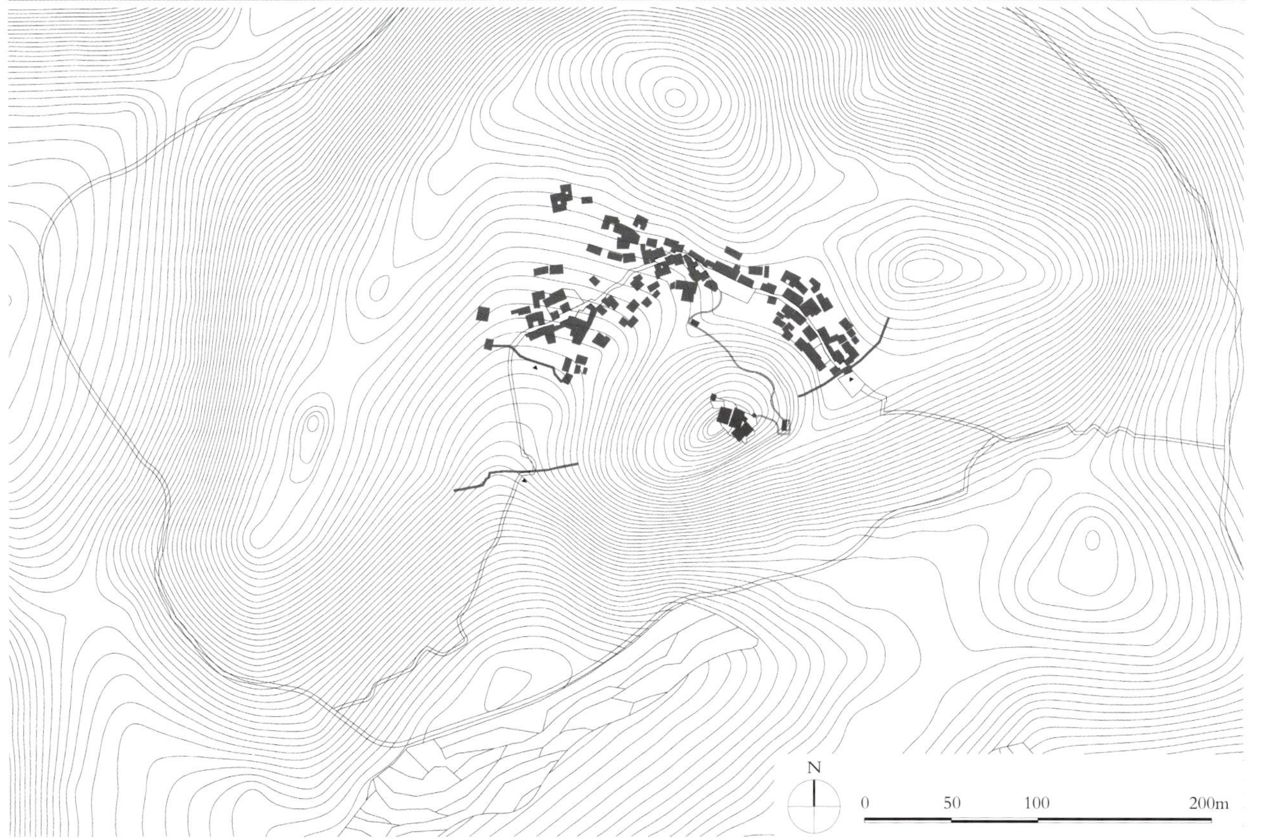
N
0
50
100
200m

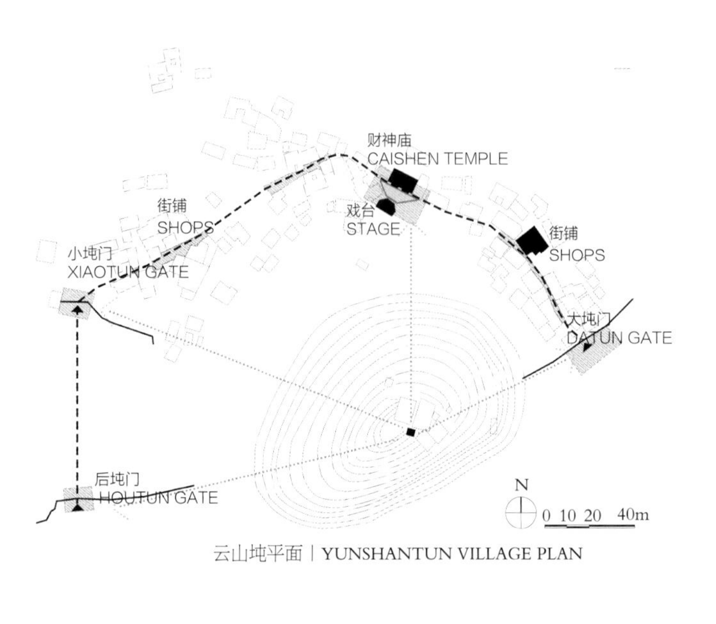

云山坉平面 | YUNSHANTUN VILLAGE PLAN

戏台立面 | STAGE FACADE

财神庙立面 | CAISHEN TEMPLE FACADE

大坉门 | DATUN GATE

小坉门 | XIAOTUN GATE

后坉门 | HOUTUN GATE

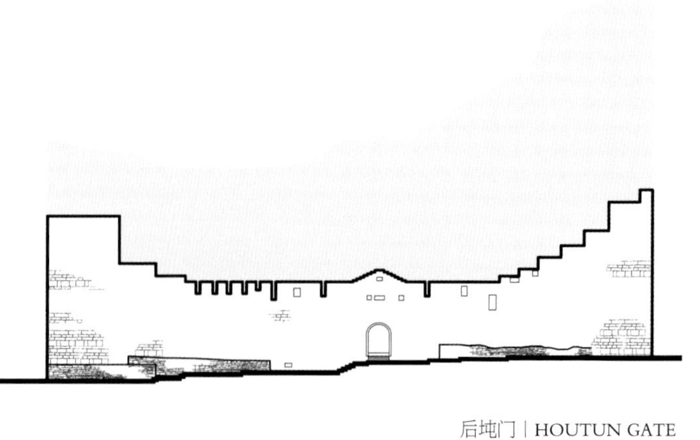

后坉门 | HOUTUN GATE

云山坉公共空间 | PUBLIC SPACE, YUNSHATUN VILLAGE

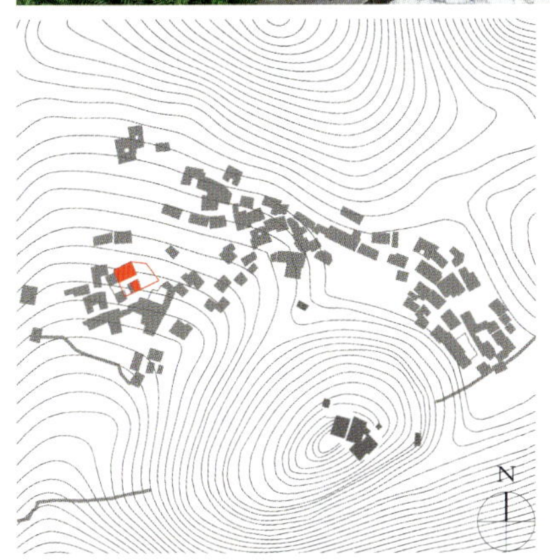

占地面积｜530平方米　SITE AREA｜530m²
建筑面积｜480平方米　BUILDING AREA｜480m²
建筑层数｜3层　NUMBER OF FLOORS｜3

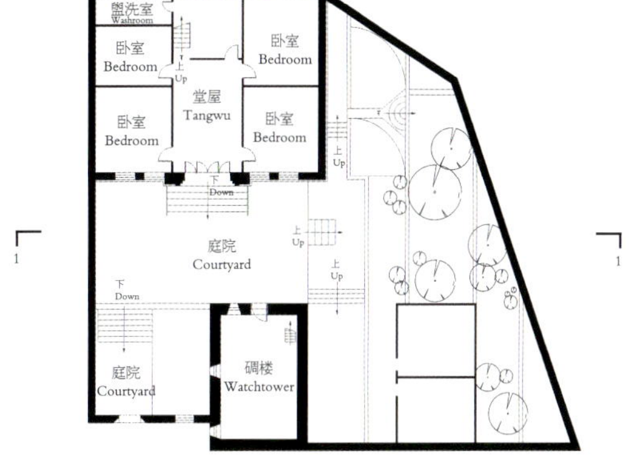

一层平面图｜FIRST FLOOR PLAN

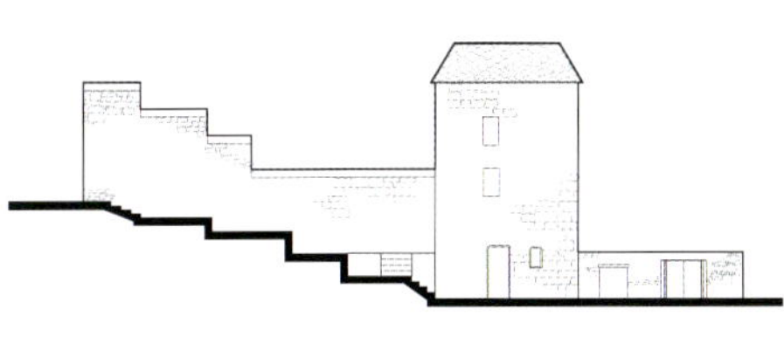

1-1 剖面｜1-1 SECTION

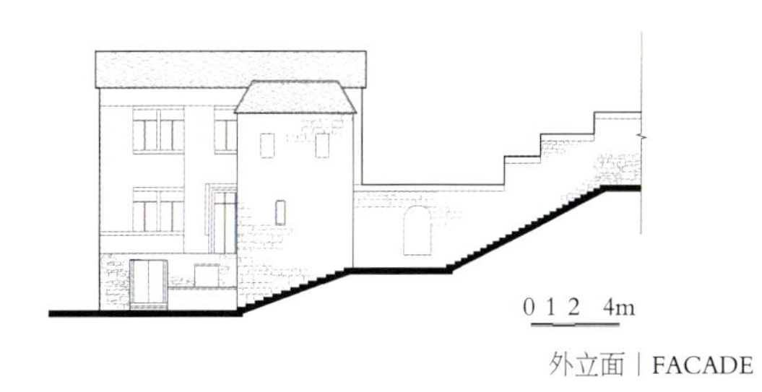

外立面｜FACADE

云山屯　云山驿馆｜YUNSHAN GUESTHOUSE, YUNSHANTUN VILLAGE

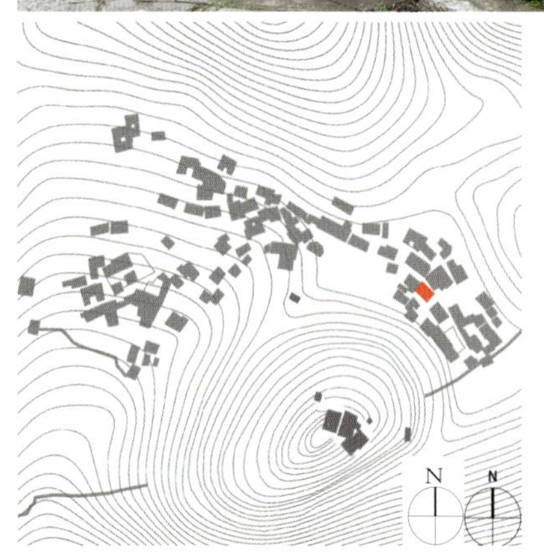

占地面积 | 110平方米　SITE AREA | 110m^2
建筑面积 | 220平方米　BUILDING AREA | 220m^2
建筑层数 | 2层　NUMBER OF FLOORS | 2

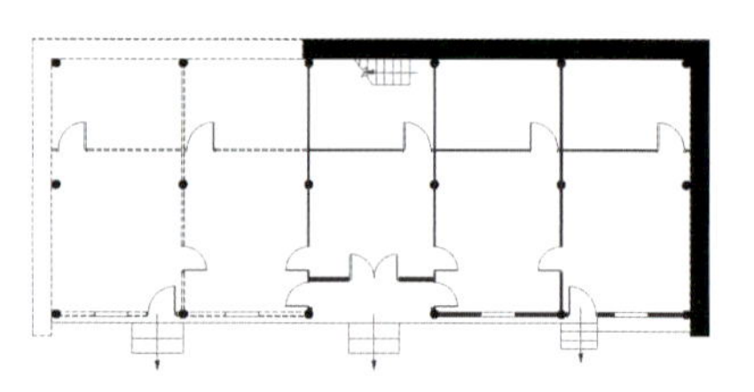

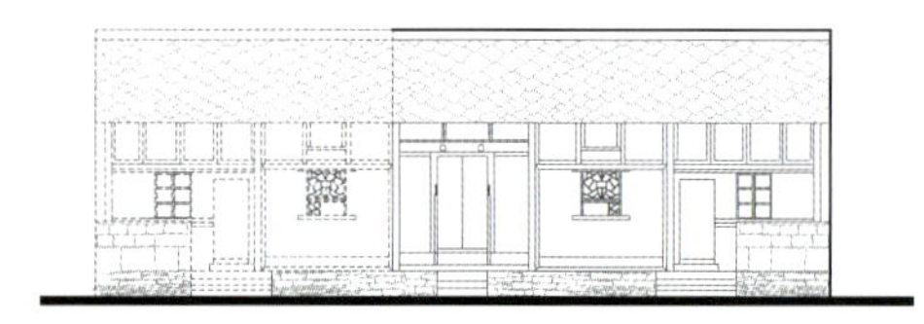

立面 | FACADE

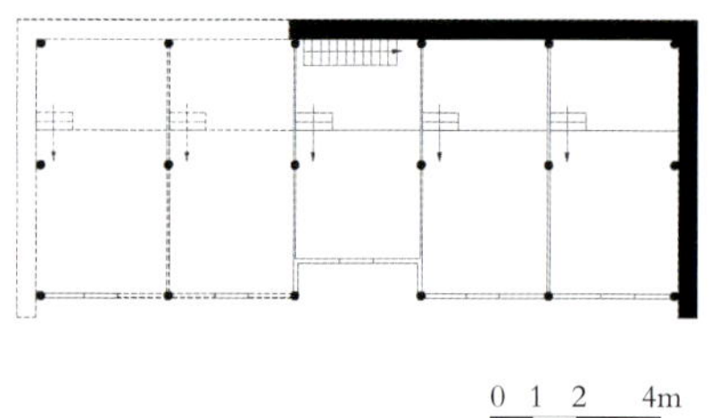

二层平面图 | SECOND FLOOR PLAN

云山屯　商铺002# | SHOP 002#, YUNSHANTUN VILLAGE

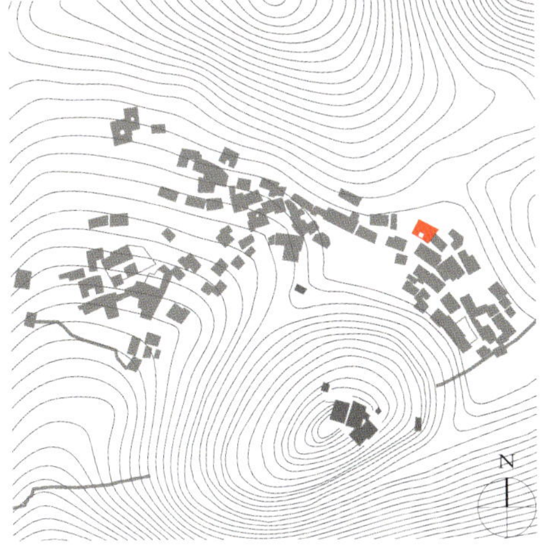

占地面积 | 210平方米　SITE AREA | 210m²
建筑面积 | 290平方米　BUILDING AREA | 290m²
建筑层数 | 2层　NUMBER OF FLOORS | 2

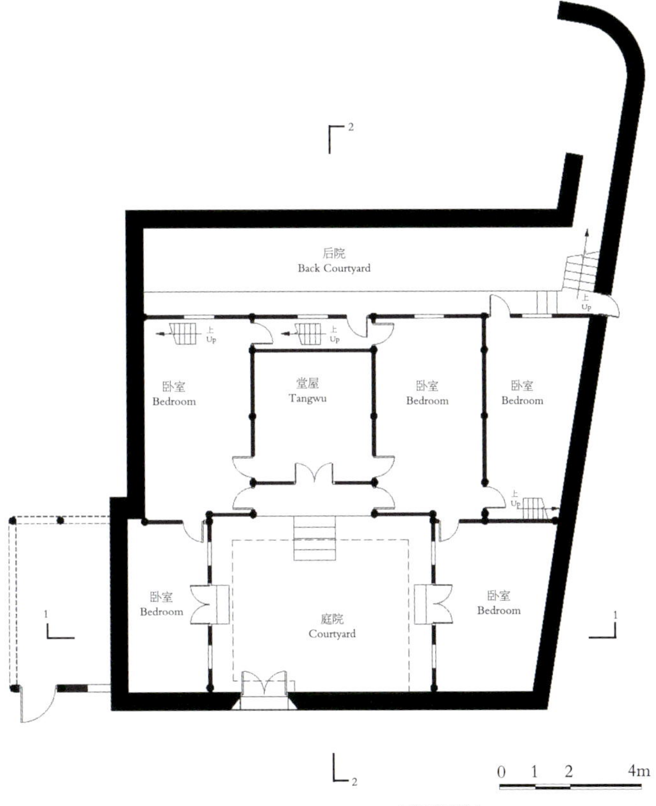

一层平面图 | FIRST FLOOR PLAN

云山坉　住宅 081# | 081# HOUSE, YUNSHANTUN VILLAGE

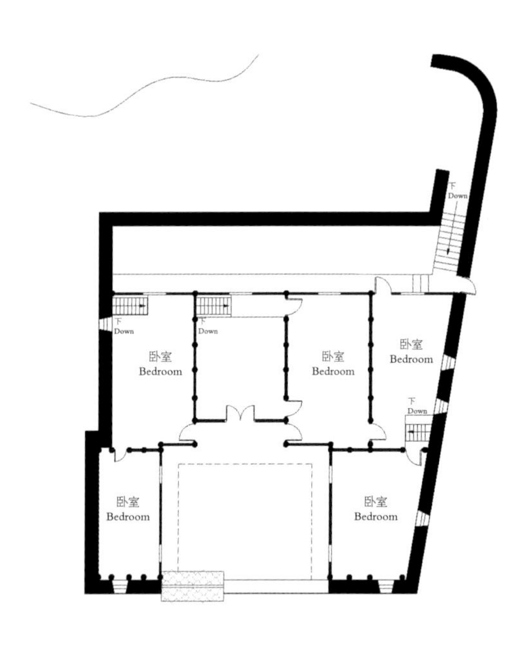

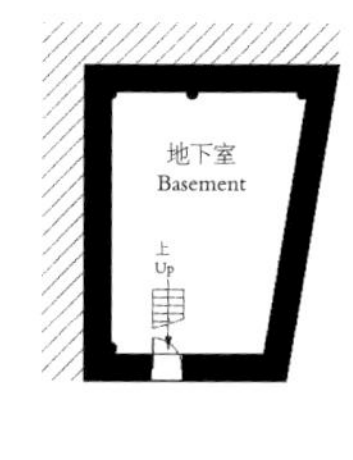

二层平面图 | SECOND FLOOR PLAN

地下室平面图 | BASEMENT PLAN

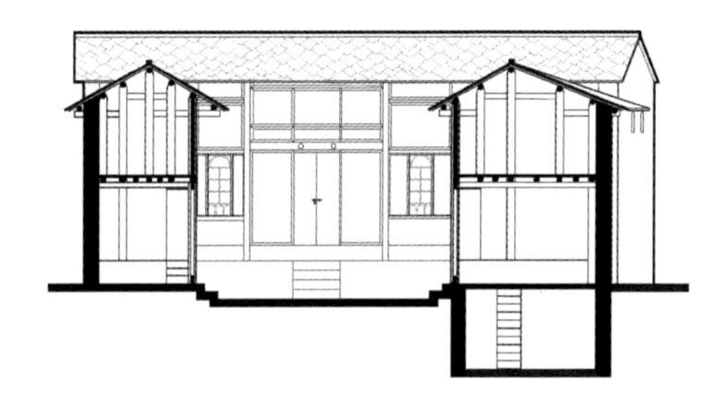

1-1 剖面 | 1-1 SECTION

2-2 剖面 | 2-2 SECTION

0 1 2 4m

南立面图 | SOURTH FACADE

云山坉 住宅 081# | 081# HOUSE, YUNSHANTUN VILLAGE

内院西立面 | WEST FACADE OF COURTYARD

鸟瞰 | BIRD'S VIEW

内院东立面 | EAST FACADE OF COURTYARD

南立面 | SOUTH FACADE

内院北立面 | NORTH FACADE OF COURTYARD

拴马石 | HORSE STONE

落水口 | DRAIN PORT

拴马石 | HORSE STONE

陈旗堡｜CHENQIPU VILLAGE

区位：贵州省安顺市普定县

海拔：约1300m

坐标：北纬26.26°，东经105.76°

村庄（传统核心区）面积：约10.8hm^2

民族：汉族

人口：约2200人

Location: Puding County, Anshun City, Guizhou Province

Altitude: ~ 1300m

Coordinate: N26.26°, E105.76°

Village (Historical Core) Area: ~ 10.8hm^2

Nationality: Han

Population: ~ 2200

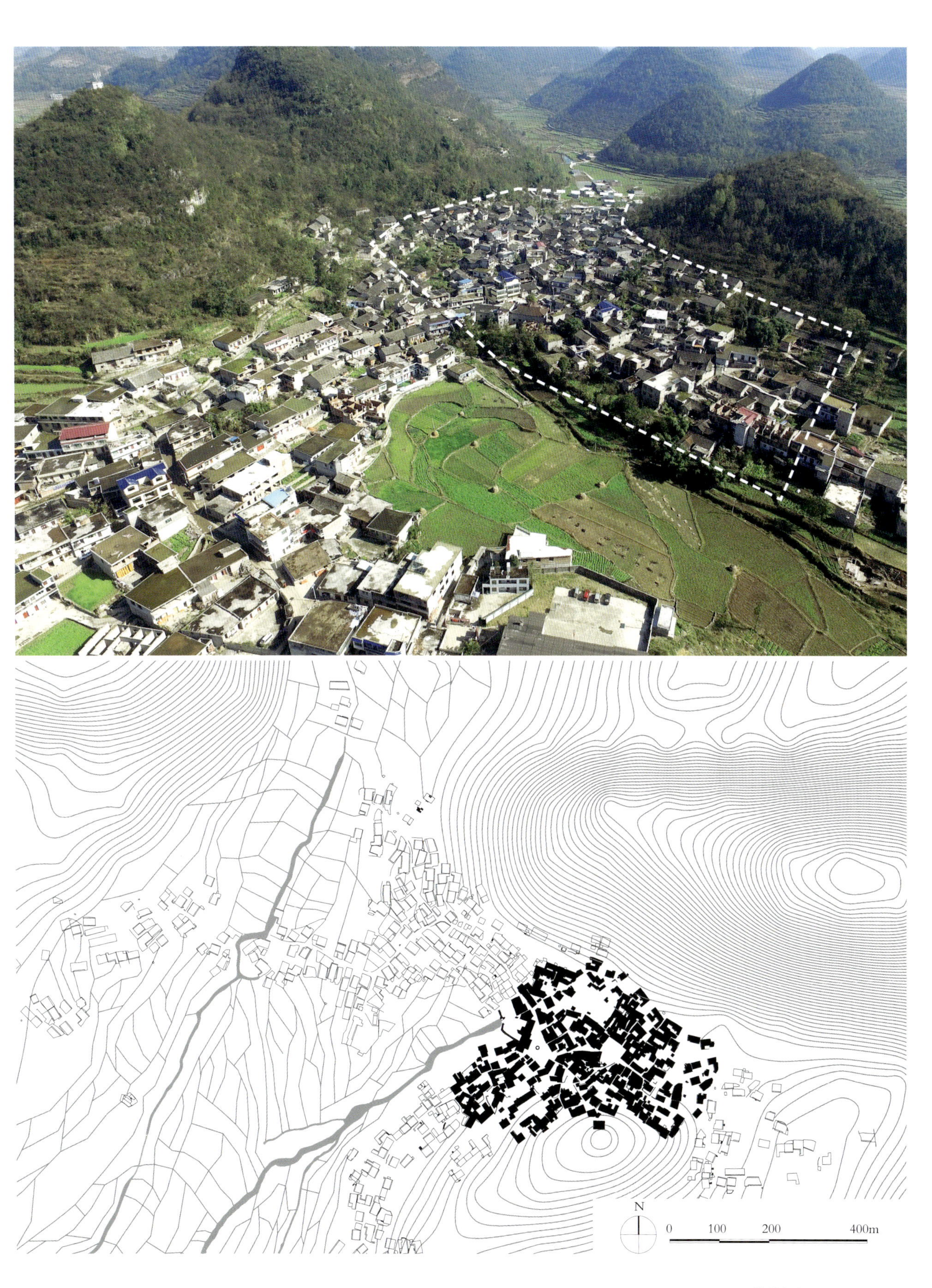

陈旗堡 | CHENQIPU VILLAGE

二官屯｜ERGUANTUN VILLAGE

区位：贵州省安顺市西秀区大西桥镇

海拔：约1300m

坐标：北纬26.37°，东经106.08°

村庄（传统核心区）面积：约5.8hm^2

民族：汉族

Location: Daxiqiao Town, Xixiu District, Anshun City, Guizhou Province

Altitude: ~ 1300m

Coordinate: N26.37°, E106.08°

Village (Historical Core) Area: ~ 5.8hm^2

Nationality: Han

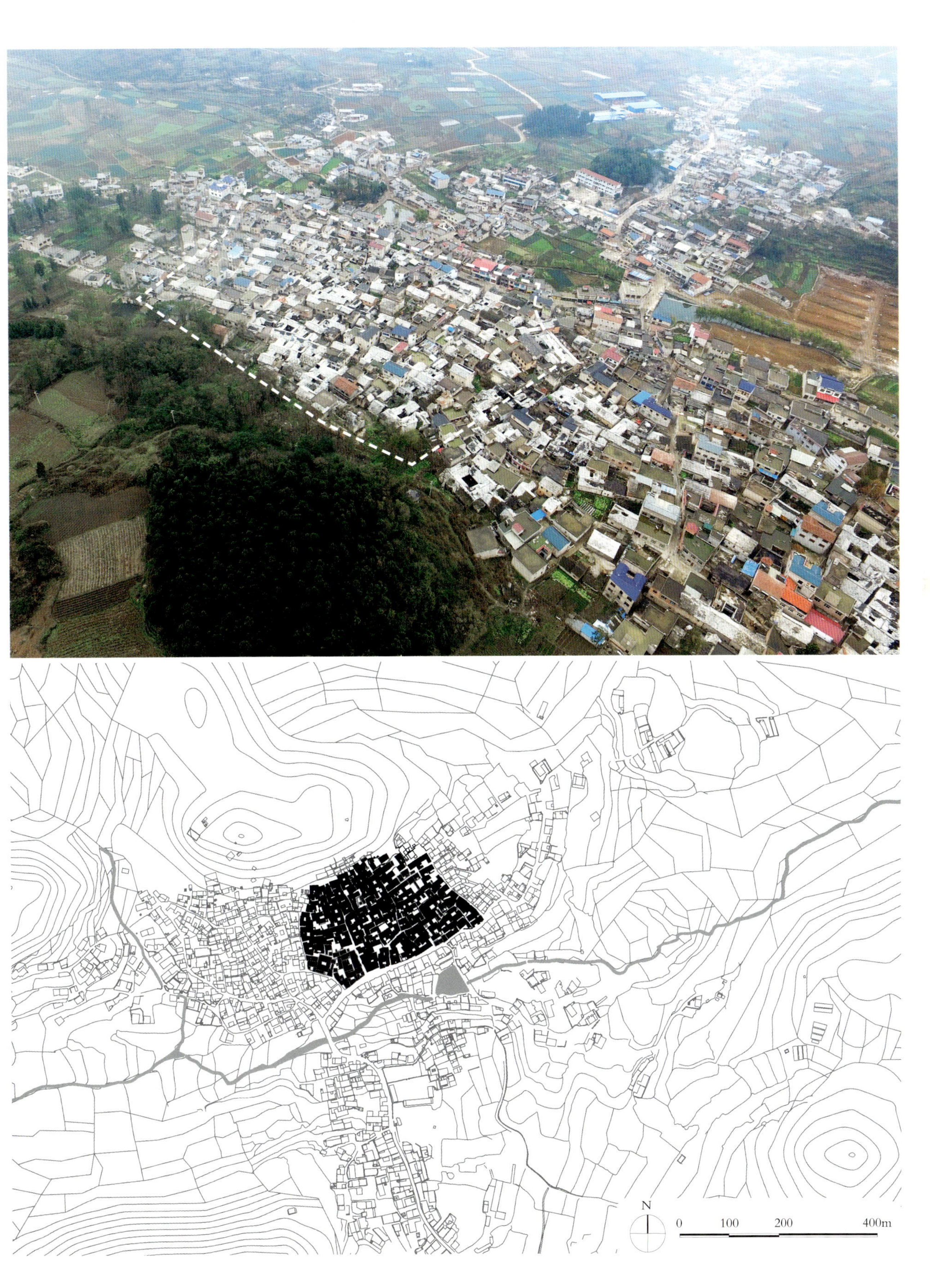
N
0
100
200
400m

雷屯｜LEITUN VILLAGE

区位：贵州省安顺市西秀区七眼桥镇

海拔：约1300m

坐标：北纬26.29°，东经106.10°

村庄（传统核心区）面积：约5.5hm²

民族：汉族

人口：约3200人

Location: Qiyanqiao Town, Xixiu District, Anshun City, Guizhou Province

Altitude: ~ 1300m

Coordinate: N26.29°, E106.10°

Village (Historical Core) Area: ~ 5.5hm²

Nationality: Han

Population: ~ 3200

雷屯 | LEITUN VILLAGE

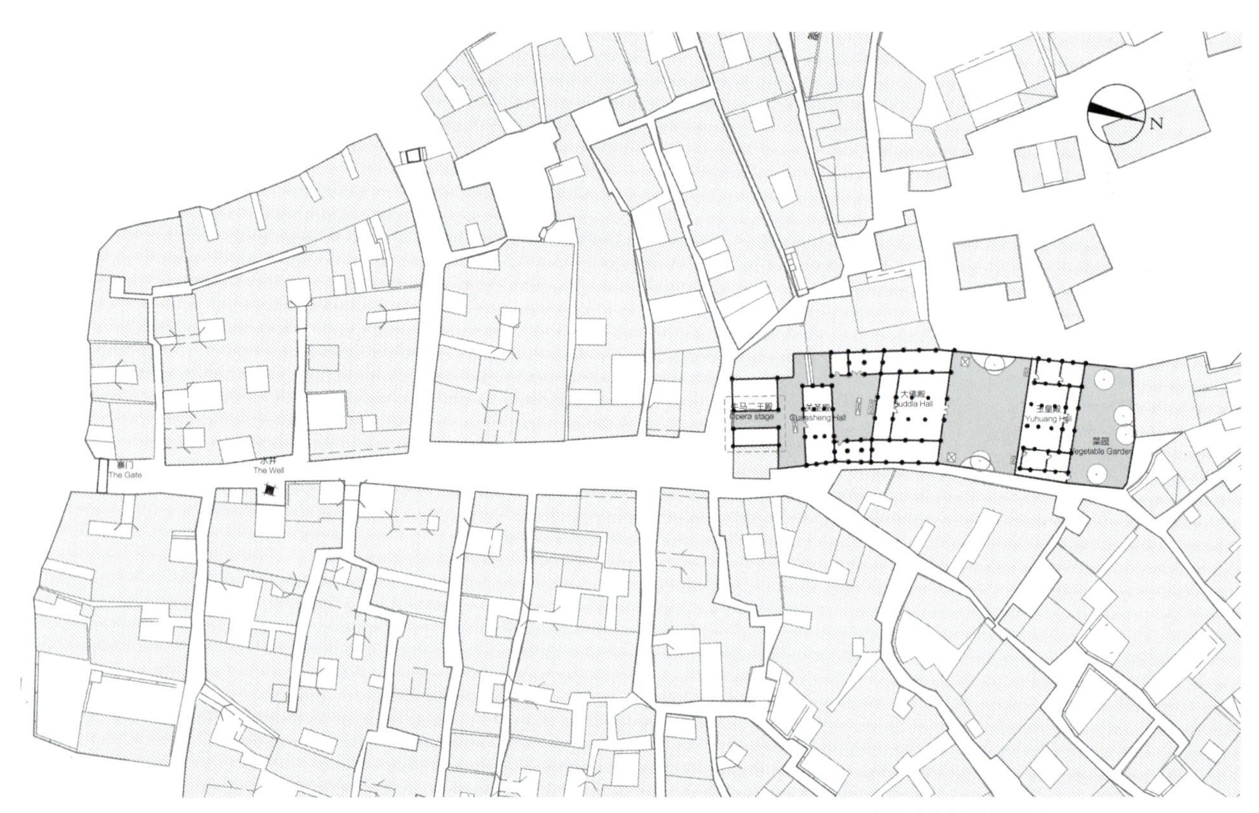

雷屯公共空间平面图 | PUBLIC SPACE IN LEITUN

雷屯　公共空间 | PUBLIC SPACE, LEITUN VILLAGE

下坝 | XIABA VILLAGE

区位：安顺市普定县马官镇

海拔：约1300m

坐标：北纬26.24°，东经105.75°

村庄（传统核心区）面积：约11.1hm^2

民族：汉族

人口：约1800人

Location: Maguan Town, Puding District, Anshun City, Guizhou Province

Altitude: ~ 1300m

Coordinate: N26.24° , E105.75°

Village (Historical Core) Area: ~ 11.1hm^2

Nationality: Han

Population: ~ 1800

下坝 | XIABA VILLAGE

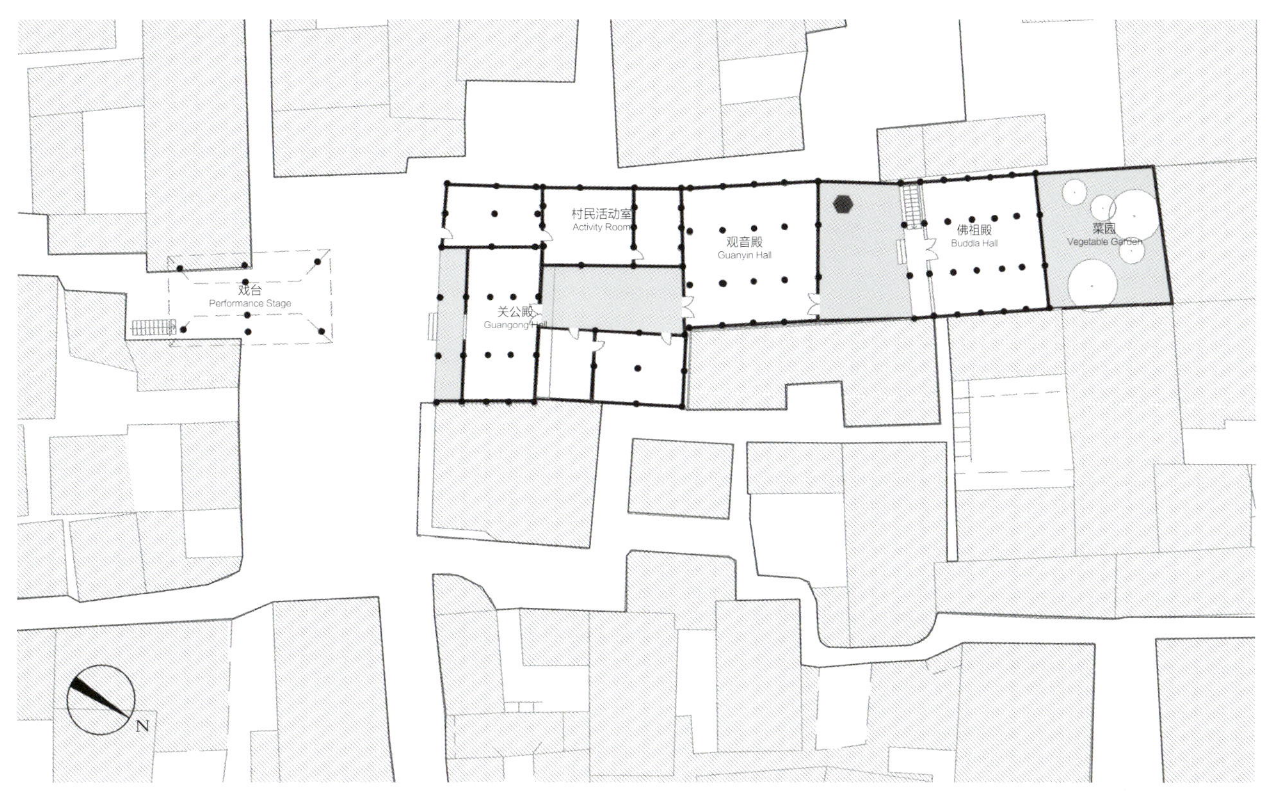

下坝公共空间平面图 | PUBLIC SPACE IN XIABA

下坝　公共空间 | PUBLIC SPACE, XIABA VILLAGE

周官屯 | ZHOUGUANTUN VILLAGE

区位：贵州省安顺市西秀区刘官乡

海拔：约1200m

坐标：北纬26.28°，东经106.20°

村庄（传统核心区）面积：约9.4hm^2

民族：汉族

人口：约1200人

Location: Liuguan Town, Xixiu District, Anshun City, Guizhou Province

Altitude: ~ 1200m

Coordinate: N26.28°, E106.20°

Village (Historical Core) Area: ~ 9.4hm^2

Nationality: Han

Population: ~ 1200

周官屯 | ZHOUGUANTUN VILLAGE

吉昌屯｜JICHAGNTUN VILLAGE

区位：贵州省安顺市西秀区大西桥镇

海拔：约1300m

坐标：北纬26.33°，东经106.15°

村庄（传统核心区）面积：约6.5hm^2

民族：汉族

人口：约3840人

Location: Daxiqiao Town, Xixiu District, Anshun City, Guizhou Province

Altitude: ~ 1300m

Coordinate: N26.33°, E106.15°

Village (Historical Core) Area: ~ 6.5hm^2

Nationality: Han

Population: ~ 3840

N
0
100
200
400m

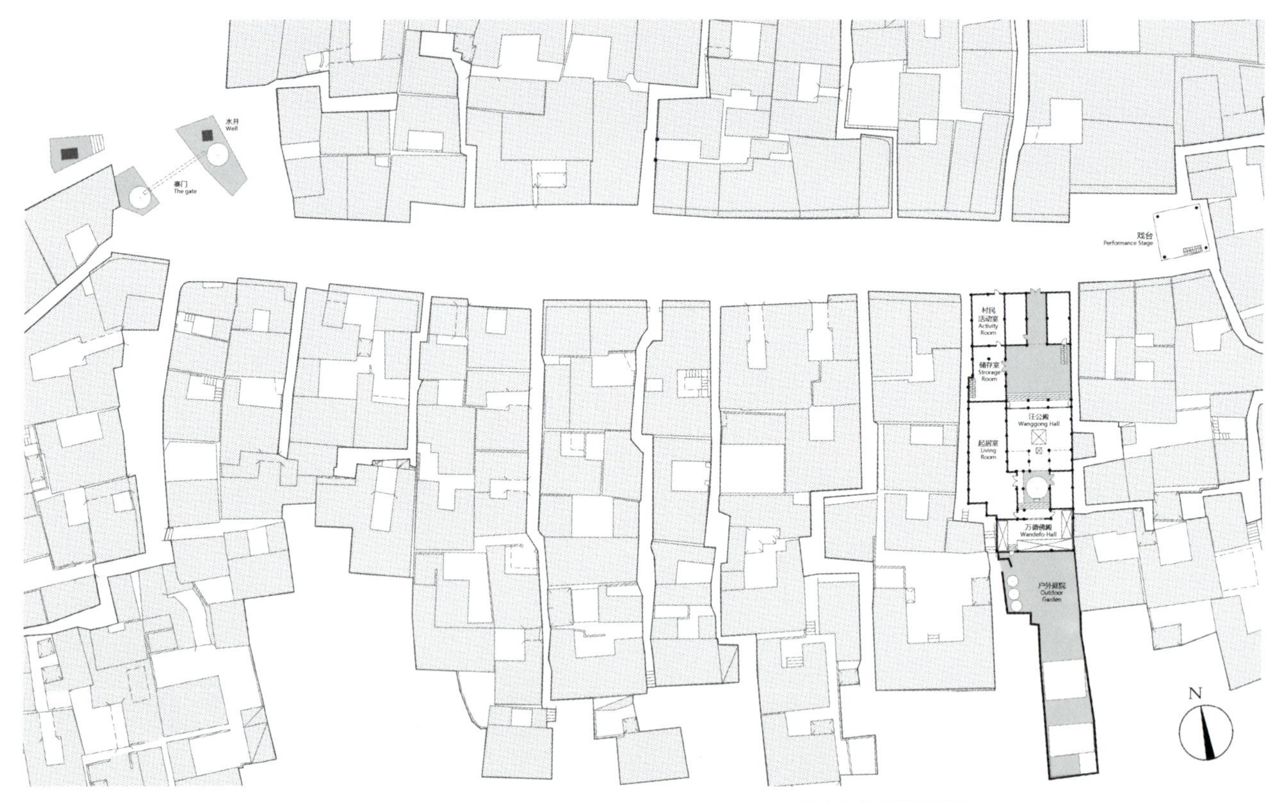

吉昌屯公共空间平面图 | PUBLIC SPACE IN JICHANGTUN

吉昌屯 | JICHANGTUN

汪公庙 | WANGGONG TEMPLE

汪公庙 | WANGGONG TEMPLE

汪公庙 | WANGGONG TEMPLE

汪公庙 | WANGGONG TEMPLE

吉昌屯　公共空间 | PUBLIC SPACE, JICHANGTUN VILLAGE

猴场 | HOUCHANG VILLAGE

区位：贵州省安顺市西秀区七眼桥镇

海拔：约1300m

坐标：北纬26.27°，东经106.07°

村庄（传统核心区）面积：约$4.6hm^2$

民族：汉族

人口：约1130人

Location: Qiyanqiao Town, Xixiu District, Anshun City, Guizhou Province

Altitude: ~ 1300m

Coordinate: N26.27°, E106.07°

Village (Historical Core) Area: ~ $4.6hm^2$

Nationality: Han

Population: ~ 1130

N

0 100 200 400m

猴场 | HOUCHANG VILLAGE

石板房｜SHIBANFANG VILLAGE

区位：贵州省安顺市西秀区大西桥镇

海拔：约1300m

坐标：北纬26.35°，东经106.15°

村庄（传统核心区）面积：约5.0hm^2

民族：汉族

人口：约820人

Location: Daxiqiao Town, Xixiu District, Anshun City, Guizhou Province

Altitude: ~ 1300m

Coordinate: N26.35°, E106.15°

Village (Historical Core) Area: ~ 5.0hm^2

Nationality: Han

Population: ~ 820

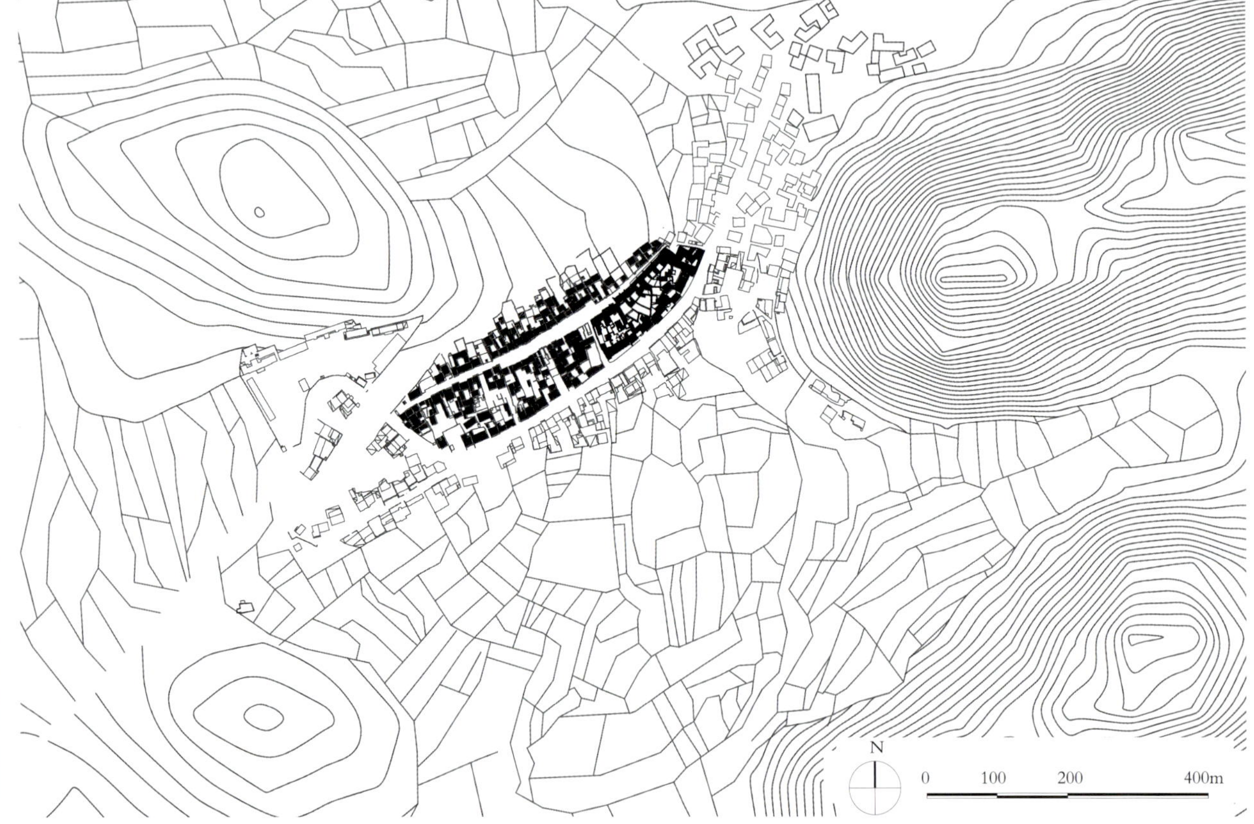

石板房 | SHIBANFANG VILLAGE

专题图片

詹屯 | ZHANTUN
鲍屯 | BAOTUN
狗场屯 | GOUCHANGTUN
陈旗堡 | CHENQIPU
玉官屯 | YUGUANTUN
山旗堡 | SHANQIPU
高官屯 | GAOGUANTUN
本寨 | BENZHAI
九溪 | JIUXI
云山屯 | YUNSHANTUN
山京哨 | SHANJINGSHAO
吉昌屯 | JICHANGTUN

雷屯 | LEITUN
肖家庄 | XIAOJIAZHUANG
秀水 | XIUSHUI
周官屯 | ZHOUGUANTUN
下坝 | XIABA
马官屯 | MAGUANTUN
猴场 | HOUCHANG
石板房 | SHIBANFANG
天王旗堡 | TIANWANGQIPU
牛旗堡 | NIUQIPU
讲义寨 | JIANGYIZHAI
二官屯 | ERGUANTUN

林 | WOODS

田 | PADDY FIELD

屋面 | ROOF COVERING

巷道 | AISLE

巷道 | AISLE

墙 | WALL

詩書丹桂

八字门 | GATE

银匠世家
富門前多能
财路上有貴人
神
誓死保卫毛主

寨门 | VILLAGE GATE

家和業興福星照
平安富貴前程錦

坛内功曹

佛像 | BUDDHA

瓜田李下事避嫌疑

下篇 专题研究

1

黔中卫所屯堡聚落空间分布及体系

Spatial Distribution and Spatial Systemof Weisuo Settlements in Central Guizhou

本章作者：周政旭，王念，封基铖，吕燕平

摘要：明朝初年全国范围内推行卫所制度，形成了诸多的卫所聚落。黔中地区至今仍保存较为完整的卫所屯堡正是肇始于此，为该地区当前城镇乡村聚落体系的形成奠定了基础。本章以明朝设置于黔中地区的六个卫所为研究对象，通过研读地方志、地方史籍和实地访谈、踏勘测绘等方式，梳理、确定该地区的卫所屯堡聚落的空间分布情况，分析其空间体系特点。笔者认为该地区卫所屯堡聚落形成了与其军事等级相对应、满足相应功能且适应于当地地形地势以及外部环境的“都指挥使司城—卫城—（百户所）屯堡—旗堡”的聚落层级网络体系。

1.1 引言

聚落层级体系是地理学、城乡规划学学科关注的重点问题之一。明初朱元璋在全国范围内推行卫所制度，很短时间内设立了与军事层级相对应的卫城、所城、屯/堡/关/寨等大量卫所聚落，经后代陆续完善，形成完整体系且具有鲜明的军事防御特色。大量的卫所聚落发展延续至今，尤其是在边关地区设立的卫所聚落往往为当前当地城镇乡村聚落体系奠定了基础。因此，卫所聚落的分布与空间体系，一直吸引着历史学、地理学、建筑学、城乡规划学等学科学者的关注。多数的研究主要关注等级相对较高、历史记载清晰明确、且当前仍有较多遗存的卫城及千户所城[1-6]。卫—所—屯堡关寨所构成的层级军事聚落体系，往往因为历史资料缺乏、遗存难寻等原因，研究相对薄弱。对此，天津大学张玉坤团队等做了开创性的工作，他们持续对北方长城沿线、东部海防沿线的各类军事卫所屯堡开展系统研究，重点考察聚落层级体系，梳理总结了北方长城卫所屯堡聚落“镇—路—卫—所—堡”的边防军事防御体系[7-10]和海陆防线协同并层递进的海防军事聚落的防御体系[11-12]。

与长城边防沿线、东部海防沿线的屯堡相同，云贵等地的卫所同属于明初短时间内大量设立的“边地卫所”，为稳定边疆做出了巨大的历史贡献，同时也在很大程度上为当地的城镇、乡村格局奠定了基础[13]。近年，随着安顺屯堡人、屯堡地戏以及屯堡村落等在国际学术界的重新发现和传播，历史学、社会学、建筑学等多学科的学者开展了研究。郭红以贵州都司建置为视角进一步探讨了黔中卫所的形成历史[14]；孙兆霞、唐莉等进一步提出了黔中屯堡聚落沿交通线和田坝区集中分布的主要特征[15-16]。此外，还有学者对黔中卫所聚落体系之中具备特色的屯堡村落，进行了形态研究[17-20]。但是，关于百户所、总旗等驻在屯堡关寨的历史记载仅散见于各地方志之中，且多数历经600余年历史已发生较大变化，给系统研究卫—所—屯堡的空间体系带来了很高难度。因此，贵州屯堡聚落的空间研究中，除了当地学者范增如20世纪八九十年代的基础性工作之外[21]，对黔中卫所屯堡聚落体系的整体研究十分缺乏。

为进一步考察明初云贵地区的卫所聚落体系空间分布规律，本书在范增如等前辈学者对平坝、普定、安庄三卫工作的基础上，将研究范围进一步扩展至贵州卫、贵州前卫、威清卫、平坝卫、普定卫、安庄卫范围（大体位于当前的安顺、贵阳区域范围内），为研究方便，本书将其暂称为“黔中六卫”。该区域与贵州卫所研究通常提及的“上六卫”（威清卫、平坝卫、普定卫、安庄卫、安南卫、普安卫）与“居中二卫”（贵州卫、贵州前卫）范围有所差别。其原因有三：第一，从更系统地研究层级聚落分布的角度而言，“黔中六卫”包含更上一层级的都指挥使司城（亦为贵州卫、贵州前卫驻在地），其空间分布更具系统性；第二，从所处地形地势角度而言，黔中区域地形地貌较为一致，是贵州全省较为平坦的地区，全省90%以上的万亩良田大坝均位于该区域，其东、西两方延长线地形较为复杂，南北两侧则更为陡峻，在明初之时均为大小土司及少数民族聚居之地，黔中地区具有讨论各级聚落分布的共通地形基础；第三，从研究材料而言，当前安顺地区是屯堡村落与文化保存最为完整的地区、记载相对完整，而当前贵阳地区的贵州卫、贵州前卫、威清卫尽管实物遗存并不丰富，但在地方志上却有较为清晰的记载，地名以及村志、村中口述志等也记载了一定的历史信息，甚至还体现出百户所驻在屯堡的位置、规模、从属等信息，因此，黔中的安顺、贵阳地区具有考证出卫所聚落层级体系的材料条件。

综合以上考虑，本章通过地方志、地方史地资料、地名信息库等文本材料，并大量访谈地方人物，考证百户所、总旗层级的屯堡的名称、规模、从属及流变信息；同时对相应区域进行实地调研与踏勘测绘，结合卫星地图等对潜在屯堡的空间形态进行考察，与文本信息相对应，推溯并还原屯堡的历史层级空间分布情况；形成黔中都指挥使司城—卫城—百户屯堡分布图，以此分析其层级化的聚落体系结构。

1.2 黔中卫所设置背景与各级聚落分布格局

卫所制度是明初形成的一项重要的全国性制度，形成都指挥使司（都司）—卫—千户所—百户所—总旗—小旗的军事层级体系。卫所广泛分布于全国各地，它与行省—府—州县等行政系统相平行，构成国家版图内的一种特殊地理单位[22-25]，并且形成了集军事、屯戍、户籍、赋税等一整套卫所制度。同时，与军事层级相对应，都指挥使司城—卫城—千户所城（千户所多驻在于卫城，少数守御千户所亦驻扎在外）—屯堡（多为百户所驻地，亦有可能为总旗驻地）的卫所屯堡聚落体系也相应建立起来（表1-1），因为具备“与军事移民相关的家属同守、寓兵于农、聚居等许多特点”，从而“形成独具特色的文化地理单元”。[26]

在明朝之前，贵州大部分地区是土司领地和“苗疆生

明朝贵州等地卫所屯堡聚落各层级概况　　表1-1

层级	指挥官名	驻地聚落	辖区与职权	管辖兵士数
都指挥使司	都指挥使	都指挥使司城（都司城）	管辖下属卫及直属千户所辖境军事及屯种事务	视下辖卫所多寡而定
卫	指挥使	卫城	管理本卫卫城及下属各屯堡军事及屯种事务	5600人
千户所	千户	卫城内（守备千户所）/千户所城（守御千户所）	管理下辖的屯堡军事及屯种事务，守御千户所还管辖驻在的千户所城	1120人
百户所	百户	屯、堡	管辖百户所屯堡及周边屯田，组织军事及屯种活动	112人
总旗	总旗	屯、堡内或在外另立旗屯、旗堡	受百户管辖调遣，外驻旗屯、旗堡时组织总旗的军事及屯种活动	50余人
小旗		屯、堡或旗屯、旗堡内	受百户及总旗官管辖调遣	十余人

界”。自洪武四年至三十年（1371—1397年），明朝在贵州共设立了二十四卫及二直隶千户所。贵州最初设立卫所的核心考量为保障战略通道安全、镇戍当地少数民族。诸卫全依滇黔、湘黔、川滇驿道而设，尤其是滇—黔—湘驿道是云南与明政权腹地交通的主要道路，两侧山势连绵成片，使得这条驿道成为从西南云贵乃至缅甸越南前往江南、中原的必经之地，本章所述的黔中六卫更是位于这一东西战略通道的紧要之处。通道南北两侧，则是深山大箐，多为土司领地，更有尚未真正纳入中央政府有效治理的“苗疆生界”，即“贵州一线路外即苗穴”[1]。因此在周边多为土司羁縻管辖或少数族群之地，基于镇戍与管控的需要，还需要重点控制通往土司与少数民族区域的通道。

整体而言，都指挥使司城与卫城一般为一区域的指挥中枢，军士多专职防御，日后也基本成为重要的各级城市；屯堡则多是基层百户所或总旗屯戍之地，军士多从事农耕或耕防并重，在后续的历史演变中也主要成为村镇。此外，还存在若干的“铺”“哨”等基层屯堡聚落，也基本产生于明时期，承担交通通讯或放哨警戒等功能，在日后也大多转为村镇。笔者通过对相关地方志[2]的爬梳，同时参考范增如等对安顺地区屯堡分布的研究，并广泛询问各地的知情人士，梳理出黔中六卫地区的卫城及屯堡信息（详见本章附表）。随后，在充分考虑各地地名的流变、同音、谐音、合并、消减等情况的基础上，将各级聚落考证、定位于地图之上，最终得出黔中地区都司城—卫城—屯堡的分布（如图1-1所示）。从中可以看出各级聚落分布具有与设置背景、所属层级与承担功能显著相关的空间特征，各层级、类型聚落分布呈现出不同的特点。

[1]《黔记》，卷四《舆图志》。

[2] 包括（万历）《黔记》、（道光）《贵阳府志》、（咸丰）《安顺府志》、（民国）《续修安顺府志》、（光绪）《镇宁州志》、（民国）《镇宁县志》、（道光）《永宁州志》、（道光）《安平县志》、（民国）《平坝县志》、（民国）《清镇县志稿》、《民国修文县志稿》、（民国）《开阳县志稿》以及中华人民共和国成立后当地编纂的《贵阳市志·建置志》、《修文县志》、《平坝县志》、《清镇市志》等。

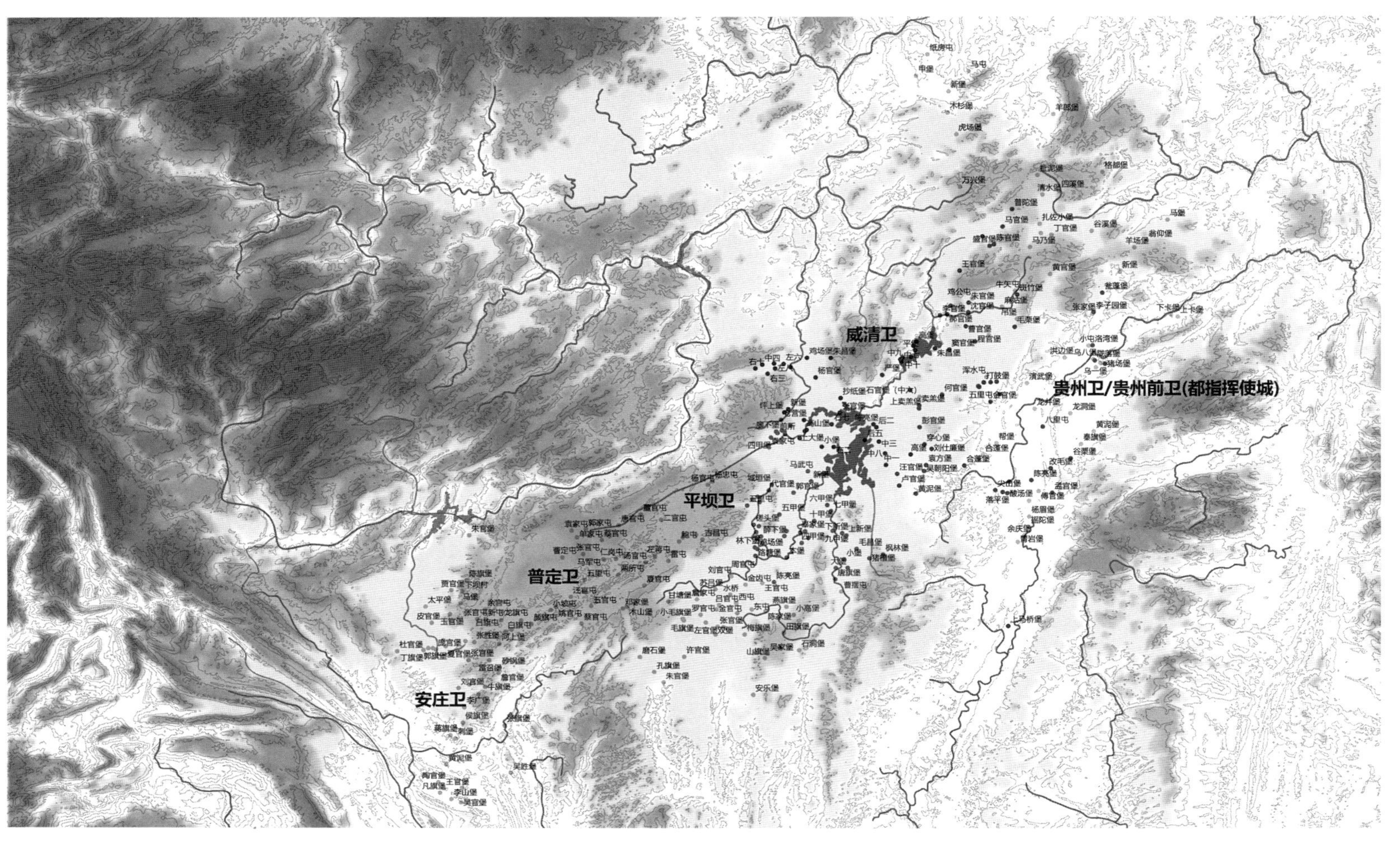

图1-1 黔中六卫及所辖百户所屯堡分布图

1.2.1 都司城与卫城

研究范围内，明朝初年共计设立1座都司城与4座卫城。都司城即当时贵州城（在今贵阳市城区），贵州卫及贵州前卫均驻在其中；4座卫城包括威清卫（在今清镇市城区）、平坝卫（在今平坝区城区）、普定卫（在今安顺市城区）以及安庄卫（今镇宁县城区）。5座城池均有明确的修造时间与形制，其城墙、城门等今日尚存若干残段，可清楚回溯标示其分布情况。从其分布看，5座城池均位于湘—黔—滇战略通道之上，规律分布。贵州都指挥使司城位于全省中央，控扼整体。从都指挥使司城出发向西，每隔30公里依次线性排列，分布十分规律。滇黔驿道穿5座城而过，城内设置指挥机构以及邮传驿站。

1.2.2 千户所

贵州、贵州前、威清、平坝、普定五卫均各辖左、右、中、前、后5个千户所，安庄卫除5个千户所外，还领关索岭守御千户所，各卫的左、右、中、前、后千户所驻地均位于卫城（都指挥使司城）之内，与指挥使司等机构同城。如贵州卫“皆分置于卫（署）之南”，贵州前卫“分置于卫之东西”，威清卫“分置于仪门外”，平坝卫“分置于卫之左右”，普定卫“分置于卫治之前”，安庄卫“分置于卫治之前”[1]。关索岭千户所设置时间稍晚于安庄卫，并受其管辖，是研究范围内明初设置的唯一一个外千户所，其位置位于安庄卫以西约30公里处，同样位于滇黔驿道之上。当为弥补安庄卫与其西安南卫之间过大的间隙而增设。此外，在今日贵阳东北、清镇、平坝以及西秀区范围内，还有部分屯堡村落以“后所”“中所”等命名，亦有当地传说表明其与千户相关。亦可考虑在某历史阶段、千户所有短暂外驻的可能性，但在地方志中无记载，因此本书亦不作讨论。

[1]（弘治）《贵州图经新志》，卷一《贵州宣慰司上》，卷十三《威清卫》，卷十四《平坝卫》，卷十四《普定卫》，卷十五《安庄卫》。

1.2.3 百户所屯堡

一方面，滇黔驿道是明朝政府控制西南地区的政治生命线，也是云南与中原地区物流运输的主要商道，需要全力守护。因此，卫所沿该要道布置，在卫城与卫城之间，同样屯驻重兵，将大量的屯堡密集排布于驿道两侧，并于驿道南北通往土司及少数民族地区的大小通道设立关隘屯堡，以保护驿道的连通。另一方面，为缓解朝廷供给军粮压力，“贵州自国初置军卫设屯田，官军三分守城，七分下屯住种”❶，黔中是贵州难得的平坦田坝地带，此处田畴延绵，河网密布，为屯田垦殖提供了条件。因此，作为屯驻的基本单位，屯堡大量分布于田坝区，便于耕作以自给。综上，屯堡聚落的分布主要集中于：（1）滇黔驿道两旁，以拱卫卫城、护卫驿道通畅；（2）驿道两旁50公里之内的易于耕作的河谷平坝、盆地周边，并经若干年耕作形成大小田坝，为屯驻的执行提供物质支撑。这一规律与孙兆霞等学者的观察是一致的[15-16]。

此外，黔中地区中央通道是需要拱卫和保障的核心，而南北两侧则高山如屏，多分布各级土司以及少数民族，需要纵深防御，因此形成了中央通道与外围防线区域的空间分布差异。其差异体现在密度、网络形态以及功能三方面：（1）密度上，中央核心通道分布较密，但南北两侧分布稀疏；（2）网络形态上，中央通道附近屯堡分布较规则、每隔一定距离一处，南北则沿河谷等通道往山中纵深发展，因而外围防线分布不规则，呈犬牙交错之势；（3）功能的差异主要体现在中央通道周边的屯田较多，而外围屯堡的防御设施更多。整体而言，数百个屯堡共同呈现出核心通道密集、外围防线逐渐稀疏并沿河谷通道向土司及少数民族地界纵深的整体特点。

❶（嘉靖）《贵州通志》，卷三《土田》。

1.2.4 旗堡

旗堡一般由总旗驻在，军士人数较少，仅为50人左右，是黔中卫所体系中等级最低的聚落类型，较少设置。从现有能找到的旗堡分布可看出，黔中地区的旗堡主要分布于普定卫和安庄卫周边及平坝卫以南的山区，靠近周边土司的前沿阵地。当地山峰林立，地势变化较大，各方势力庞杂。因此为稳定交界地区，提供提前警戒以及前沿防御，旗堡大多作为前哨，依山而建，犬牙交错，并与后方以道路相连，构成了屯堡区域的外围防御网络（图1-2）。

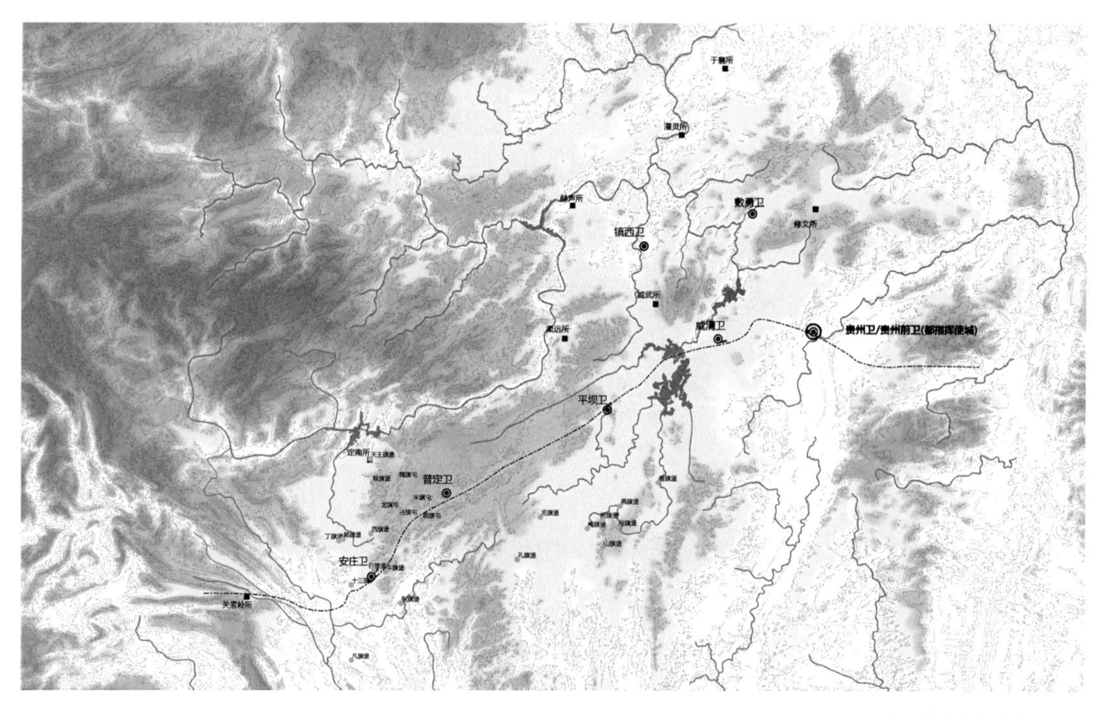

图1-2 黔中地区部分旗堡分布图

1.2.5 铺、哨

黔中地区的铺、哨虽然并不隶属于明朝都司卫所制度中的防御层级，但哨、铺可传递信息，联系各级卫所，兼具戍守的主要职能，与黔中各级卫所一同构成主要的黔中防御体系。铺，又称铺舍或急递铺，在交通线上负责驿传递送任务，由元朝急递铺发展而来。洪武二十六年定“凡十里设一铺”[1]，为了迅速传递公文，铺的设置密度较大，铺在滇黔通道上密集设置，约每十里一铺，十分规则。此外，铺还分布于府州县之间相连的道路和支线上，不过驻扎人员较少。哨，又称哨戍，是交通线上的戍卫设施，主要职能为前沿哨所，防范盗贼，靖安地方，护卫交通。

黔中地区铺与哨主要沿滇黔驿道沿线分布。如白马哨、祝英哨、阿桥铺等，是从安庄卫通往关岭大路上沿线设置，护路守防、维护地方治安。部分哨的设置也会随支线交通深入少数民族聚居的山区腹地，位于土司区域交界地带，起到前沿哨所作用，并与后方的屯堡相互联系（图1-3）。

[1]《明会典》卷149《驿传五》。

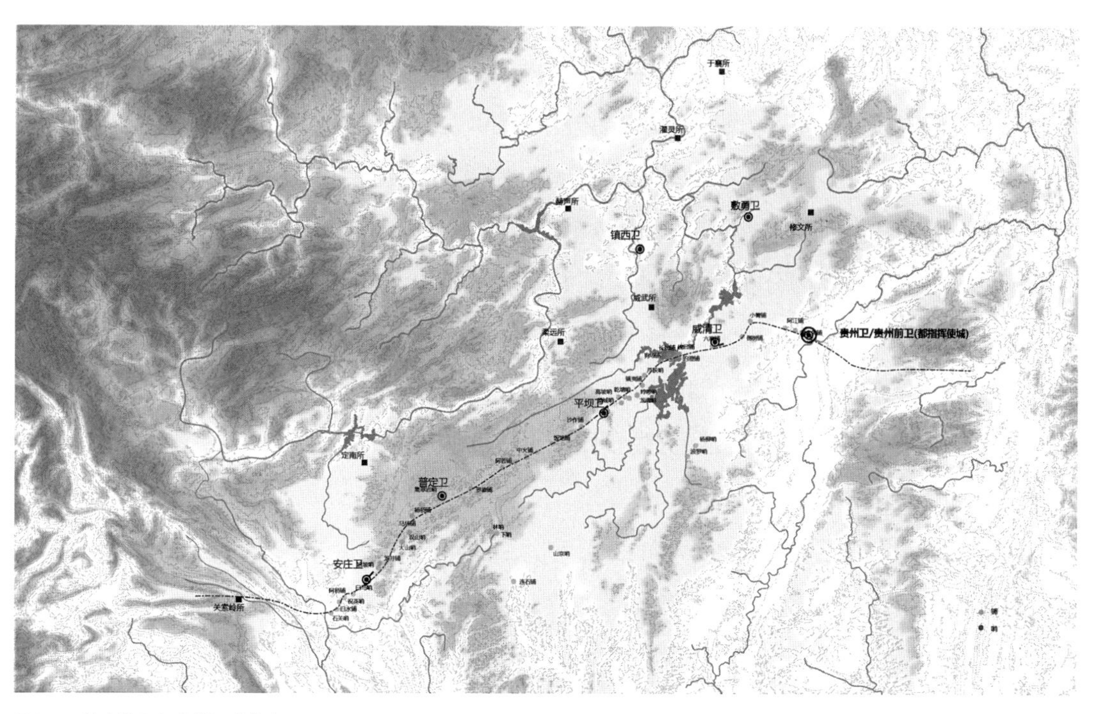

图1-3 黔中地区部分铺与哨分布图

1.2.6 贵州卫各千户所下辖屯堡分布格局

黔中各卫通常统领5个千户所以及50个左右（百户所）屯堡，由于各千户所往往驻在于卫城之内，对其下各屯堡处于“遥领”状态，但是各千户所下辖的屯堡分布仍然呈现出大体集中、部分犬牙交错的情况。贵州卫左、右、中、前、后千户所各分领10个左右的百户所，统辖关系相对明确。现以其为例，分析各千户所下辖百户所屯堡的空间分布格局。

贵州卫与贵州前卫同驻于都司城，位于贵州省的核心地带，起到拱立省城的作用。湘黔、滇黔、川黔等诸条全国范围内的战略大通道，以及通往广顺州等的省内通道均汇聚于此，战略地位十分重要。周边南部、东北部、北部、西部均地势较平，具有较好的耕作条件。贵州卫下辖左、右、中、前、后5个千户所，均驻在于卫城（亦即都司城）之内。各千户所各下辖约10处屯堡，分别由百户所屯驻。其中左所共计13堡，大部位于现卫南部，少数分布于卫北；右所共计10堡，一部分位于卫西北部，另一部集中分布于卫南部偏西；中所共计10堡，部分集中分布于卫西北部，部分分布于卫西南；前所共计10堡，大部分集中分布于现卫北且距离较远，其他少部穿插分布于卫西；后所共计8堡，少部分布于卫东北部，大部分集中分布于现卫西，并处于贵阳至安顺的主干道两边。

整体而言，贵州卫左所主要为南北向分布，主要把守省城至遵义的通道；右所和中所集中分布于西边，在占据今日百花湖、红枫湖一带良好的田坝地带的同时，重点把守川黔以及滇黔通道；前所主要分布于卫北；后所则主要分布于东部及滇黔主驿道的沿线（图1-4）。由于千户所与卫同驻城内，贵州卫各聚落形成了“卫城—屯堡”的两级聚落体系，卫城居中，左、中、前、右、后各千户所下辖各屯堡成组团沿各主要通道方向以及田坝地带分布，相对集中；但同时，

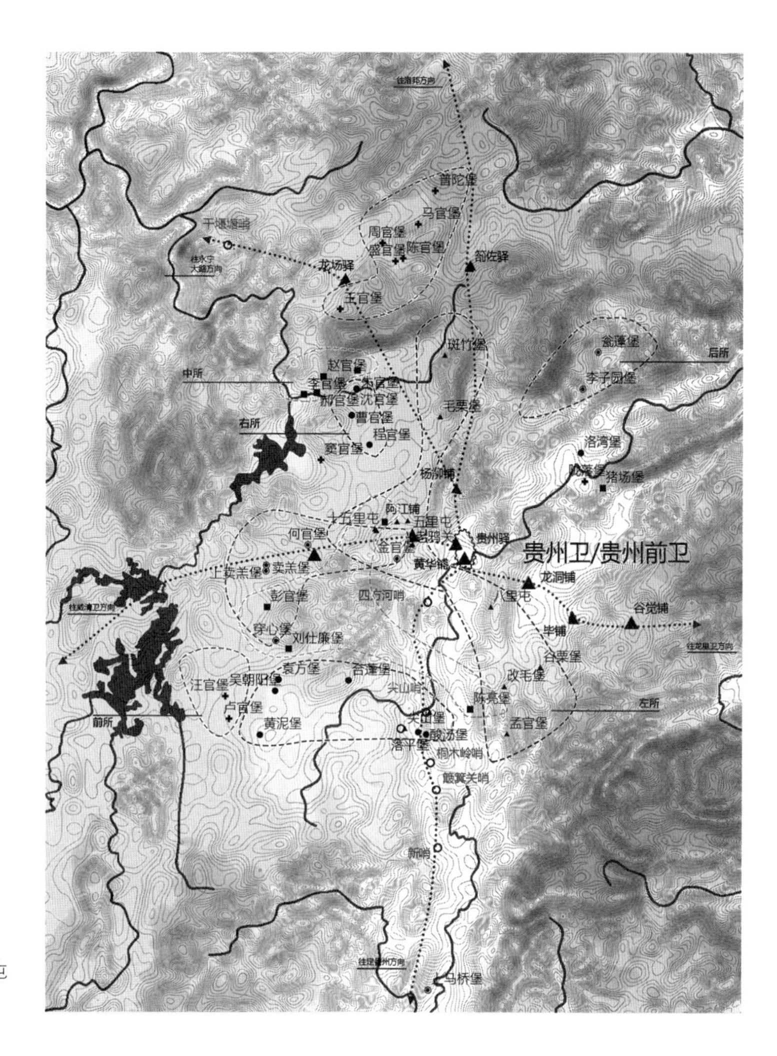

图1-4 贵州卫及其各千户所辖百户所屯堡分布图

仍相互渗透，呈现出犬牙交错之势，可能与各屯堡形成时间先后不一有关，也可能是避免一所势力在一地独大而采取的措施。

1.2.7 屯堡组团格局

位于田坝区，尤其是沿河谷田坝从中央通道向外围防线延伸的屯堡，往往形成一组相互关联、可互为响应的屯堡群。它们相隔一定距离，耕种同一片大田坝或者防御同一条通道，体现出典型的组团分布空间特征。从已有的贵州卫、平坝卫相关文献中，还可证实它们一般属于相同的千户所，槎头河河谷地带是其中一个典型代表。

从平坝卫城沿槎头河而下，沿河分布着数个屯堡聚落，均所属于平坝卫，主要是为了把守从平坝卫至金筑司的通道。其中少数属平坝卫左所，个别属右所，大部分均属于中所。槎头河沿线所置屯堡是平坝卫周边屯堡聚落分布最密集的地方，这与它得天独厚的自然条件紧密相联。槎头河谷因其周边水土肥沃，易于灌溉，耕地条件较好，对于需要屯田戍守的汉族军民来说，是平坝卫周边最好的田坝区之一。同时两侧山峰林立，分布密集，镇守槎头河阻断了从南侧平原区攻入平坝卫城的可能，河岸两侧的屯堡相互呼应，构成组团式的防御体系（图1−5）。

1.3 战略通道为核心的黔中卫所屯堡聚落层级网络结构

明初期在黔中地区设置卫所之时的最主要考量即维护滇——黔——湘战略大通道的安全，为了控扼南北两侧的土司势力，同时依托于该区域较为平坦的田坝之地，形成了黔中地区集中的沿湘——黔——滇战略通道为核心的卫所屯堡聚落层级网络体系（图1−6），这一聚落空间体系呈现出鲜明的“战略通道”防御特色。

首先，黔中地区的卫所聚落分布存在十分严密的层级性。卫所制度下黔中卫所体系涉及的军事等级有“都司—卫—千户所—百户所—总旗”等，除千户所通常驻在于卫城内，黔中地区相应形成了“都司城—卫城—（千户所城）—（百户所）屯堡—旗堡”的聚落层级体系，各层级聚落数量也与军事组织数量基本对应。

其次，各聚落因应当地地形地势，在“核心通道区—田坝屯戍区—边缘前哨区”具有不同的特点，形成了十分清晰的以战略通道为核心的层级网络结构。为了扼控战略通道，

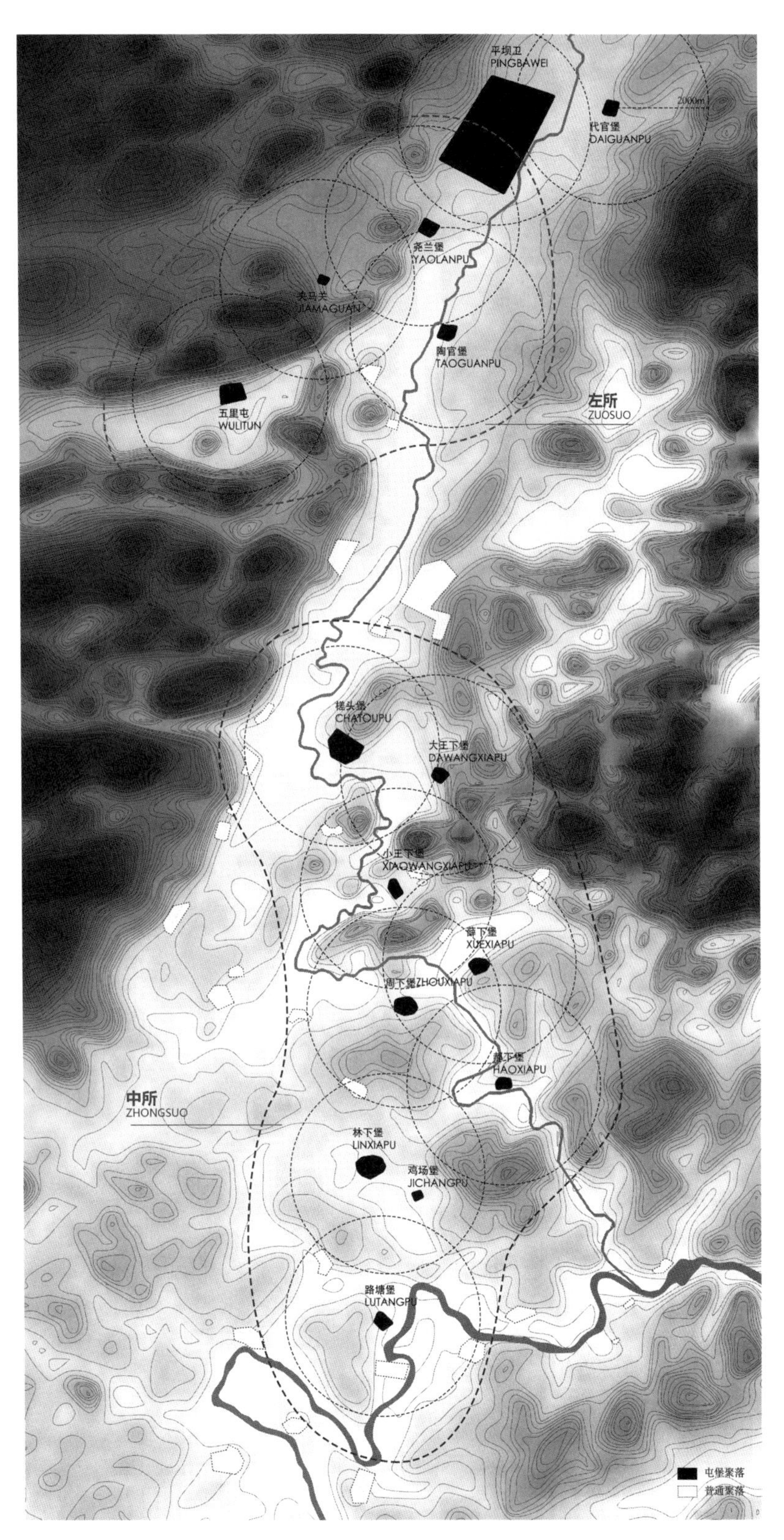

图1-5 平坝卫辖部分屯堡分布图

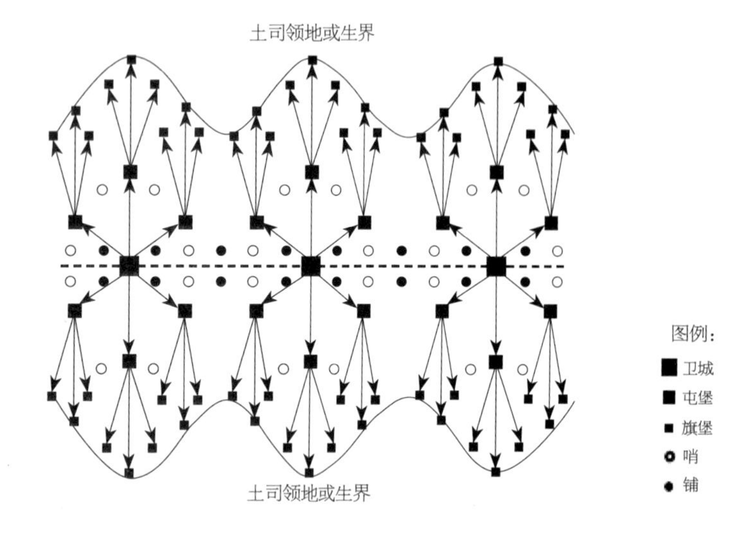

图1-6 黔中卫所聚落分布体系图

沿线规律布置卫城戍守，并密集排布屯堡，承担邮传铺递、瞭望警戒的铺、哨亦主要分布于该通道核心地区，以保障通道核心区的安全；中央通道周边分布若干地势开阔且耕地质量良好的平坝区，为了屯田自用并拱卫核心通道，大大小小的屯堡以围绕着河谷或田坝集中区形成一个个小组团，众星拱月地布置在卫城周围，构成防御纵深；通道南北两侧田坝区之外通常为群山大川，构成了土司势力与驻守卫所的天然屏障，以旗堡和百户所为主的屯堡则驻守其边缘，并重点控制通向土司及少数民族区域的河谷通道，构成了防御的前哨。

参考文献

[1] 何一民，吴朝彦．明代卫所军城的修筑、空间分布与意义[J]．福建论坛（人文社会科学版），2015（1）：75-83.

[2] 张金奎．洪武时期山东沿海卫所建置述论[J]．明史研究，2013：130-173.

[3] 施剑．试论明代浙江沿海卫所之布局[J]．军事历史，2012（5）：23-28.

[4] 孙昌麒麟．江南沿海卫所城市平面形态比较及分类探析——基于旧日军大比例尺实测图的考察[J]．都市文化研究，2016（1）：203-227.

[5] 段智君．明代北边卫所城市平面形态与主要建筑规模研究[D]．北京：清华大学，2011.

[6] 郭琳．明代军事海防城堡的缩影——明代福建崇武城形态研究[J]．东南大学学报，1990（5）：91-99.

[7] 张玉坤，李严．明长城九边重镇防御体系分布图说[J]．华中建筑，2005（2）：116-119+153.

[8] 李严，张玉坤，李哲．长城并非线性——卫所制度下明长城军事聚落的层次体系研究[J]．新建筑，2011（3）：118-121.

[9] 刘珊珊，张玉坤．明辽东镇长城军事防御体系与聚落分布[J]．哈尔滨工业大学学报（社会科学版），2011，13（1）：36-44.

[10] 曹迎春，张玉坤．明长城宣府镇军事防御聚落时空变迁探索[J]．建筑与文化，2015（9）：138-140.

[11] 谭立峰．明代沿海防御体系研究[J]．南京林业大学学报（人文社会科学版），2012，12（1）：100-106.

[12] 尹泽凯，张玉坤，谭立峰．明代海防层次和聚落体系研究[J]．建筑与文化，2016（1）：104-105.

[13] 汤芸，张原，张建．从明代贵州的卫所城镇看贵州城市体系的形成机理[J]．西南民族大学学报（人文社科版），2009，30（10）：7-12.

[14] 郭红．明代贵州都司建置研究[J]．贵州文史丛刊，2002（1）：28-34.

[15] 孙兆霞，等．屯堡乡民社会[M]．北京：社会科学文献出版社，2005.

[16] 唐莉．试论明朝贵州卫所的特点[J]．民族史研究，2013：39-51.

[17] 王海宁．传承与演化——贵州屯堡聚落研究[J]．城市规划，2008（1）：89-92.

[18] 耿虹，周舟．民俗渗透下的传统聚落公共空间特色探析——以贵州屯堡聚落为例[J]．华中建筑，2010（6）：96-99.

[19] 单军，罗建平．防御性建筑的地域性应答——以安顺屯堡为例[J]．建筑学报，2011（11）：16-20.

[20] 杜佳，华晨，吴宁，童磊．黔中喀斯特山区屯堡聚落空间特征研究[J]．建筑学报，2016（5）：92-97.

[21] 范增如．明代安顺屯堡分布图//李建军，编．学术视野下的屯堡文化研究[M]．贵阳：贵州科技出版社，2009.

[22] 郑天挺，吴泽，杨志玫，等．中国历史大辞典（上卷）[M]．上海：上海辞书出版社，2000.

[23] 毛佩琪．中国明代军事史[M]．北京：人民出版社，1994.

[24] 赵映林．明代的军事制度[J]．文史杂志，1987（1）：31-32.

[25] 顾诚．明帝国的疆土管理体制[J]．历史研究，1989（3）：135-150.

[26] 郭红．别具特色的地理单元的体现：明清卫所方志[J]．中国地方志，2003（2）：82-86.

（本章部分内容已刊载于《现代城市研究》2020年第12期）

附：

黔中地区卫、千户所及下辖屯堡信息表

卫	千户所	屯堡名	备注
贵州卫	左所	谷栗堡、改毛堡、孟官堡、班竹堡、毛栗堡、马官堡、杨官堡、花仡佬堡、老鸦关堡、五里屯、十五里屯、八里屯、尖山堡	（万历）《黔记·贡赋志》记载共为51堡，《贵阳志·建置志》考证了47堡位置（其中“喜鹊堡”未见载于《黔记·贡赋志》，故不采纳）。今以万历《黔记·贡赋志》为蓝本，采纳《贵阳志·建置志》中已考证的46堡信息，另采纳何先龙“明代贵州卫简介”对“打鼓堡”与“猪场堡”位置的考证，另再考证“金官堡”、“合蓬堡”、“（毛栗）马官堡”3堡的位置。**共确认其中名称信息51屯堡、位置信息50屯堡**，且能明确左、右、中、前、后五所统辖信息。
	右所	沈官堡、程官堡、洛湾堡、曹官堡、袁方堡、合蓬堡、黄泥堡、落平堡、酸汤堡、吴朝阳堡	
	中所	刘仕廉堡、郝官堡、陈亮堡、朱官堡、打鼓堡、李官堡、赵官堡、彭官堡、孙官堡★、尖山堡、猪场堡	
	前所	王官堡、窦官堡、马官堡、周官堡、普陀堡、陇落堡、卢官堡、盛官堡、汪官堡、陈官堡	
	后所	李子园堡、上卖羔堡、何官堡、穿心堡、金官堡、卖羔堡、上马桥堡、瓮蓬堡	
贵州前卫	左所 右所 中所 前所 后所	演武堡、龙井堡、龙洞堡、洪边堡、桥头堡、乌一堡、小屯、乌八堡、张家堡、新堡、谷溪堡、羊场堡、马堡、翁仰堡、上卡堡、下卡堡、金官屯★、浑水屯、朱昌堡★、麻姑堡、吊堡、黄官堡、牛矢屯、新堡、鸡场堡、鸡公屯、扎佐大堡、扎佐小堡、清水堡、万兴堡、丁官堡、马乃堡、四溪堡、扯泥堡、石官堡★、帮堡、合蓬堡、杨梅堡、杨眉堡、青岩堡、余庆堡、摇陀堡、秦旗堡、黄泥堡、傅官堡、格都堡、羊郎堡、甲堡、虎场堡、纸房屯、马屯、木杉堡	据《贵阳志·建置志》查《贵阳府志·疆里图记》，考证出位置的共计45堡。另据何先龙“明代贵州前卫简介”，其从道光《贵阳府志》与民国《修文县志》中考证出原属贵州前卫的格都堡、羊郎堡、甲堡、虎场堡、纸房屯、马屯、木杉堡等7屯堡位置。**共确认其中名称信息52屯堡、位置信息49屯堡**，不能明确左、右、中、前、后五所统辖信息。
威清卫	左所 右所 中所 前所 后所	左一★、左五、左六、左八、左九★、左十★、右二、右三、右四★、右七、右八、右十、中一、中三、中四、中五、中六（石官堡）★、中七、中八、中九、中十、前四★、后一★、后二★、后五、后六★、后七★、邦堡★、鸡场堡、高山堡、朱昌堡、坪上堡、杨官堡、陈亮堡、张官堡、抄纸堡、小堡、新堡、下大堡、上大堡、花椒堡、严堡、高堡、江家堡、平堡、鸭蛋堡★	民国《清镇县志稿》载：“清镇现有中七中十后五后六等村寨。此即明代村寨在区划中之遗痕。当时绝不仅此数寨，然不能详考。兹将清代及现今各区划中之坊村列下。”此外，《清镇县志》“乡镇概况”记载：云归乡三屯（中七屯、中九屯、中十屯）与百花湖乡五堡（姜家堡、高堡、平堡、龙井堡、小岩堡）并称“三屯五堡”，现高堡、龙井堡、中七屯已被百花湖淹没。**共确认其中名称信息46屯堡、位置信息34屯堡**，不能明确左、右、中、前、后五所统辖信息。
平坝卫	左所	五里屯、陶官堡、唐旗堡、张官堡、大堡、小堡、尧兰堡、田下堡、猪槽堡、城垣堡，夹马关、毛昌堡、枫林堡	据民国《平坝县志·地理志》，记载清代区划之5所50甲部分［2004年《平坝县志》注释，“平坝卫辖区五所下分列50屯寨（堡），各以百户掌之，今县境内村寨称屯称堡皆源于此。各所小区冠以所称谓以别之，如左一、左二等，余类同”］。5所辖区大部分在县城东南。今遍查民国《平坝县志·地理志》，**共确认其中名称信息52屯堡、结合范增如《明代平坝卫屯堡分布图》以及当前地名信息可查证其中位置信息49屯堡**，且能明确左、右、中、前、后五所统辖信息。
	右所	四家堡、五家堡、六家堡、丰林堡★、九家堡、老营堡，廖下堡、龙昌堡、水西堡★、前所、后所、新堡、马武屯	
	中所	周下堡、鸡场堡、郝下堡、薛下堡、林下堡、大王上堡、小王下堡、老营堡★、车头堡（槎头堡）、戴官堡（代官堡）、郭官堡、路塘堡	
	前所	一甲堡、陈亮堡、羊场堡、四家堡、辜家堡、张官堡、新基堡（清溪堡）、本堡	
	后所	六甲堡、七甲堡、九甲堡、十甲堡、上新堡、下新堡	

续表

卫	千户所	屯堡名	备注
普定卫	左所 右所 中所 前所 后所	马军屯、丁旗屯★、卫旗屯★、吴蛮屯★、杜马屯★、老谭堡★、刘仁屯★、余官屯、刘闰屯★、朵烈屯★、宋旗屯★、傅旗屯★、陶官屯、右九屯、右十屯、木碗屯、姚官屯、小坡屯、土桥屯★、汪官屯、张指挥屯、五官屯、蔡官屯、摆甲屯、萧官屯★、五里屯、白旗屯、何万屯、王旗屯★、老军屯、詹家屯、曹摆屯、南水堡★、曹定屯、曹候屯★、马张官屯★、袁家屯、单家屯、瓦窑屯、侯家屯、小夏官屯★、唐官屯、董官屯、中所屯、鲍家屯、水桥屯、狗场屯、杨忠屯、梁简屯★、萧志仁屯★、马官屯、仁冈屯、时家屯、两所屯、郑家屯、鸡场屯★、吴家屯、夏官屯、曹家屯★、雷家屯、汤官屯、左落屯、罗官屯、金齿屯、刘官屯、周官屯、吕官屯、金官屯、东屯、西屯、朱官堡、抄纸堡★、陈旗堡、太平堡、畸屯、蔡官屯、龙旗屯、吉昌屯、二官屯、张官屯、麒麟屯、张官堡、小毛旗堡、王官屯、下坝、马堡	普定卫屯堡设置仅有零星记载于当地方志，今据范增如《明代安顺屯堡分布图》，结合当前地名信息，**共得到其中名称信息85屯堡，位置信息63屯堡**，不能明确左、右、中、前、后五所统辖信息。
安庄卫	左所 右所 中所 前所 后所 关索岭（守御千户所）	王官堡、吴官堡、李广堡、刘官堡、牛旗堡、田官堡、蒋旗堡、凡旗堡、李山堡、吴官堡、张官堡、吴胜堡、陶官堡、侯旗堡、刺堡、黄泥堡、陶官堡、王官堡、詹官堡、张胜堡、孙旗堡、刘旗堡、张旗堡、冈旗堡★、石官堡、贤官堡、龙旗屯★、张胜堡、青苔堡、白旗堡、四旗堡、吕旗堡、和尚堡★、张官堡、玉官堡、新屯、颜旗堡、烈山堡★、刘旗堡★、李官堡★、占官堡★、田官堡、沙锅堡、雷召堡、丁旗堡、小易堡★、么堡子★、庞官屯、杜官堡、皮官堡、郭旗堡、新堡、刘官堡、下官堡★、水田堡★、阿塘堡★、颜总堡★、高山堡、桂山堡★、林旧堡★、丁旗堡★、廿棠堡、水桥堡、夏官堡、燕旗堡、小呈堡、木山堡、半山堡★、王官堡、邓家堡、苏里堡（苏吕堡）、青山堡★、董家堡★、小高堡、毛旗堡、双堡场、梅旗堡、破严堡★、田旗堡、许官堡、左官堡、大双堡、高官堡、郎旗堡、石洞堡、山旗堡、张官堡、小双堡、陈家堡、花红堡、安乐堡、孔旗堡、张木匠堡、朱官堡、严石堡、磨石堡、河上堡、廖家堡★、董里堡	安庄卫屯堡设置见载于当地方志。今遍查民国《平坝县志·地理志》，**共确认其中名称信息100屯堡名称**，今据范增如《明代安顺屯堡分布图》，并与当前屯堡村落分布对照，可得**位置信息66屯堡**，不能明确左、右、中、前、后五所统辖信息。

另附：区域内部分铺、哨信息

铺	中火铺、六寨铺、白水铺、阿桥铺、罗德铺、阿若铺 、杨桥铺、马场铺、龙井铺、镇夷铺、界首铺、沙作铺、饭笼铺、阿江铺、小箐铺、响水关铺、的澄铺、狗场铺、倒树铺、长凹铺、碗口铺	据（万历）《黔记》记载整理，并考证其位置，得到**其中21铺名称、位置等信息。**
哨	石关哨、岩坡哨、白马哨、祝英哨、杨家关哨、大山哨、集翠岩哨、山京哨、双山哨、高坡哨、望城哨、黔塘哨、龙湾哨、哱啰哨、芦荻哨	据范增如《明代安顺屯堡分布图》，**共得到其中15哨名称、位置等信息。**

注：带★注释屯堡名表示名称信息可在县志及范增如《明代屯堡分布图》上查证，但实际位置信息暂未找到。

2

卫所屯堡聚落形制

Hierarchical Forms of Weisuo Settlements

本章作者：王念，周政旭，胡杰

摘要：明朝初年推行卫所制度，在全国范围短时期内建立了各级卫所屯堡聚落，贵州不少城镇的形成均来源于此。与都司—卫—千户所—百户所的军事层级相对应，因驻扎军士数量、承担功能、所处位置的不同，各层级的聚落也形成了不同的形制。本章以贵州卫所屯堡聚落体系为研究对象，基于地方志材料以及实地调研踏勘，讨论明代卫所制度下贵州都司城—卫城—千户所城—（百户所）屯堡等各层级聚落的总体规模及大致布局。研究表明，各级卫所聚落在规模上呈现明显的层级缩减态势，各级聚落基本为方形城垣，其中的道路、官署、城门等也受层级影响。

2.1 引言

卫所始于明初，朱元璋在全国范围内推行卫所制度，与行省—府—州县等行政系统相平行❶，构成国家版图内的一种特殊地理单位[1-4]，最终形成了集军事、屯戍、户籍、赋税等在内的一整套卫所制度。各级卫所聚落营建的形制也是卫所制度的重要一环，朱元璋敕令“凡天下都司并卫所城池，军马数目，必合周知，或遇所司移文修筑，须要奏闻，差人相度，准令守御军士或所在人民筑造，然后施行。”❷关于卫所制度的研究，前人成果颇丰[1-28]，但贵州屯堡聚落的空间研究中，至今偏重于都司城以及卫城等高层级的聚落研究，百户所、总旗驻在的基层层级的屯堡聚落研究则多囿于对典型案例的分析[25, 29-31]，对贵州卫所屯堡聚落各层级形制的系统研究相对比较缺乏。在此，十分值得一提的是当地学者范增如的工作，他在20世纪八九十年代作了基础性的工作，详细考证了普定卫、安庄卫、平坝卫的屯堡位置并绘制成图[32]，迄今仍为该区域屯堡聚落分布的基础性文件。同时，安顺学院的学者们近年也正在进行安顺地区的“屯堡百村”调研，这也为厘清屯堡村落的分布提供了便利。

贵州卫所聚落大体可分为“都司城—卫城—千户所城—（百户所）屯堡—（总旗）堡”5个层级。其中，针对都司城、卫城、千户所城，均能在相关地方志上找到明确记载，本章即以万历年间成书的《黔记》为基准，辅以嘉靖《贵州通志》以及府县地方志，对全省的1个都司城、22个卫城（除与都司同驻一城的贵州卫、贵州前卫之外）、23个千户所城加以考察，以历史记载的舆图及文本信息为基准，结合现状地图与实地踏勘加以校核。百户所、总旗驻在的屯堡、旗堡在各地方志中仅有零星记载，无法直接从史料中得到相关形制信息；且历经600余年，完整保留下来极少，仅在黔中安顺（原普定、平坝、安庄三卫）等地保存相对完整，因此，本章通过地方

❶顾诚在《明帝国的疆土管理体制》一文中讨论了不同类型的卫所与疆土管理的关系，指出明朝的全国疆土是由两条独立运行的系统分别管辖：一是行政系统的六部—布政使司（直隶府州）—府（州）—县（州）；二是军事系统的五军都督府—都司（行都司、直隶五军都督的卫）—卫（守御千户所，即直隶都司的千户所）—千户所。

❷《明会典》卷之一百八十七：中华书局1987年版。

志、地方史地资料、地方人物访谈等，考证黔中地区数百座百户所、总旗驻在屯堡、旗堡的名称、从属及流变信息，对其中仍具有形态特征的60余座基层屯堡进行调研踏勘和测绘，进而从中筛选出总体形态特征仍较为清晰明确的屯堡10余座，试图以此为基础数据，分析基层屯堡层级的聚落营建形制信息，并将其与前述都司城、卫城、千户所城相结合，总结贵州的卫所聚落各层级形制规律。

2.2 贵州卫所设置背景及聚落体系

朱元璋于洪武七年确定卫所制度，定全国都司卫所，共计17都司，1留守司，329个内外卫，65个守御千户所。[1]洪武十三年废大都督府，改设五军都督府，各地都司卫所均归左、右、中、前、后各都督府分管。都督府下辖派驻全国各地的都司，都司是省级最高军事机构，有都指挥使一人，都指挥同知二人，都指挥佥事四人，都指挥使统全局，都指挥同知、都指挥佥事分别掌管操练、屯田、巡捕、备御、出哨、戍守、嘈运、军械等。都司下设若干卫，每卫5600人，设指挥使一人，指挥同知二人，指挥佥事四人，分工如同都司。每卫通常领有前、后、左、中、右5个千户所，每千户所1120人。每千户辖10个百户所，每个百户所112人，由正、副百户统领，每百户领总旗2个，每总旗领小旗5个，小旗领兵10人。

洪武四年（1371年）首设贵州卫和永宁卫。洪武十五年（1382年）平定云南后，朱元璋果断判断贵州对稳定西南地区的决定性意义，“至如靄翠辈不尽服之，虽有云南，亦难守业”。[2]因此设立贵州都司，将三十万征讨大军就地留驻，并陆续从中原、江南地区继续征召军士充实，在贵州设立卫所，推行卫所制度。自洪武四年（1371年）至三十年（1397年），明朝在今贵州省域设立二十余卫，至万历时期较为稳定形成二十四卫及二直隶千户所的格局，分别属于贵州都司和湖广

[1] 张廷玉等，《明史》卷九十志六十六，兵（二）卫所。

[2]《太祖洪武实录》卷141，洪武十五年正月甲午，第4页。明实录·贵州资料辑录[M]. 贵阳：贵州人民出版社，1983. 本书所引《明实录》史料均出自此版本。

都司。以贵阳为中心，设立贵州卫、贵州前卫，以拱卫都司。在贵阳以西设置“上六卫”（威清卫、平坝卫、普定卫、安庄卫、安南卫、普安卫），以控制滇黔驿道的西段，保证贵阳到云南平夷道路的畅通；贵阳以东设置“下六卫”（龙里卫、新添卫、平越卫、清平卫、兴隆卫、都匀卫）控制湘黔驿道，守护贵阳到偏桥路段；在黔西北设置“西四卫”（永宁卫、赤水卫、毕节卫、乌撒卫）主要是扼守川滇驿道，守护四川永宁到云南曲靖的道路；另设置位于贵州境内但当时属湖广都司的“外六卫”，其中偏桥卫、镇远卫、清浪卫、平溪卫依次向东，确保偏桥到平溪路段通畅，扼守湘黔人口，另外铜鼓、五开卫位于黔东南。此外，明晚期崇祯年间设立的敷勇卫、镇西卫由水西土司“水外六目”之地设立，设立不久即改朝换代。

与“都司—卫—千户所—百户所—总旗—小旗”的组织层级相对应，“都司城—卫城—千户所城（千户所多驻在于卫城，少数守御千户所亦驻扎在外）—（百户所）屯堡—（总旗）堡”的卫所屯堡聚落体系也相应建立起来。整体而言，都司城与卫城一般为一区域的指挥中枢，军士多专职防御，日后也基本成为重要的各级城市；屯堡则多是基层百户所或总旗屯戍之地，军士多从事农耕或耕防并重，在后续的历史演变中也主要成为村镇。此外，还存在若干的“铺”、“哨”等基层屯堡聚落，也基本产生于明初期，承担交通通信或放哨警戒等功能，在日后也大多转为村镇。

2.3 贵州各级卫所屯堡聚落形制

本章将分别就都司城、卫城、千户所城、（百户所）屯堡以及（总旗）堡5个层级聚落的形制，展开讨论，重点讨论其规模问题。其中，都司城、卫城以及千户所城以（万历）《黔记》记载为主，并以各层级中代表聚落为案例，分析其典型的聚落形态。

2.3.1 都司城

都司是贵州都司卫所最高军事长官所在驻地，也是各级军事聚落中级别最高，驻扎兵力最多的城池。明初在作为入滇必经之路的元顺元城（今贵阳城）先设立贵州卫，后成立贵州都司，成为明代全国16个都司之一，随后又在城内设立贵州前卫，形成两卫拱卫都司城的局面。为了占据贵州的军事生命线，统领黔境内各级卫所，贵州都司城选址于地势平坦及各路驿道交汇的贵州城（今贵阳城），牢牢把守通往云南、湖广以及贵州其他土司治地的交通线，军政兼理。

明洪武十五年（1382年）修建城池，城墙由石砌而成，呈近似方形，建五门，并各设瓮城把守（表2-1、图2-1）。贯城河穿城而过，汇入城外南边的南明河，设立两座水关作为内城泄洪的关口，贵州卫和贵州前卫均位于城西。此为明朝大部分时间的贵州都司城形制。

❶以（万历）《黔记》为准。

明朝贵州都指挥使城概况[1]

表2-1

都指挥使城	规模（城周）	概述
贵州城 （贵州卫、贵州前卫同驻）	共一千三百零九丈六尺五寸 高二丈二尺，城基宽二丈 （于北门外增砌外城六百余丈）	城门楼阁六座五门，小月楼十五座，水关二座，城铺四十七座 （新建威清、六广、洪边、小东四门）

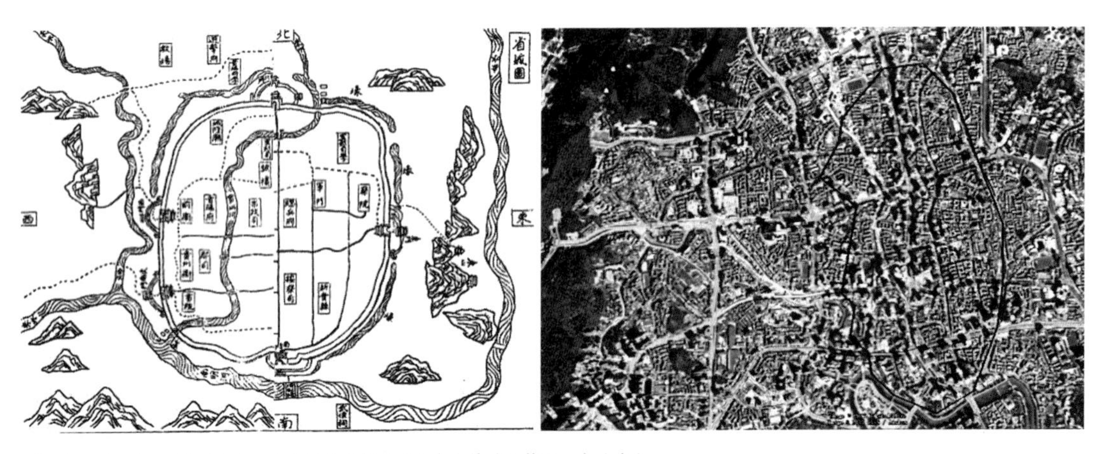

图2-1　明朝贵州都司城舆图（左）与贵州都司城（含内外城）范围示意（右）

天启六年（1626年），贵州城加筑外城，“于北门外增砌外城六百余丈”，新建“威清、六广、洪边、小东”四门[1]。最终，贵州城形成了南北向稍长的近长方形城池，并分为内城（南）与外城（北）两城的格局。

2.3.2 卫

卫城是分管各个地区的统领性军事驻地，贵州各卫均沿重要交通驿道规律分布。卫一般由都司直领，将命令传达于千户，同时也具有一定的独立性，需要操持自身的日常事务：“凡管理卫事，惟属掌印、会书。不论指挥使、同知佥事，考选其才者充之。分理屯田。验军、营操、巡捕、漕运、备御、出哨、入卫、戍守、军器诸杂务，日见任管事，不任事入队，日带体差操，征行，则率其所属，听所命主帅调度。”[2]由于贵州开发进程相对较晚，贵州多个卫所城与府州城同城，普定、乌撒、平越、都匀均为府卫同城。

作为各个区域的军政中心，卫一般选址于较为平坦的地方，于设立之初即砌筑城墙，修建卫一级的公署，同时各下辖左、右、中、前、后千户所的指挥机构也通常位于城内。规模大都较都司城为小，小者城周不足五百丈，大者城周约一千四百丈，多在七八百丈间。城池整体上多呈方形或近似方形，顺应周边山形水势而作调整。城门多设4座或5座，部分设瓮城，交通驿道普遍穿城而过（表2-2、图2-2）。

例如普定卫城，因其地处要地，是建置较早，规模较大的一座。它于洪武十五年建立，位于今贵州省安顺市区内，城内有两山一河。两山一为西秀山，一为青龙山。河为贯城河，贯城河由东西二水入城交汇流经城区。普定卫城近似方形，“卫城围七里一百五十步，周关四门，东曰朝天，南曰永安，西曰怀远，北曰镇夷。洪武十四年安陆侯吴复建”。原墙体为土墙，后嘉靖三十一年垒筑石墙，城墙宽二丈，垛口2223个[3]，城门楼阁7座，四门所建城楼分别为朝天楼、永安

[1]（乾隆）《贵州通志》卷3《城池》。
[2]《明史》，卷76，《职官志》。
[3]（明弘治）《贵州图经新志》卷十四中载。

明朝贵州主要卫城形制概况[1] 表2-2

卫城		规模（城周）	概述
威清卫		共七百九十六丈，高一丈五尺，宽一丈	城楼五座，小月楼五座，城铺二十九座
平坝卫		共九百丈，高一丈，宽六尺	城楼四座，小月楼一座，水关两座，城铺三十五座
普定卫		共一千二百五十七丈，高二丈，宽二丈	与安顺府同城，城楼七座，小月楼十一座，水关三座，城铺五十五座
安庄卫		共七百八十丈，高一丈四尺，宽七八尺	城楼五座四门，小月楼七座，水关二座，城铺四十二座
安南卫		共七百九十七丈，平处高一丈七尺，坡岭高一丈三尺，宽七尺	与永宁州同城，城楼四座，小月楼四座，城铺三十九座
普安卫		共四百九十七丈五尺，高一丈八尺，宽一丈六尺	城楼四座，小月楼二十八座
毕节卫		共七百四十一丈五尺，高二丈三尺，宽一丈五尺	城楼六座，城铺三十二座
乌撒卫		共一千八十丈二尺，高一丈二尺，宽二丈	卫府同城，城楼四座，城铺二十九间
永宁卫	河东	城长四百四十一丈，高二丈，宽二丈	与宣抚司同城，城楼二座，水关一座，城铺二十座
	河西	城长六百七十丈，高一丈八尺，宽二丈	城楼五座，水关两座，城铺三十座
赤水卫		六百九十二丈，高一丈八尺，宽二丈	城楼六座，小月楼一座，城铺四十座，
龙里卫		城周八百四十丈，高丈七尺	城楼五座四门，城铺二十座
新添卫		城周一千七十丈，高一丈二尺	城门四座
平越卫		城周一千四百丈，高一丈五尺	府卫同城，城楼五座，小月楼四座，城铺二十四座
都匀卫		城周一千七十二丈，高一丈，宽二丈	府卫同城，城楼五座，转阁敌楼八座，城铺十五座
清平卫		城周六百六十三丈	卫县同城，城楼四座，洪武二十三年筑土墙，万历四年修葺包石
兴隆卫		城周五百三十丈，高丈三	城楼四座，城铺二十六座
偏桥卫		城周一千一百二十丈，高一丈二尺，城基厚一丈（外石内土）	城楼四座，西脚敌楼一座水关一座
镇远卫		城周共九百二十七丈	城楼五座，城铺四十三间
清浪卫		城周一千三百六十四丈	城楼三座，转角楼二座。万历二十八年砌敌台三座
平溪卫		城周一千一百二十丈，高一丈二尺，宽一丈二尺	城楼五座，转角楼四座，得胜楼一座，水关水窦七处
五开卫		城周一千二百二十四丈，高二丈一尺，城基宽九尺	城门四座，小月楼三座，阁楼五座，城铺三十七座
铜鼓卫		城周六百二十五丈，高一丈三尺，宽一丈二尺	城门四座

楼、怀远楼、镇夷楼，另有西角楼、南角楼、东角楼、小月楼等11座。据今日实测，城周长约4100米，南北长约1200米，东西宽约1100米，普定卫城的东南西北四门之外均有军队防地，西门之外设普定站，北门有教场，均为屯兵驻地。护城河环城四围设幛。城内街道分别以四条正街为轴线，街巷交汇贯通（图2-3）。[33]

再如规模稍小的安庄卫城，即今日安顺市镇宁县城所在。洪武十六年就纳吉堡筑城，以安庄石命安庄，洪武二十三年

[1] 以（万历）《黔记》为准，铜鼓卫以（光绪）《黎平府志》记载补充。

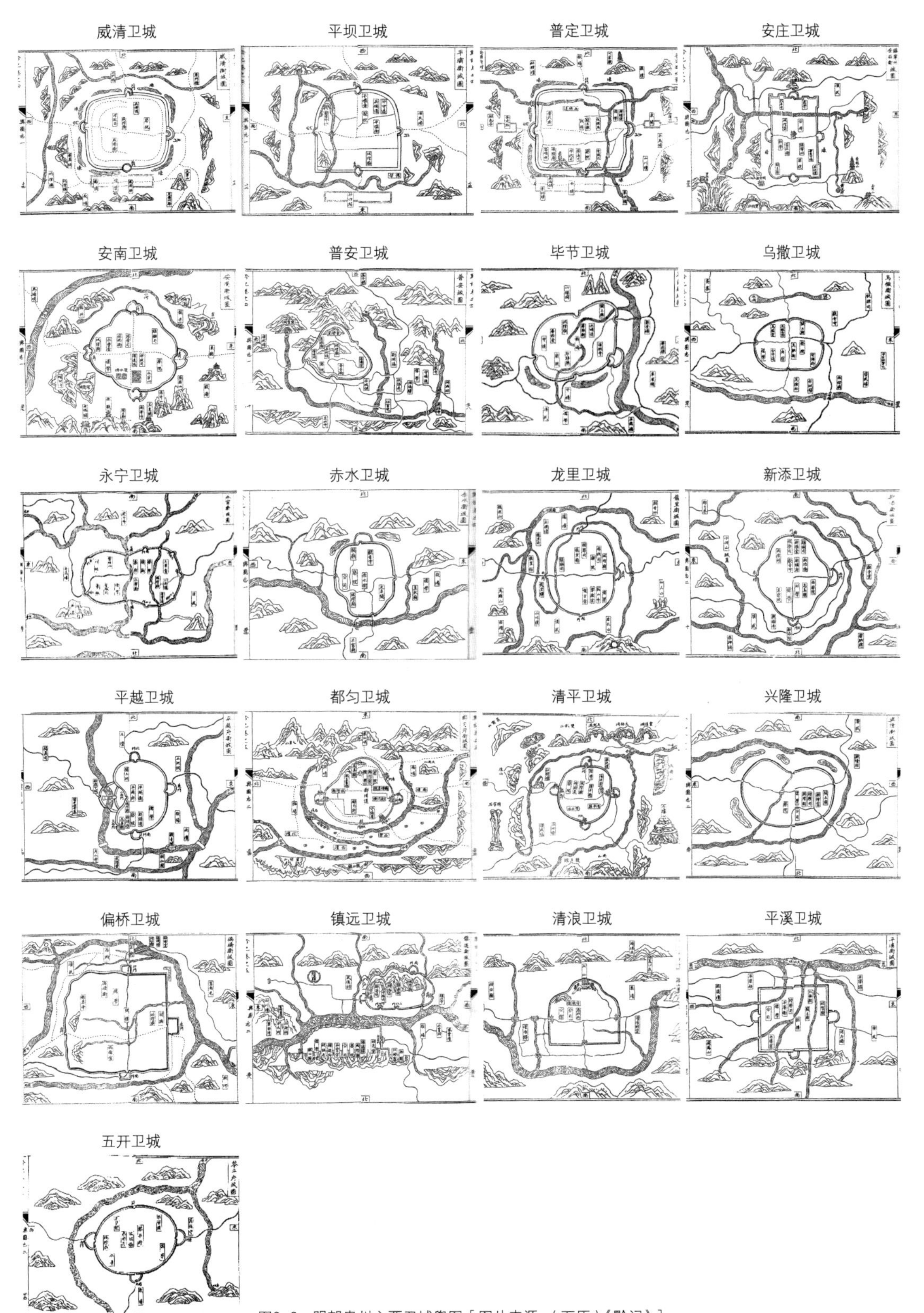

图2-2 明朝贵州主要卫城舆图［图片来源：（万历）《黔记》］

图2-3 1960年代普定卫城（图片来源：卫星照片）

（公元1390年）正式置安庄卫。卫城周围众山环绕，卫城近似狭长矩形，城周“共七百八十丈”，当前实测周长约2600米，南北长约1000米，东西长约400米。城墙高一丈四尺，宽约七八尺，城门四座。合水河穿城而过，城周设有壕沟。卫城内街区以中轴对称，排布规整。且东门、南门、北门均正对山头，当为建设之时有意规划之举（图2-4~图2-6）。

图2-4 1960年代安庄卫城（图片来源：卫星照片）

图2-5 民国初年安庄卫城南街街景（左）和城外安庄坡（右）（图片来源：参考文献34）

图2-6 民国时期安庄卫城全景图（图片来源：参考文献34）

2.3.3 千户所

千户所的职责是“凡军政，卫下于所，千户督百户，百户下总旗、小旗，率其卒伍以听命”[1]。对于贵州，按其层级以及驻地情况，其千户所可粗略分为三类：（1）直隶于都司的千户所，如万历《黔记》中的黄平千户所、普市千户所；（2）隶属于卫，但驻扎在卫城之外的千户所，如安庄卫下辖的关索岭千户所，亦如崇祯年间新设属于镇西卫的威武、赫声、柔远、定南四千户所；（3）隶属于卫，但其指挥机构位于卫城之内的千户所，通称为“内千户所”，各卫的左、右、中、前、后千户所往往是这种情况。前两类千户所筑有独立的千户所城。而第三类千户所则与卫同城，无独立的千户所城（表2-3、图2-7）。

第一类直隶于贵州都司的千户所，黄平、普市千户所均设立于洪武年间，并且在明朝大部分时间保持稳定，直至清初被裁并。第二类为卫所辖的驻外千户所中，七星关、关索岭，以及普安卫下辖四所、赤水卫下辖四所均设立于洪武年

[1]《明史》卷76，《职官志》。

间，且保持稳定，五开卫下辖十个外千户所则自成化二年（1466年）以后一直保持稳定[35]，以上千户所信息均在相关志书中有明确记载。因此，本章将以上22个千户所城列为考察对象。至于其他存在时间不长，或无明确记载的千户所，如明崇祯三年新设立镇西、敷勇二卫下辖的威武、赫声、柔远、定南以及修文、濯灵、息烽、于襄等，则不列为讨论对象。

千户所城同样多位于交通要道，或扼守面向周边土司、少数民族地区的咽喉要道。规模较卫城大为缩小，城周多在三百丈至四百丈之间，最多六百余丈，最少二百余丈。形状

❶以（万历）《黔记》为基准，黄平、普市、关索岭、白撒千户所信息以（嘉靖）《贵州通志》记载补充，七星关千户所以（乾隆）《毕节县志》记载补充，五开卫下辖各千户所以（嘉靖）《湖广图经志书》卷19《靖州》记载补充。

明朝贵州主要千户所城概况❶

表2-3

类别	所城	规模	概述
都司辖	黄平所	城周四里（六百丈）	城门楼阁四座。领百户所十，皆散置城内
	普市所	城周二里二十步（三百一十丈）	城门四座。领百户所十，分置城内
安庄卫辖	关索岭所	城周三里（四百五十丈）	城门三座
毕节卫辖	七星关所	城周四百五十丈	城门二座
普安卫辖	安南所	城周二百八十丈，高一丈五尺，宽一丈	城门楼阁四座，东南西门俱有城壕
	安笼所	城周三百六十丈，高一丈三尺	城门楼阁四座，城铺四座
	平夷所	城周二百五十一丈，高一丈五尺	城门楼阁四座，城铺四座
	乐民所	城周二百二十五丈，高一丈二尺	高山四面岩，只设一门，楼阁一座，城铺十座
赤水卫辖	阿落密所	城周三百丈，高一丈五尺 万历六年间加修腰墙高三丈	城门楼阁三座，城铺十座
	前所	城周三百二十丈，高一丈四尺	城门楼阁二座，城铺十座
	摩尼所	城周三百丈，高一丈二尺	城门楼阁二座，城铺十座
	白撒所	城周一里二百八十步（二百九十丈）	城门二座
五开卫辖	中潮所	城周三百五十六丈，高一丈五尺；壕阔一丈，深一丈	土城，城门四座，转角楼、月城楼、串楼具备
	黎平所	城周三百零八丈，高一丈五尺；壕阔一丈，深一丈	土城，城门四座，敌楼、月城楼、串楼具备
	隆里所	城周二百七十八丈，高一丈四尺；壕阔二丈，深一丈	石包土城，城门三座，月城楼、串楼具备
	新化所	城周三百五十丈，高一丈五尺；壕阔一丈五尺，深一丈	石包土城，城门四座，月城楼、串楼具备
	新化亮寨所	城周六百二十一丈，高一丈四尺；壕阔一丈，深一丈	土城，城门四座，串楼、鼓楼具备
	铜鼓所	城周二百二十丈，高一丈五尺；壕阔三丈，深一丈	土城，城门四座，串楼具备
	平茶所	城周三百四十四丈九尺，高一丈四尺；壕阔二丈，深一丈	土城，城门四座，月城楼、串楼、鼓楼具备
	平茶屯所	城周二百五十丈，高一丈五尺；壕阔二丈，深一丈	土城，城门四座，月城楼、串楼具备
	中右所	城周三百五十丈，高一丈五尺；壕阔二丈，深一丈	土城，城门三座，月城楼具备
	中中所	城周三百七十丈，高一丈五尺；壕阔一丈，深一丈	土城，城门三座，敌楼、月城楼、串楼具备

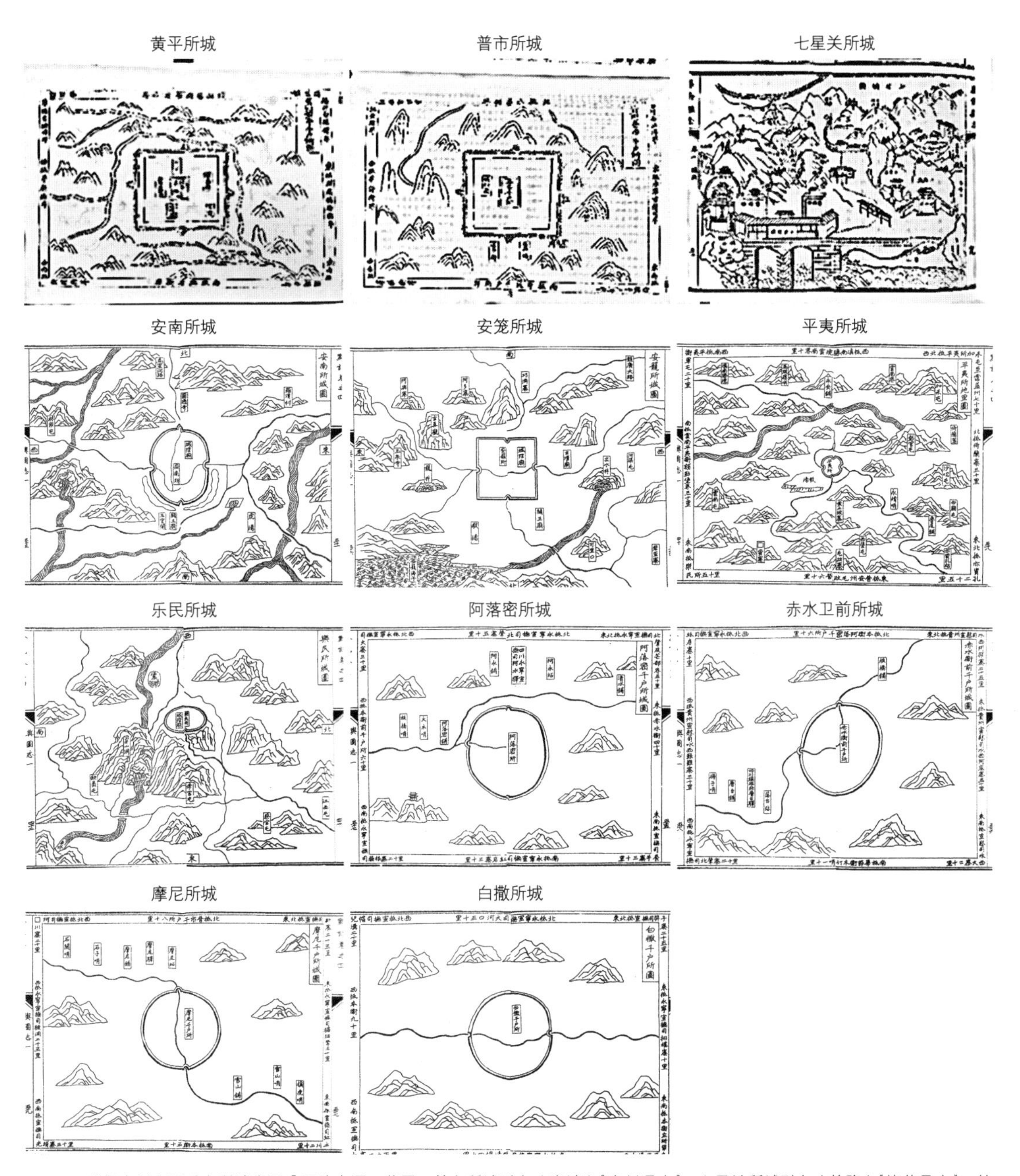

图2-7 明朝贵州主要千户所城舆图［图片来源：黄平、普市所城引自（嘉靖）《贵州通志》，七星关所城引自（乾隆）《毕节县志》，其余引自（万历）《黔记》］

以近似方形或环形为多。城墙多为土城，亦有城后以石包墙。城门多在2座至4座间，仅乐民所因四周均为高山陡崖，只设一门。此外，城墙上多设月楼、串楼等。城内街道以一条或两条为主，或一以贯之，或十字交叉，亦有形成丁字交叉。

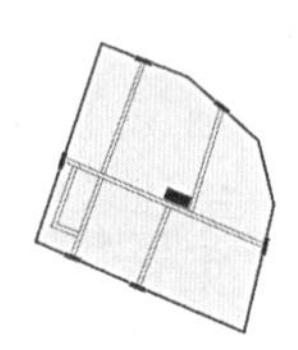

图2-8　隆里所城平面简图（左）与当前范围（图片来源：左，笔者自绘；右，笔者根据谷歌地图绘）

如五开卫下辖的隆里所，位于于黔东南州锦屏县隆里乡，于明洪武八年（1375年）建置，始称“龙里千户所”，后将“龙里”改为“隆里”，坐落在群山环抱之中，城西南的龙溪河绕城流淌，形成一道天然的护城河，北部多为田地。隆里所城近似长方形，城垣始建为泥土夯筑，后改为卵石框边。城周约1000米（图2-8）。城墙高一丈二尺，壕深一丈。城周三里三分，东南西北各设炮台一座。全城设东南西三道城门，城墙下有一条一百余米的暗沟可通城外。除北门外，其他三门均设有“瓮城”。东门上建有三层高楼。隆里所城内以“千户所衙门”为中心，往东、西、南三个方向修建主街，为所城的主要骨架，三条大街又分为六条巷道，城内街道交叉处均不成十字形，而成丁字形，而街道将整个城区划分为相对独立的九个居住区，当地俗称“三街六巷九院子”。[36]

2.3.4　屯堡

屯堡为军事聚落的基层单位，受千户管辖，一般由1个百户所112名军士驻扎，但也有个别的2个百户所同时驻在一处的情况出现，也有可能为1个总旗的军事驻扎形成。一部分百户所会驻扎在卫城、千户所城以及驿道沿线的重要据点防守，但大部分的百户所通常会驻在于土质良好利于耕作的田坝区、或沿交通驿道呈组团式开展屯种工作。其驻扎的地点，往往以屯、堡命名。部分屯堡的名称、区位信息可大致通过地方志查找验证，但其形制信息却往往全无记载。

比较幸运的是，黔中安顺地区还保存有一定数量形态较为完整的屯堡，尽管近年该地区的快速发展使得绝大部分屯堡村落已经突破其原空间范围，原有的堡墙、堡门等遗存也很不完整，但仍有部分屯堡聚落的边界、中心等形态信息还相对明确。2016—2017年，研究团队陆续考察该地区近百处屯堡，筛选出10余处当地普遍认为从明屯驻并流传至今、形态特征较为明确的屯堡村落，继而通过踏勘、调研以及现场访谈，辨别、分析和推断屯堡在大规模扩展之前传统村落的大致范围。

通过对该部分典型屯堡的调研分析，笔者发现其平面基本规整，呈方形或近似方形，周长多为数百米。同时，我们还发现其平面布局一般保存着原有军事聚落的部分特征，如具有明显的中轴对称现象，中轴较宽，街巷横平竖直，十字交叉，街巷间距离较为均等，街区整齐。主要的屯门或堡门通常位于中轴线之上（图2–9）。

典型例证如安顺市西秀区大西桥镇的吉昌屯。该屯位于两山相夹的平坝之间，形状近乎矩形。残存部分屯墙，其余部分仍依稀可辨。具有宽阔的中轴，各次级街巷垂直于中轴，并在其上开街巷门。中轴线西侧为原大屯门，原设角楼、水井等，但今天均已拆毁。

图2–9 吉昌屯、鲍屯、大屯平面简图

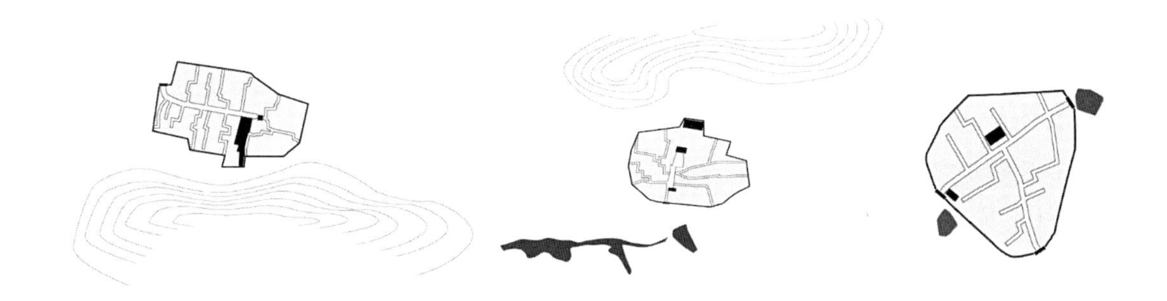

再如鲍屯。当地普遍认为鲍屯是明初军队最早一批屯驻点之一，村志记载其是作为先锋进驻的军队驻地，建立之初是作为军队驻扎营区，随着军户家属搬入而变成了军士、军属共同构成的军事社区。鲍家屯背山面田，坐北朝南，屯墙一直保存较为完整，边界形态规整紧凑。鲍屯内部秩序井然，军营布局的特征仍然十分明显，中轴线放大，贯穿屯南北，其余街巷与中轴基本等距相交，并设有街巷门，各民居院落均位于街巷门之内。中轴线往南延伸出主屯门之后，经过南部的田园，直抵南部山峰峰顶。

位于安顺市西秀区的大屯同样具有一定典型意义。根据当地发掘整理的文书记载，该屯为两个百户所共同的驻地，因此各自从东、西两侧进入，一条笔直大街直通东西，中央位置布置场坝、戏台等共同的公共空间。整个大屯呈北部较宽而南部收窄的近似正方形。同时，两个城门前各有一个风水塘可作为佐证，可惜村落今日已全被拆毁。

依明制，百户下还有总旗—小旗一级，大部分总旗与小旗都受百户管辖，并同驻一地。但安顺地区还发现部分以旗命名的堡，如陈旗堡、山旗堡、天王旗堡等，当为总旗外驻之地。旗堡是贵州卫所屯堡聚落中最低的层级，其所驻在地区往往也位于驿道南北两侧较远的连绵山地边缘地带，在设置之时多为卫所与当地土司管辖犬牙交错地带，起到前沿防御、放哨警戒等作用。此类（旗）堡往往规模较小，仍然具有中轴放大、街巷平直等军事聚落的特征。

2.4 贵州各级卫所屯堡聚落形制比较

前文分别爬梳、调研贵州都司城、卫城、千户所城、（百户所）屯堡的形制问题。通过研究发现，各军事层级的聚落间，形制存在明显的差别。

在城周规模上，贵州范围内各级卫所聚落在规模上呈现明显的层级缩减态势。其中都指挥使城在贵州仅一所，但也是规模最大的军事聚落，城周为4600米左右[1]。卫城城周跨度较大，平均约3000米，规模明显处于第二层级，最大的卫城平越卫与都指挥使城大小相近，城周为4500米，最小的普安卫城仅1600余米。千户所城周规模平均约1100米，最大城为新化亮寨所城，城周2000米，最小的铜鼓所城仅为720米。（百户所）屯堡墙周规模则为数百米。可以发现各级聚落的规模呈明显的梯级分布。

在具体的形态及规制上面，各级聚落基本为方形，部分因地形而有所变化（图2-10）。都指挥使城与卫城城墙多为石筑或石包土筑。都指挥所城设9门，卫城一般设东南西北4座城门，并多设瓮城把守，若护城河穿城而过则设水关，具泄洪兼把守之职。千户所规模较卫城更小，多设2~3城门把守。百户所屯堡形制更为简单，基本为1~2座城门，城墙多为土筑或薄石块砌筑，且损毁严重。另外，各级聚落所具有的公署、寺庙，以及城墙之上布置的城楼、月楼等也随军事层级的降低而显著缩减。各级聚落的典型模数如图2-10所示。但是，各级聚落的街巷组织都具备相似的规律，都具有中轴对称、街巷体系分明，横平竖直，基本的街块尺度相似。尤其是百户所以下聚落，其军事营垒的痕迹仍保留清晰。

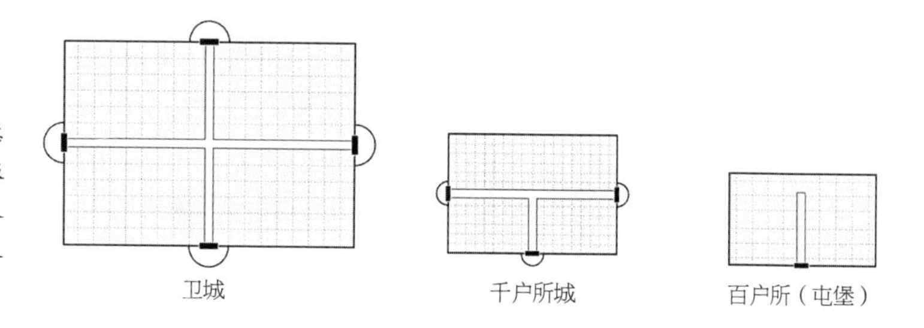

图2-10 贵州卫所屯堡聚落形制模数比较

[1] 明代长度单位与米换算方法参考吴慧著《明清的度量衡》，中国计量出版社2006年，1步=163.25厘米；1量地尺=32.64厘米；1丈=3.264米；1里=180丈=360步=587.7米。以下同。

参考文献

[1] 郑天挺，等．中国历史大辞典（上卷）[M]．上海：上海辞书出版社，2000.
[2] 毛佩琪．中国明代军事史[M]．北京：人民出版社，1994.
[3] 赵映林．明代的军事制度[J]．文史杂志，1987（1）.
[4] 顾诚．明帝国的疆土管理体制[J]．历史研究，1989（3）：135-150.
[5] 何一民，吴朝彦．明代卫所军城的修筑、空间分布与意义[J]．福建论坛（人文社会科学版），2015（1）：75-83.
[6] 张金奎．洪武时期山东沿海卫所建置述论[J]．明史研究，2013（0）：130-173.
[7] 施剑．试论明代浙江沿海卫所之布局[J]．军事历史，2012（5）：23-28.
[8] 孙昌麒麟．江南沿海卫所城市平面形态比较及分类探析——基于旧日军大比例尺实测图的考察[J]．都市文化研究，2016（1）：203-227.
[9] 段智君．明代北边卫所城市平面形态与主要建筑规模研究[D]．北京：清华大学，2011.
[10] 郭琳．明代军事海防城堡的缩影——明代福建崇武城形态研究[J]．东南大学学报，1990（5）：91-99.
[11] 张玉坤，陈海燕，董耀会．中国长城志：边镇堡寨关隘[M]．南京：江苏科学技术出版社，2016.
[12] 张玉坤，李严．明长城九边重镇防御体系分布图说[J]．华中建筑，2005（2）：116-119+153.
[13] 李严．明长城“九边”重镇军事防御性聚落研究[D]．天津：天津大学，2007.
[14] 徐凌玉．明长城军堡形态规制研究与比较[D]．天津：天津大学，2014.
[15] 谭立峰．明代沿海防御体系研究[J]．南京林业大学学报（人文社会科学版），2012，12（1）：100-106.
[16] 尹泽凯，张玉坤，谭立峰．中国古代城市规划“模数制”探析——以明代海防卫所聚落为例[J]．城市规划学刊，2014（4）：111-117.
[17] 谭立峰，刘文斌．明辽东海防军事聚落与长城军事聚落比较研究[J]．城市规划，2015，39（8）：87-91.
[18] 汤芸，张原，张建．从明代贵州的卫所城镇看贵州城市体系的形成机理[J]．西南民族大学学报（人文社科版），2009，30（10）：7-12.
[19] 郭红．明代贵州都司建置研究[J]．贵州文史丛刊，2002（1）：28-34.
[20] 孙兆霞，等．屯堡乡民社会[M]．北京：社会科学文献出版社，2005.
[21] 唐莉．试论明朝贵州卫所的特点[J]．民族史研究，2013（00）：39-51.
[22] 王海宁．传承与演化——贵州屯堡聚落研究[J]．城市规划，2008（1）：89-92.
[23] 耿虹，周舟．民俗渗透下的传统聚落公共空间特色探析——以贵州屯堡聚落为例[J]．华中建筑，2010（6）：96-99.
[24] 单军，罗建平．防御性建筑的地域性应答——以安顺屯堡为例[J]．建筑学报，2011（11）：16-20.
[25] 杜佳，华晨，吴宁，童磊．黔中喀斯特山区屯堡聚落空间特征研究[J]．建筑学报，2016（5）：92-97.
[26] 王继红，罗康智．论明代贵州卫所建置的特点及其职能[J]．贵州大学学报（社会科学版），2007（6）：58-61.
[27] 唐莉．明代贵州省建置研究[D]．北京：中央民族大学，2016.
[28] 覃朗．明代贵州都司卫城浅述[J]．贵州文史丛刊，2015（3）：105-112.

[29] 罗建平．防御性与安顺屯堡聚落形态发展初探[J]. 华中建筑，2013（10）：142-146.
[30] 王海宁．“屯堡第一村”——九溪的聚落形态研究[J]. 新建筑，2008（05）：68-72.
[31] 耿虹．安顺屯堡建筑环境景观研究[D]. 武汉：武汉理工大学，2009.
[32] 范增如．明代安顺屯堡分布图．//李建军，编．学术视野下的屯堡文化研究[M]. 贵阳：贵州科技出版社，2009.
[33] 丁武光．从三幅明代地图看最早的安顺城[EB/OL]. http://blog.sina.com.cn/s/blog_bac238310102wdor.html，2017-09-13.
[34] 中国人民政治协商会议镇宁布依族苗族自治县委员会．影像百年·镇宁老照片选粹[M]. 北京：中国文史出版社，2015.
[35] 吴春宏．五开卫建置研究[J]. 铜仁学院学报，2014，16（3）：107-113.
[36] 胡朝相．明风悠悠六百载：隆里[M]. 贵阳：贵州科技出版社，2015.

（本章部分内容已刊载于《现代城市研究》2020年第5期）

3

屯堡聚落的形态类型及其演变

Typology and Its Historical Evolution of Tunpu Settlements

本章作者：周政旭，贾子玉

摘要：屯堡聚落产生于明朝初年，是平定西南边疆并推行军屯制度的历史产物，其发展演变至今已有600年历史，在特殊的自然地理环境以及社会历史变迁中形成十分特别的聚落体系。目前，黔中地区尚存许多保存较好的屯堡聚落。本章在对黔中地区自然地理形势的背景分析之上，将对聚落形态演变的考察放入该地区明初以来的历史进程之中，重点分析时代背景、村落社会结构变迁、聚落形态演变三者的关系，通过对数十个典型屯堡村落的实地调研测绘，分析了屯堡聚落的几种典型空间形态类型，提出其主要空间特征和演变脉络假说。研究结论如下：（1）黔中屯堡聚落的空间形态可粗略分为四类，分别是具有典型军营特征的“类军营型”原生聚落、受军事建置与家族宗法共同影响的“过渡型”或“复合型”屯堡聚落、“家族聚合型”衍生屯堡聚落以及由“坉”演变而成的“避难型”衍生屯堡聚落；（2）黔中屯堡聚落以峰林田坝的喀斯特环境基地与险要的军事地理区位作为自然地理背景，不同类型的屯堡聚落的产生植根于当时特殊的历史情境，与当时的村落社会结构关联紧密；（3）黔中屯堡聚落文化区是600年历史过程中不断生成与演化的多个、多种类“屯堡”村落的集合体，且这一进程仍在继续。特点不同而又广泛联系的屯堡聚落空间形态体现了这一进程。

3.1 引言

聚落形态的构成与演化是自然地理环境、社会历史条件等多重因素共同作用的结果。聚落空间一旦形成，则构成社会、经济、文化活动赖以进行的场所与容器，在漫长历史时空中不断生成、演变，带有反映历史社会变革的线索与痕迹。对于聚落的形态学研究需要紧密结合历史进程中其社会环境的变迁，不局限于起源与现状，而将聚落形态与塑造形态的不同历史时期相结合，进行历时性分析，并找出其中的规律。

本章聚焦的黔中屯堡最初作为军事防御据点而兴起，随后又有大量移民加入，历经六百余年演变兴衰，今天在黔中安顺等地还有较为完整的保留。20世纪初日本学者鸟居龙藏在贵州安顺一带进行的人类学调查，首先对屯堡人作出了“汉族的地方集团”的人类学界定[1]。翁家烈、范增如等早期本土学者对屯堡的历史来源、文化特点、分布格局等进行了大量基础性研究[2–4]。后续学者在此基础上着重研究屯堡社会组织、历史演变以及文化建构方面[5–14]。2000年以后，屯堡聚落逐渐进入建筑学、城乡规划学、风景园林学等学科的视野，研究涵盖屯堡聚落环境构成与建筑空间特色[15]、屯堡聚落防御性以及防御体系[16]、屯堡聚落的空间与社会形态[17]以及屯堡聚落空间量化特征等[18]。但是，对屯堡聚落的研究却往往集中于开端与当前两个历史断面，前者主要为历史典籍中所记载的黔中屯堡建置、制度等历史研究，后者则是对当前存在的典型屯堡聚落进行解剖。中间600年的历史过程，却囿于包括文献、图纸等历史资料的限制，往往付之阙如，因而整个屯堡聚落研究呈现为“漫长的历史流程被压缩成开端和结尾的叠合”[6]。

事实上，屯堡聚落自明初在独特的自然地理条件下设立直至今日，历经纷纭杂叠的社会历史过程，其空间形态始终处于动态演化的进程当中。当前广泛分布于黔中安顺地区的屯堡村落也并非形成于明初一时，因为设立的时间不同、地位不同、功能不同，其空间形态往往具备不同的特点（图3-1）。聚落空间在各个历史时段中呈现出不同的形态特征与组织结构，而找到具备特殊意义的空间模式并和当时的社会经济文化状况相比较研究，有可能会得出一系列有意义的结论。这正是本章讨论的主要问题。因而从方法论而言，首先需要寻找到若干反映各个典型历史时期的聚落空间形态的材料，以梳理出一条空间模式随历史进程而演变的线索。为

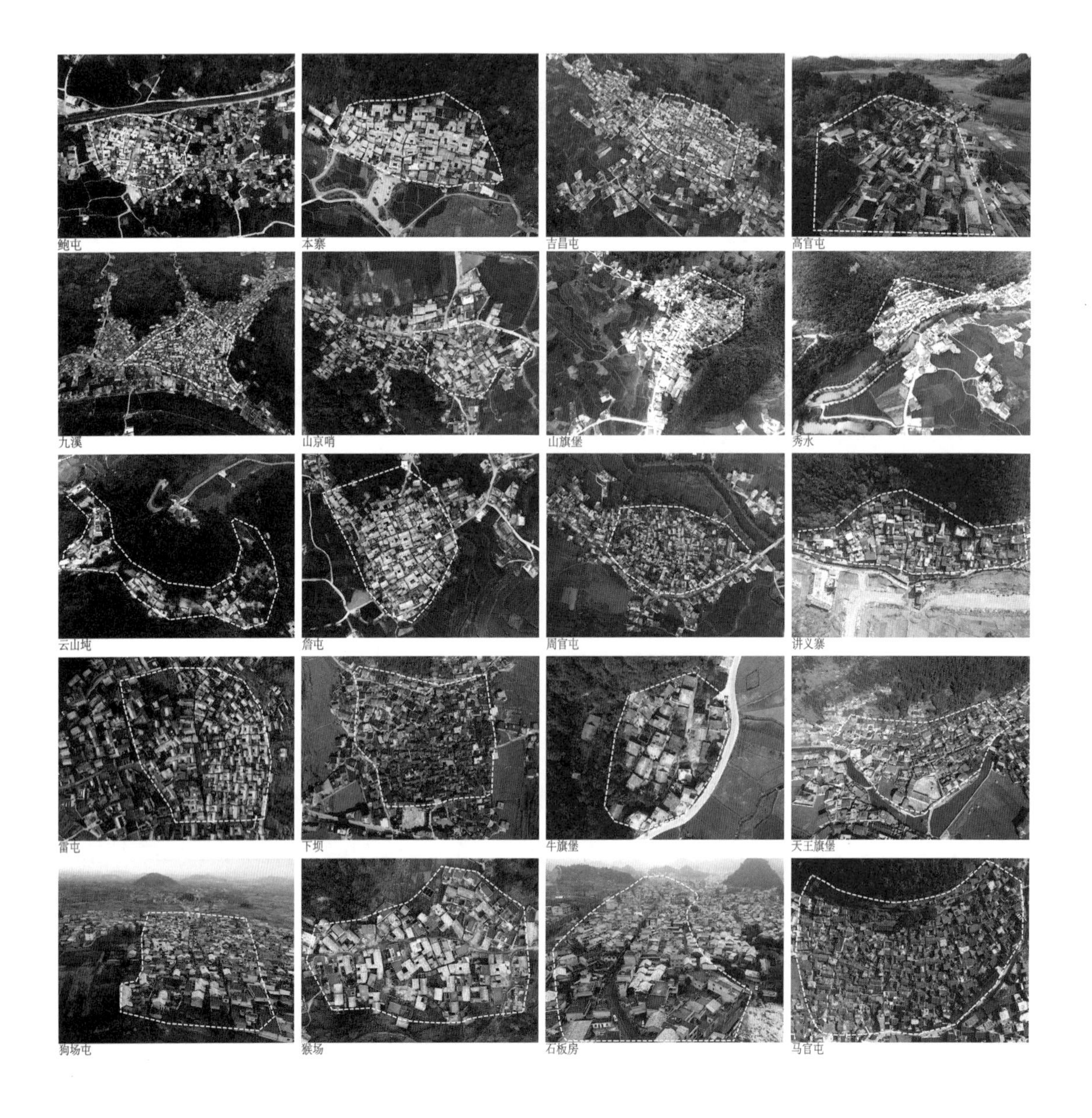

图3-1　部分调研屯堡聚落航拍图及其传统格局

此，基于实地调研与文献材料，将其形态特征与相应历史时期相结合，作为总结不同历史时期典型聚落空间形态模式的基础材料。在此基础上对屯堡所在自然地理背景、社会环境以及社会结构的变化情况进行分析，划分出聚落历史的若干典型阶段，分析聚落空间形态在不同阶段形成的典型类型，并认识不同历史阶段聚落形态演变的内在逻辑。

3.2 地理背景与历史进程中的屯堡村落社会

自然地理与社会结构对聚落空间有着重要的影响，长时段的聚落空间考察更应考虑历史进程带来的影响。法国年鉴学派代表学者布罗代尔将历史分为短时段、中时段、长时段三个层次。其中长时段的历史指自然地理环境的影响，构成社会的深层结构、是历史发展的基础，而中时段的历史，诸如生产力发展、人口增长、社会结构变革等构成社会直接变革的动因，对聚落空间形态演变等具有直接且关键的影响。

本章对黔中屯堡的空间演变历史进行研究，“长时段的历史”主要体现在所处的地理与生态环境背景。而“中时段的历史”中，则更加关注于屯堡聚落在整个国家—地方体系中所处地位的变化，以及屯堡内部社会结构的变革这两个对空间产生直接影响的层面。

3.2.1 自然地理环境

自然地理环境是村镇聚落最初选址以及营建的最为重要的考量因素之一，也构成了布罗代尔所述的“长时段的历史”。贵州东接湖南、西连云南，是中国中原核心地区直抵西南边陲的心腹之地，相邻几省间的交通中枢，战略区位十分重要。同时，贵州山地与丘陵占据全省面积的92.5%，生态环境复杂而脆弱，耕地资源稀缺而贫瘠，素有“八山一水一分田”的说法。地处黔中腹地的安顺一带，境内横贯湘滇战略通道，又是喀斯特地形地貌中难得的丘原盆地地区，地势平缓，田坝广阔，适宜定居耕作，因此成为明初大量屯军戍守之地。峰林田坝的喀斯特环境基底与险要的军事地理区位共同构成了黔中安顺屯堡聚落的自然地理环境，成为贯穿其长时段历史的基础性影响因素。

3.2.2 历史进程及影响下的村落社会结构

历史进程塑造并改变着聚落社会结构，对聚落物质空间形态产生重要影响并在聚落空间上加以体现，而同时空间本身也参与到聚落社会结构的建构过程之中。黔中屯堡聚落历经明、清两朝，其中制度多有变迁，外部环境变化可谓巨大。其中，如下四个时期对屯堡聚落影响较为深远。

明初期卫所初定，军屯遍立。明洪武十四年，明政府为平定云南、加强对于贵州的军事扼控而实行“调北征南”政策，从内地调派大量汉族军士、民众入黔征战，并于战事平定之后就地建立屯堡，进行大规模屯田戍边活动，黔中安顺一带成为明政府进行军事部署的重点区域。卫所兵制下形成了由中央至最基层“五军都督府—都指挥使司—卫—千户所—百户所—总旗—小旗”的体系。为稳定军心，明政府规定征战军士、军余亲属与其同行，对于未婚军士还要为其配婚以建立稳定家庭。因而这一时期建立的屯堡聚落以屯驻家庭为基本单位，具有军屯建构的“家—旗—百户”准军事社会结构。

明中后期军户锐减，移民大量移入。明中期左右，开始出现屯政废弛、军户锐减的现象。这是由于军屯赋税沉重、土地兼并、战乱不断等原因。但区域人口繁衍呈增多态势，出现了房屋新建与扩建的情况，以及卫所军队编制之外的新生屯堡村落。这其中的居民包括逃亡的军士及其家属以及迁徙而来的普通内地民众、商贩、逃难、流放者等。在战火纷飞的动荡年代，这些新生聚落皆选址于军事屯堡或卫所城镇附近，以获得国家的军事保护，并形成对汉族主流经济文化的依附。此时的屯堡聚落的内涵已经“广义化”，明朝初年基于军事建置设立的屯堡仍然保持，且普遍以屯、堡命名（“原生屯堡”）。原生屯堡的后代进行了人口与空间的重构，新的移民加入内附，普遍以庄、院、寨等命名（“衍生屯堡”）。历经时空流变，原生屯堡与衍生屯堡以血缘、地缘以及基于共同的信仰认同等关系相关联，这些军事与非军事移民及其后裔渐渐彼此融合，共同建构出屯堡文化社区。[7]

清初期，省卫所入州府，从主流到边缘。明亡后，卫所制度仍然保存至清康熙二十六年。是年下诏裁撤卫所、并入州府，卫所屯田制和军户至此消亡。此时，屯堡聚落因其前朝遗民以及“外来者”的身份而承受着来自新王朝和原住土著的双重压力。在村落社会结构方面，明中期至清中期，屯堡聚落社会也出现了血缘宗族的力量，并通过“家—族—村”的社会建构重塑着屯堡聚落的社会与空间形态。随着卫所屯堡内人口繁衍，祖军后裔繁衍出的若干小家庭形成血缘宗族并聚族而居。村落内往往有多个势力相当的异姓宗族，由此形成了由多宗族聚合组成的血缘、地缘主导村落，具有“核心家庭—姓氏宗族—数个姓氏宗族聚合”的社会结构。由于空间饱和、军户外逃等原因，原生屯堡内出现了人口外迁的情况。当某一支系集体外迁、单独繁衍成村落，便构成以“核心家庭—姓氏宗族”为社会结构的村落。另外，在军营制度崩溃后，必新生另外一套系统承担商贸运作。此时民间商业应运而生，商业性质的屯堡聚落在通商驿道沿线兴起。

清中后期战乱纷起，咸丰、同治年间的战乱更是持续近三十年之久。在如此动荡不安的历史背景之下，屯堡普遍重视防御性建设，出现了非常规的防御手法，如将村落搬上山地、新建“囤”等防御设施。幸存民众彼此汇聚，依仗自然地形选择易守难攻的地区建立山囤、囤洞等以形成避难临时共同体，凝聚成较强实力抵御战争侵扰，具有地缘主导的社会性质。当共同体继续发展、人口繁衍，便逐渐演变为地缘、血缘村落，具有“核心家庭—村落”的社会结构。

3.3 黔中屯堡聚落的形态类型

屯堡聚落最初作为屯军驻地在黔中大地落地生根，并进一步经外迁、内附等演化形成除“原生”屯堡聚落之外的各种空间形态类型。本章结合村落的生成时间、社会结构对其空间形态进行解读分析，并将归纳的屯堡类型与其产生之时各历史时期以及不同社会结构类型相结合分析。

3.3.1 具有典型军营特征的“类军营型”原生聚落

“类军营型”屯堡产生时间一般为明初卫所制度设立之时，处于“卫—千户所—百户所—总旗—小旗”的军事建置之下，具有“屯驻家庭—旗—百户”的军事社会结构。它们的空间形态受到军营形制和特殊社会结构的直接影响，至今仍有众多屯堡留存明显的军营痕迹。

当前分布于黔中安顺地区的众多的“某官屯”“某官堡”一般为百户所驻地，吉昌屯是此类型的典型案例（图3-2、图3-3）。村寨位于两山相夹的平坝之间，原有防御寨墙围合出平面形态近乎矩形。军营原型的空间特点在吉昌屯十分明显：村落以中央主街为轴线，形态近乎中轴对称，两侧街区肌理密致均匀。中央主街宽约10米，次要巷道与中央主街垂直相交，宽度大多只有一到两米，最终形成尽端路。公共建筑包括位于村落中部、主街近端的戏楼及汪公庙。各家庭院落沿巷道布局，呈现军营行列式特点。

这一空间类型在安顺地区的“原生屯堡”聚落中十分普遍，如鲍屯、狗场屯、雷屯、周官屯等。其军营原型的空间格局，与同时期建成的云南新安守御千户所（今蒙自市新安所镇）的“一条枪”营房[19]从形制而言显然存在同源特征，侧

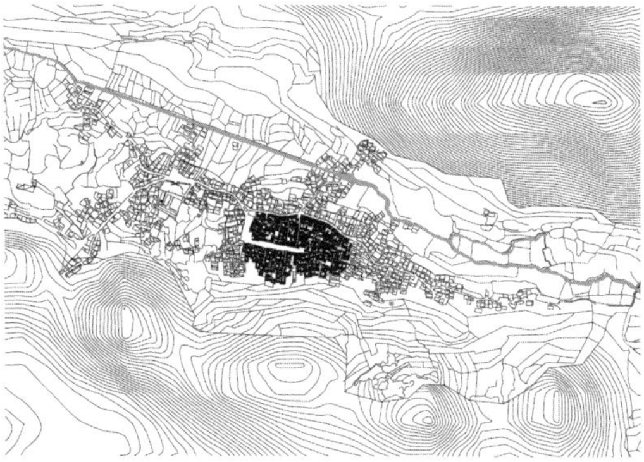

图3-2 吉昌屯聚落周边山水形势

图3-3 吉昌屯聚落空间结构

图3-4 山旗堡聚落周边山水形势

图3-5 山旗堡聚落空间结构

图3-2	图3-3
图3-4	图3-5

面证明了黔中原生屯堡在营建之初具备的明显的军营特征。主街，除了作为屯堡中最为重要的公共活动空间之外，在早期应有便于集结全屯堡军民之用；与之往往组合出现的村庙，则当由战时指挥机构演化而来。吉昌屯的村史中明确记载吉昌屯村落沿袭古代军营建制[20]，村民战时由各巷道集结至大场坝，并依托城墙作为重要防御战线，共同御敌于城墙之外。

而总旗堡在军事编制等级上次于百户所，在人口与村落规模上亦小于百户所。一般分布于远离交通线的山地地区，具有一定的前哨、震慑功能。位于安顺市西秀区东屯乡的山旗堡属于这一类型（图3-4、图3-5）。山旗堡坐落在半山坡上，以山地为自然屏障据险固守，山下为用于耕种田坝区域。山旗堡也具有作为中轴线的主街、主街尽端的场坝，从主街向两侧规则分支的次要街道、中轴线上的公共建筑，以及通过自然地形、寨墙、街巷院墙、各户宅院形成的层级式的军事防御系统。山地地形影响下聚落边界沿等高线升高而逐渐收拢，呈现近似梯形的形态；主街垂直等高线上升，巷道沿等高线延伸，建筑与院落呈阶梯式分布，具有山地民居的风格。

3.3.2 受军事建置与家族宗法共同影响的“过渡型”或“复合型”屯堡聚落

在明中后期屯政废弛、人口增加的背景之下，屯堡社会结构逐渐受到家族血缘影响而改变。部分原生屯堡聚落的空间形态在迁移、扩张等演化过程中有了一定变化，具有“过渡”性的特点。甚至某些受血缘影响的新村依附原生屯堡建立，形成“复合型”的屯堡聚落。

3.3.2.1 反映“家—族—村”社会建构过程的“过渡型”聚落

原生屯堡聚落建立、屯堡军营社会形成之后，随着人口繁衍与迁徙，尤其是明中后期屯政废弛，屯堡管理制度日趋松弊之后，屯堡内也不同程度地出现若干宗族，对聚落空间形态产生了一定影响，形成了一种“过渡型”的屯堡聚落。

这一类型的典型代表是位于西秀区东屯乡的高官堡（图3-6、图3-7）。据查高官堡最初的百户所屯驻地应当位于目前村址旁数百米处，后因地势、用水等原因逐渐迁至当前村址。且搬迁时，高官堡内已形成若干大姓宗族，在屯堡军营社会的基础上，具有了“核心家庭—姓氏宗族—数个姓氏宗族聚合为村”的宗法结构雏形。各姓在联合建设新村址的过程中，既保留了部分军事聚落的形制，姓氏宗族也部分地影响了新村落的空间形态。高官堡选址背西朝东，西面背依山体，东面为开阔田坝。山体与防御寨墙共同限定出的村落平面呈现为狭长的不规则形态。其内部空间组织体现出“家庭（小）院落—宗族院落（组团）—屯堡村落”的层级结构。与原生屯堡聚落相同，各家庭普遍居住在三合院或四合院之中，构成屯堡聚落的基本细胞。同姓的若干家庭聚族而居，单个院落纵向连接，形成“范家院”“杨家院”“王家院”等按族姓

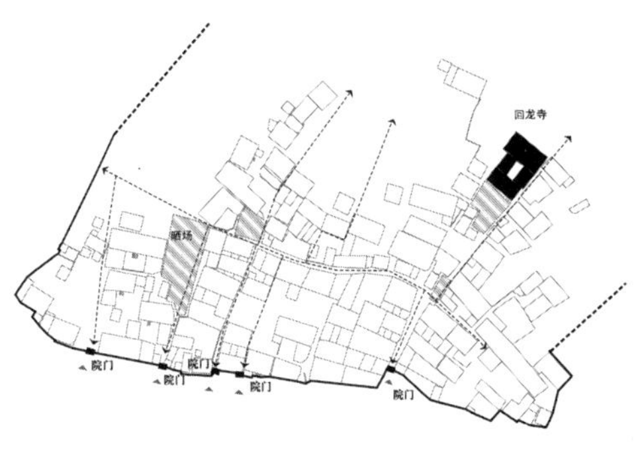

图3-6 高官堡聚落周边山水形势

图3-7 高官堡聚落空间结构

划分的长条形院落组团，各姓氏宗族拥有自己的围墙、院门与巷道，甚至还出现了具有宗族性质的祠堂。各姓宗族的院落组团并排排列，东向院落院墙连为一线，共同构成东村落的防御墙体，各小家庭不能朝寨门开口，而各宗族院落组团巷道于东向寨墙较为规律开口，形成各院院门；东寨墙之外为聚落共有的公共活动场地。聚落北部靠山处设置全村的村庙——回龙寺，供全村使用。

在空间形态上高官堡与“类军营型”屯堡之间存在显著关联，空间与路网布局仍保持了的部分军营特征。但是作为村落中心轴的主街已经弱化甚至消失，公共建筑回龙寺位于村落后方非中心位置。更为重要的不同在于，多个小家庭院落（小院）规律竖向相接形成同姓宗族院落组团（大院），继而组成整个屯堡村落的空间构成方式，已经与此前“军营”完全不存在“宗族”的状态有所区别。这一具有“过渡”色彩的空间类型，体现了从“军营社会”向“家—族—村”社会变化的过程，深刻表现了社会结构对屯堡空间的重构作用。

3.3.2.2 “类军营型”屯堡与宗族相叠加的“复合型”聚落

在屯堡聚落血缘宗族产生并且外迁的过程中，有些新生宗族聚落择址于原生屯堡附近建立，部分原生屯堡聚落与新生聚落在空间上逐渐交融，但各自的空间形态与社会结构仍保留着“类军营型”与血缘宗族聚落的不同特点，相互叠加形成了“复合型”屯堡聚落。

位于西秀区大西桥镇的九溪村就是这一类屯堡聚落的典例（图3-8、图3-9）。经查阅历史资料与现场踏访得知，目前的九溪村主要由大堡、小堡与后街三个组团共同构成。明代南征到此的“十姓”将军先设立了大堡，分姓而居。后因人户增多、空间饱和而于大堡东北部新辟区域居住，称小堡。[21]随着内部与外来人口不断增加，空间局促，便又在大小堡北部扩建宋家院与马家院，统称后街。大堡、小堡均为具有军事建置的“类军营型”屯堡，而后期形成的宋家院与马家院，至少在形成之时是以宗族为组织的血缘型聚落。因此，九溪村形成了两者并置、最终融合为一个大村落的“复合型”屯堡聚落。

从空间形态上看，九溪村处于王家坡、詹家坡、猫林坡三山环抱之中，护寨河紧邻村寨东部流淌而过。大堡、小堡、后街组团分别依仗三山而设，汇聚于中央谷地。九溪村的整体平面形态规整均质，但三大组团相对彼此独立，各成体系，直至清代，这三部分还各有屯墙，只能从各自屯门进出。[22]各组团拥有独立寨门、寨墙、公共空间、街道系统以及公共建筑。大堡、小堡具有“类军营型”屯堡聚落的空间特点，大堡尤为显著。其主要街道串联寨门、公共空间、公共建筑汪公庙形成空间轴线，各户家庭宅院呈行列式排布于公共街道两侧。小堡同样由公共街道串联寨门与家庭宅院，公共建筑青龙寺则位于组团后部山坡之上。后街除具有公共寨门、街

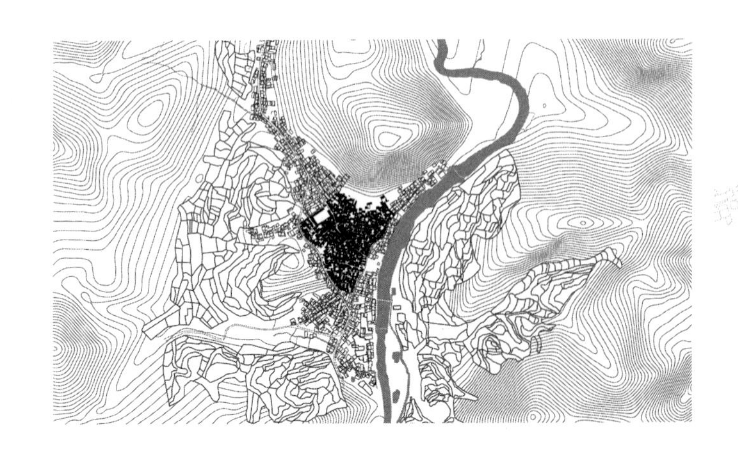

图3-8 九溪村聚落周边山水形势

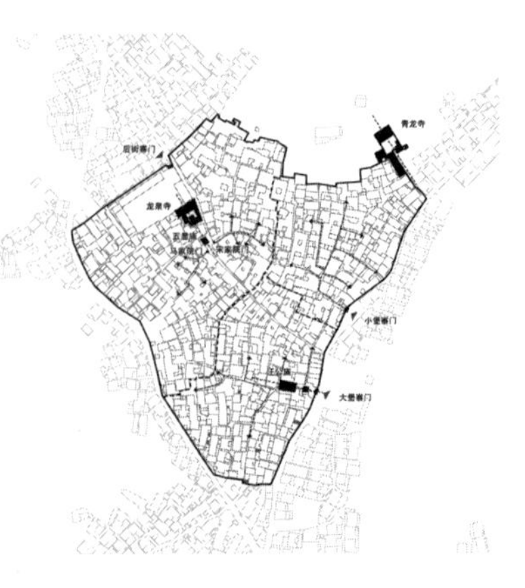

图3-9 九溪村聚落空间结构

道及村庙龙泉寺、五显庙之外，还具有宋家院、马家院这样的宗族院落组团。两院各自拥有向主街开口的独立院门，内部道路串联家庭宅院，体现出“家—族—村”的社会建构。

3.3.3 “家族聚合型”衍生屯堡聚落

明中期之后，原屯堡人口扩张，某一姓氏家族集体外迁或各地民众自愿集中聚居，另寻适合耕种、利于防守或便于商贸交易的地区开辟新的家园。同时，内地因种种原因迁来该区域的汉族民众往往也在原生屯堡周遭营建聚落，并最终通过认亲、通婚等血缘关系，以及崇拜、仪式等共同认同的建构，得以与原生屯堡共同构建起屯堡文化网络。这一类聚落的形成与明初的“军事”“屯驻”并无直接关联，因此可称之为“衍生屯堡”聚落。这一类聚落在空间形态上一般不具备军营的空间特征，反而具备了一些单个血缘宗族或多个宗族聚合而成的“家族聚合”村落特征，但因动荡、战乱等原因，其聚落防御功能依然重要。

3.3.3.1 支系外迁形成的以单姓血缘宗族为主的衍生屯堡聚落

明初卫所制度规定，军籍当由后代继承，但由于屯堡赋税的严苛，后裔多有外迁另辟居所，并逐渐分枝散叶发展成村落。由支系外迁并逐渐发展而成的村落，大多以庄、院、坝等命名，与原生屯堡有直接的血缘关联，但因为时代背景、外部形势以及内部社会结构已经完全不同，其空间形态已经有了很大的不同。

秀水位于安顺市西秀区轿子山镇。据当地口述史，秀水又称张家庄，建立于明中晚期，由张姓军士后人创建，是寻求繁衍生息、自我防卫而集体外迁建立的血缘宗族聚落，具有“核心家庭—姓氏宗族”的社会结构，后期又有其他外姓屯堡人迁附于此，逐渐形成了当前多姓杂居的情形。聚落坐落在两山夹谷之中，护寨河从寨前流过，仅有一座石桥沟通

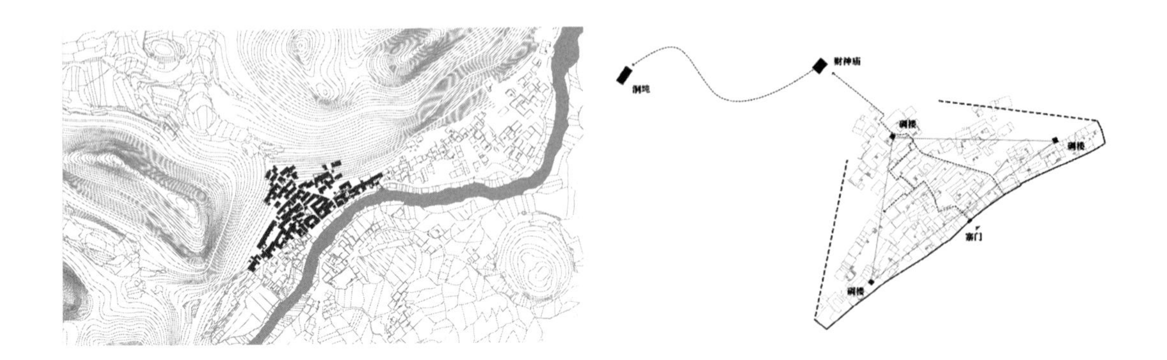

图3-10 秀水村聚落周边山水形势

图3-11 秀水村聚落空间结构

两岸。由于地形原因，聚落呈现下宽上窄的三角形平面形态（图3-10、图3-11）。出于防御目的，空间紧凑内向。秀水的街巷已经丧失军营街巷形式而是顺应山地等高线自由蔓延生长、串联各家宅院。公共建筑财神庙设在村落宅院聚集区之外的山坳处，处于村落正后方。各家院落沿地形呈台地式布置。秀水村的军事防御体系极具特色，村落倚靠山丘河流以及寨墙形成防御的第一层屏障。巷道与宅院院墙作为第二层屏障。村内北部、东部、西部边界处三座呈三角式分布的碉楼管控范围可覆盖整个村落，起到监察入侵、守卫全村的功能。此外，在村落后山处还有一座洞坉，用于躲避战乱，可视为村落的最后一层防御设施。

3.3.3.2 逐渐汇聚而成的“多家族型”衍生聚落

屯堡区域的不少聚落亦由多姓陆续汇聚兴建而成，各姓开始营建时间有先后，相对各自为体。聚落由多姓的院落构成，整体空间相对自由，呈现出不断生长扩展的特征。其中典型的聚落为本寨。

本寨位于安顺市西秀区七眼桥镇，所处地段宜耕宜居，交通方便而便于行商，因此在清朝年间吸引了若干“富户”、“客民”来此置业[23]从而建立了地缘主导型聚落。居民在战乱中可彼此依赖，形成势力强大、一致对外的共同体。村落背山面水，坐北朝南，位于地势平坦的田坝之上，平面形态为矩形团块状，空间结构属于消除中心式（图3-12、图3-13）。本寨村落内，同姓几户家庭宅院共同组成没有实体边界的院

图3-12 本寨村聚落周边山水形势

图3-13 本寨村聚落空间结构

落组团，街道则由院落组团挤压而出，并没有明显的主街、次街之分。各户家庭宅院石墙高耸，墙下街道曲折蜿蜒。民居建筑适应地形，三合院、四合院自由组合。村落内部有用于公共活动的小型广场，东南方向的聚落之外有一青龙寺。本寨除了有传统屯堡聚落寨墙、石巷、石墙的防御建制，还有7座石质碉楼分布村内借以自守。碉楼为村内富户各自修建，与三合院、四合院组合设置，虽然属于家族自保使用但整体上也形成体系，可在防御时相互照应。

3.3.3.3 沿商路形成的“商贸型”聚落

部分屯堡聚落位于重要商路之上，因商而生，由小至大逐渐生成。如位于安顺市西秀区的猴场村（图3-14、图3-15）与石板房村（图3-16、图3-17）。村落以通商驿道作为主街与发展轴线，沿驿道呈条带状生长。次级街道垂直于主街向两

图3-14 猴场村聚落周边山水形势

图3-15 猴场村聚落空间结构

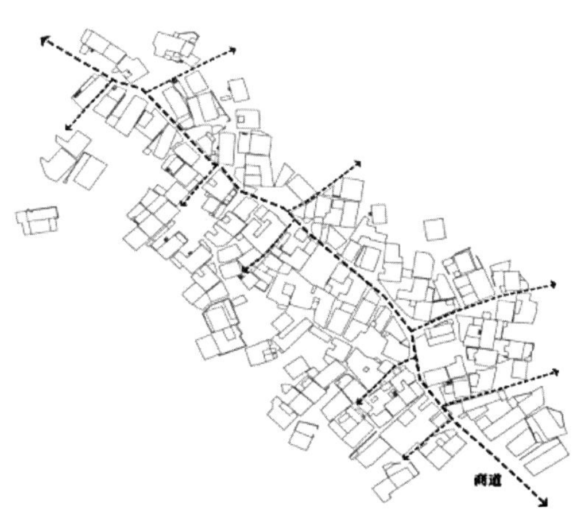

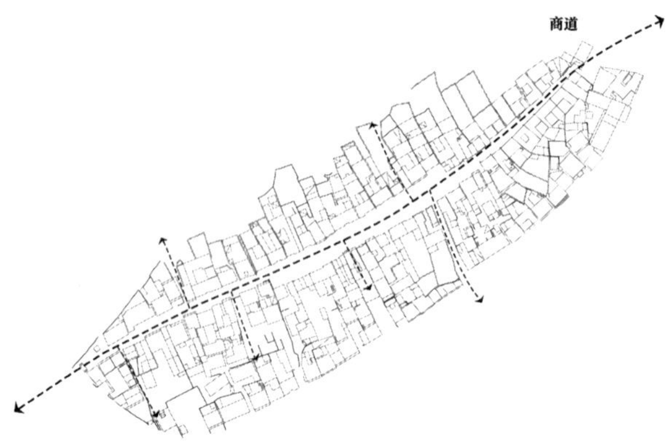

图3-16 石板房村聚落周边山水形势

图3-17 石板房村聚落空间结构

侧延伸，家族院落沿街排列。沿街建筑多为商铺功能，至今可见用于交易买卖的拆卸式木质隔板。商贸型村落整体较为开放，在主街两端设置寨门，以各家宅院形成防御单元，村落整体防御性较低。

3.3.3.4 由“屯”演变而成的“避难型”衍生屯堡聚落

黔中地区在清后期动乱四起，这一时期的屯堡民众往往改攻为守，在附近山险、洞窟等营建临时性的“山屯”、“洞屯”等避难场所，以躲避敌人袭扰。其中部分“山屯”发展成为较大的聚落并沿用至今，形成了新的聚落形态、空间组织形式。

这一类型的典型案例为云山屯（图3-18、图3-19）。它位于安顺市西秀区七眼桥镇。文史资料表明，包括云山屯在内的安顺山屯并不是明代“调北征南”产生的屯堡聚落，而是清末屯堡金姓后人躲避战乱而上山营建石头堡躲避坚守，并在稳定后继续在此定居最终形成的聚落。云山屯所处地形

图3-18 云山屯聚落周边山水形势

图3-19 云山屯聚落空间结构

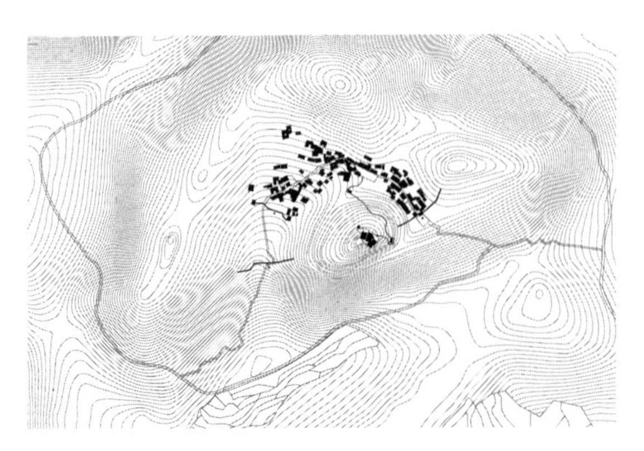

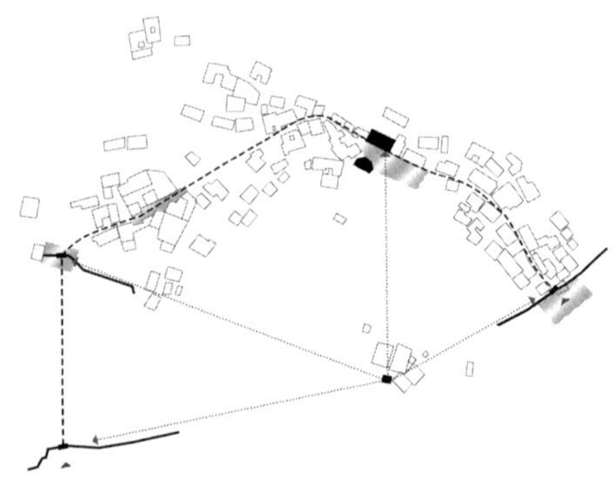

险峻、三山环绕形成的“C”形谷地之中。村落顺应地形，平面呈狭长弯曲的条带状形态，主要街道沿谷地穿过，长约1公里，串联起村中街铺、财神庙、戏台等公共建筑与开放空间。民居宅院顺山势布局于街道两边。山谷首尾两端建有坉墙、坉门：东侧为主要坉门，西侧则有后坉门、小坉门两道坉门，形成双重防守。南部云鹫山上有一云山寺，在此可因借山势、居高望远，应由战乱时期瞭望哨所演变而来。云山寺对整个村落空间具有控制、统领的作用。

3.4 黔中屯堡聚落类型演化脉络及特征总结

各种类型的屯堡聚落具有不同的社会结构与空间形态特征，并且构成了整个屯堡聚落群形成的脉络。

3.4.1 聚落类型特征

根据屯堡聚落形成的不同历史时期、外部形势与内部社会结构，通过对典型聚落的形态分析，笔者认为黔中屯堡聚落具有至少4种典型的形态类型，各类型又有若干小类，各自的空间特征以及代表屯堡见表3-1。

屯堡聚落空间形态类型 表3-1

序号	类型	产生阶段	社会结构	空间特点	聚落布局模式图	代表屯堡
I 具有典型军营特征的“类军营型”原生聚落	I_A 百户所	明初	“屯驻家庭—旗—百户”的军事社会结构	以军营为原型，村落形态较规整对称，中央主街形成的空间轴线串联寨门、场坝、公共建筑；次级巷道大致平行等距；家庭宅院行列式排布于街道两边；寨墙、巷院、宅院形成层级式防御系统		鲍屯、吉昌屯、狗场屯、大屯、马官屯、詹官屯、张官屯、下坝
	I_B 总旗堡			军营原型与山地环境结合，村落平面形态因地形而上窄下宽。村落尺度较百户所更小，其余特征与百户所相同		山旗堡、天王旗堡、牛旗堡、金齿屯

续表

序号	类型	产生阶段	社会结构	空间特点	聚落布局模式图	代表屯堡
Ⅱ 受军事建置与家族宗法共同影响的“过渡型”或“复合型”屯堡聚落	Ⅱ$_A$ 反映“家一族一村”社会建构的“过渡型”聚落	明中期	血缘宗族影响下的“家一族一村”社会结构	村落形态顺应防御山体水系而变，空间结构呈消除中心式；出现“家庭院落—宗族院落—屯堡村落”的层级结构；族院内出现宗祠或家族性防御碉楼；由自然山水、寨墙、宗院外墙、家宅外墙形成层级式防御体系	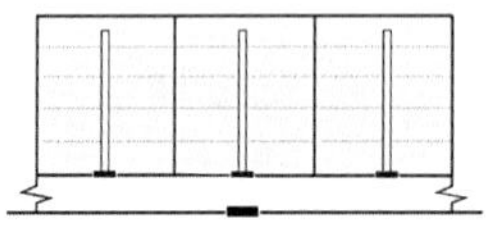	高官堡、讲义寨
	Ⅱ$_B$ “类军营型”屯堡与宗族相叠加的“复合型”聚落		军事社会与血缘宗族社会叠加	村落由“类军营型”组团与血缘宗族组团生长融合而成；组团各成体系，在空间上并置组合成“复合型”屯堡聚落；“类军营型”组团由寨门、主街、场坝、公共建筑构成轴线，家庭宅院行列排布于街道两边；血缘宗族组团特具有沿主街开设院门的宗族院落，各族内家庭宅院沿组团内部巷道排列	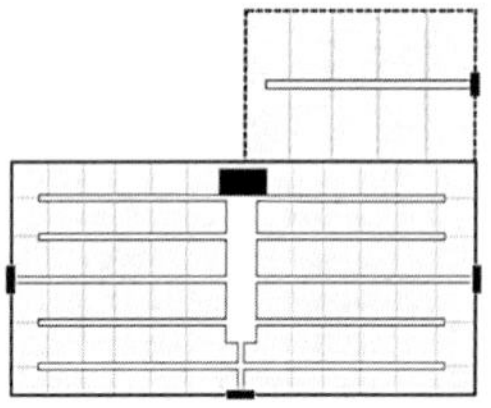	九溪
Ⅲ “家族聚合型”衍生屯堡聚落	Ⅲ$_A$ 支系外迁形成的以单姓血缘宗族为主的衍生屯堡聚落	明中期之后	单姓血缘宗族为主的“核心家庭一姓氏宗族”社会结构	村落形态顺应防御山体水系而变，街道、院落顺应地势布置，空间结构为消除中心式；碉楼等防御设施灵活运用、防御体系更加自主多变	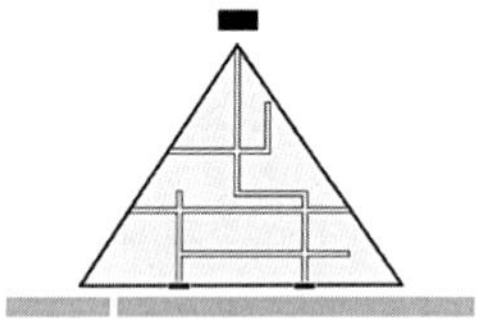	秀水（张家庄）
	Ⅲ$_B$ 逐渐汇聚而成的“多家族型”衍生聚落		多家族的地缘主导社会	村落平面形态紧凑内向，空间结构为消除中心式；按血缘关系划分居住空间；道路由宅院群落挤压生成，无主次之分；多个家族具有防御碉楼，防御体系得到巩固加强		本寨
	Ⅲ$_C$ 沿商路形成的“商贸型”聚落		多家族的地缘主导社会	以商道为主要街道形成轴线，聚落沿轴线发展，平面为条带状；家族院落组团沿街排列，相夹形成次要街道。村落沿街面多为商铺，较为开放，整体防御性降低	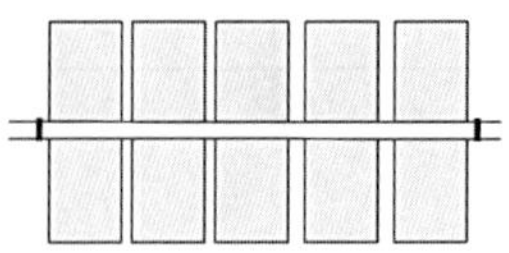	猴场、石板房
Ⅳ 由“屯”演变而成的“避难型”衍生屯堡聚落		清后期	血缘地缘社会	完全依仗自然山险选址、布局、构建防御体系，村落形态自由	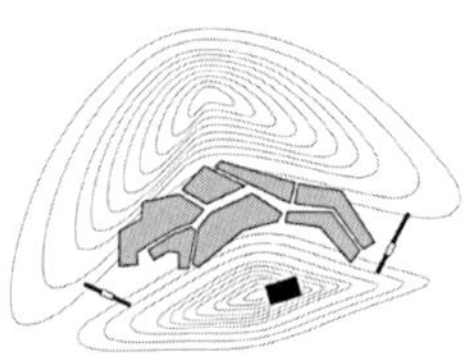	云山屯

3.4.2 聚落类型生成演化脉络

“安顺屯堡的形成并非一次完成，也不会一成不变。”[23]屯堡聚落产生于明初征南大军就地屯驻、建立卫所屯堡的过程，因此空间形态具有明显的军营特征。明中期之后，随着入黔军士后代的繁衍增加与屯政的疲敝，家族的因素开始凸显，部分屯堡聚落的空间形态随之响应这一变化，形成了既有军营特色，也反映“家—族—村”建构的“过渡型”，以及原生屯堡与新增加的“家族大院”粘附在一起的“复合型”屯堡聚落。随着军士后代的就近外迁，以及中原汉族的迁附，在“原生”屯堡周边区域出现了大量的庄、院、坝、场等命名的村落，它们与原生屯堡存在血缘、文化、信仰等方面的联系，也被纳入广义的屯堡社区之中。它们的聚落形态已经不具备军营的整体特征，但在防御设施、民居院落等方面，还延续了屯堡的特色。此外，在清末咸丰、同治年间，由于战乱出现了形态特殊的、由临时性避难所演化而来的屯堡村落。最终，整个区域的数百个屯堡聚落形成并演化至今，它们的空间形态类型与之息息相关，其形态演变示意图见图3-20。

3.5 小结

本章以黔中地区自然地理形势为展开分析的大时段背景，以明初以来该地区历史进程以及村落社会结构变迁为中时段背景，通过对数十个典型屯堡村落的实地调研测绘，提出并分析了屯堡聚落的几种典型空间形态类型，并总结了其主要空间特征结合历史与社会结构变迁的情况，提出了一种屯堡聚落空间形态演变脉络的假说。具体发现为：

首先，经过分析笔者认为可以将涉及的屯堡聚落按形态类型分为四类：（1）具有典型军营特征的“类军营型”原生聚落，该类型受到军营形制影响最深，有的甚至是从军营直

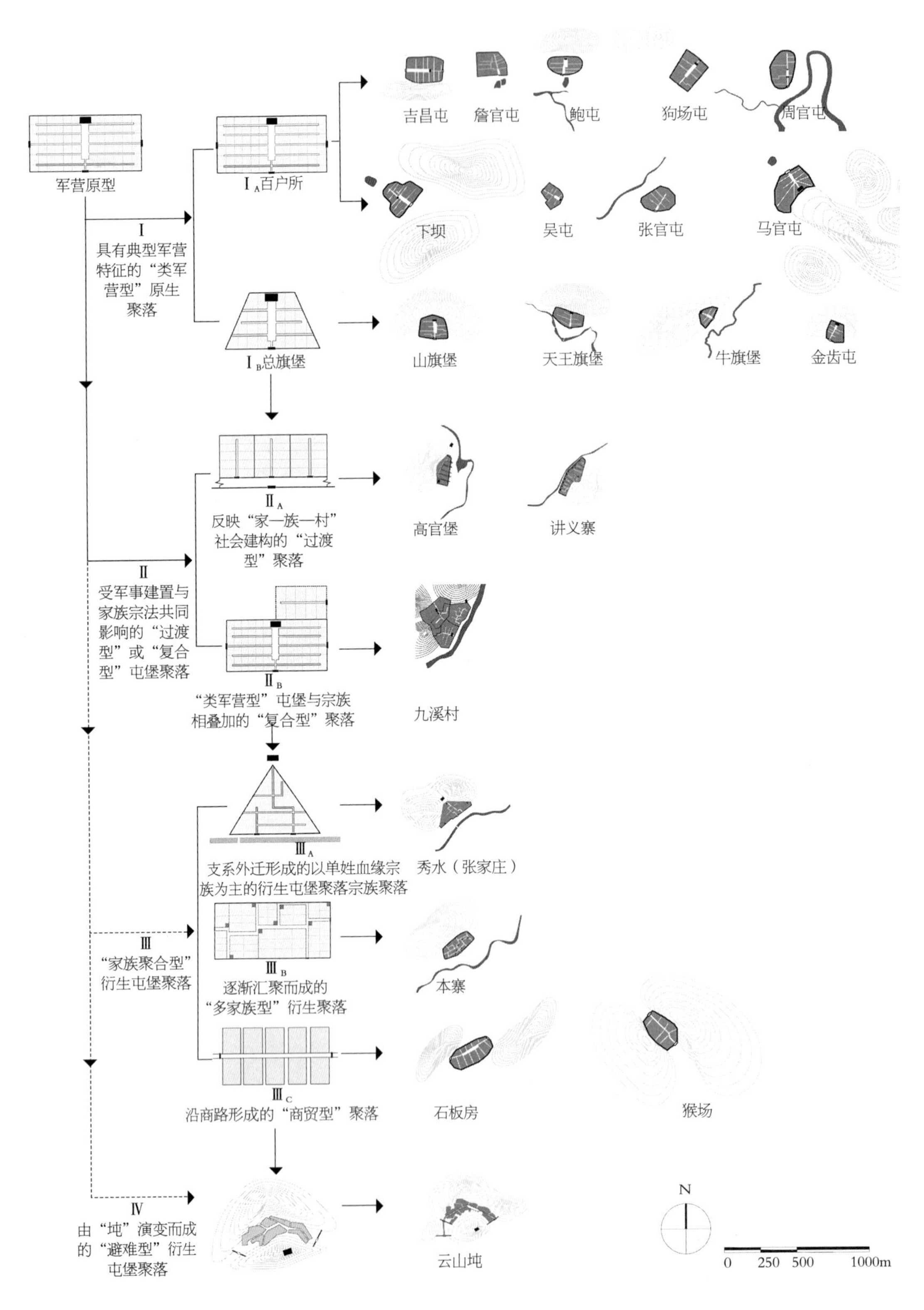

图3-20 黔中屯堡聚落布局模式演变示意图

接演化而来，它们也是黔中屯堡聚落的滥觞，在黔中屯堡文化的形成上起到核心作用，无论是从文化上、社会上，还是从空间建构上，都对后世形成的屯堡聚落产生了重要的影响；（2）受军事建置与家族宗法共同影响的“过渡型”或“复合型”衍生屯堡聚落，该类型形成时间稍晚，产生了既有军营特征、也部分反映“家一族一村”建构的屯堡聚落空间形态类型；（3）“家族聚合型”衍生屯堡聚落，主要是通过支系外迁、多家族汇聚以及商贸汇聚等方式聚合而成，已经与其军营原型已无太关联，但具有一些空间上的共通特点；（4）由“屯”演变而成的“避难型”衍生屯堡聚落，这一类形成相对特殊，在战乱频发时期产生并沿用至今，因此在选址以及空间构成上具有不同的特点。

其次，聚落形态类型与自然基底、历史进程、社会结构紧密联系。黔中屯堡以峰林田坝的喀斯特环境基底与险要的军事地理区位作为贯穿其生成、发展始终的长时段自然地理背景。同时，明初以来的600余年时间经历了波折的社会历史过程，就该地区而言可大致分为四个不同阶段，屯堡聚落的不同类型产生于不同历史阶段。在不同历史阶段，屯堡形成的村落社会结构也有所不同，以应对内在的发展趋势与外界的压力和挑战。空间是承载各项社会活动的场所，演变至今的聚落空间形态能一定程度上反映出形成与演变时的历史背景、外部形势与内部村落社会结构。社会结构塑造着空间形态，根据军事、商业、躲避战乱等不同社会需求下空间呈现出不同的形态。

最后，当前的黔中屯堡文化区域，是一个在600年历史中不断生成与演化的多个、多种类“屯堡”村落的集合体。它们形成于不同的历史时期、来源各异，又各自在历史时期中不断演化，最终形成了当前分布于黔中安顺地区的数百座屯堡聚落，而且这一进程仍在继续。这些具备不同特点而又广泛联系的聚落空间形态类型，正是这一波澜壮阔的生成、演化过程的一种体现。

需要进一步指出的是，本书研究试图采取一种从诸多聚落空间中提炼出具有共同特征的若干种形态类型，并将之与所处的历史背景与社会结构相关联，继而建构出区域聚落空间生成与演变的框架与脉络。后续对屯堡区域的调查、研究还将继续，仍有可能对这一框架脉络进行补充，甚至会有错漏之处得到修正。但就方法论层面而言，这对于缺乏历史图纸的广大乡村聚落具有一定的意义。

参考文献

[1] 鸟居龙藏．人類学上より見たる西南支那[M]．ゆまに書房，1994.

[2] 翁家烈．屯堡文化研究[J]．贵州民族研究，2001，21（4）：68-78.

[3] 范增如．明代普定卫戍屯官兵原籍考[A]//李建军．学术视野下的屯堡文化研究[M]．贵阳：贵州科技出版社，2009.

[4] 范增如．安顺屯堡分布格局及其原因[J]．安顺文艺，2003（2）.

[5] 孙兆霞．屯堡乡民社会[M]．北京：社会科学文献出版社，2005.

[6] 卢百可．屯堡人：起源、记忆、生存在中国的边疆[D]．北京：中央民族大学，2010.

[7] 朱伟华．建构与生成——屯堡文化及地戏形态研究[M]．桂林：广西师范大学出版社，2008.

[8] 吴羽，余莉．传统村落社区的内部博弈与文化传承——以“屯堡第一村寨”九溪村为例[J]．贵州民族大学学报（哲学社会科学版），2007（2）：43-46.

[9] 吕燕平，张定贵．乡村社群与社区和谐发展——对黔中屯堡村落J村的社群研究[J]．贵州民族大学学报（哲学社会科学版），2007（2）：5-10.

[10] 吴羽．屯堡文化的时空建构[J]．安顺学院学报，2004，6（3）：72-75.

[11] 吴斌．试析明代贵州军屯及屯堡人的形成[J]．贵州社会科学，2008（10）：129-132.

[12] 顾诚．明帝国的疆土管理体制[J]．历史研究，1989（3）：135-150.

[13] 吴羽，孟凡松．贵州军屯制度与屯堡族群建构[J]．教育文化论坛，2014（2）：122-125.

[14] 顾诚．隐匿的疆土：卫所制度与明帝国[M]．北京：光明日报出版社，2012.

[15] 耿虹．安顺屯堡建筑环境景观研究[D]．武汉：武汉理工大学，2009.

[16] 罗建平．防御性与安顺屯堡聚落形态发展初探[J]．华中建筑，2013（10）：142-146.

[17] 陈顺祥．贵州屯堡聚落社会及空间形态研究[D]．天津：天津大学，2005.

[18] 杜佳，华晨，吴宁，等．黔中喀斯特山区屯堡聚落空间特征研究[J]．建筑学报，2016（5）：92-97.

[19] 朱端强，白云．明代新安守御所考略——云南历代汉族移民研究之一[J]．云南师范大学学报（哲学社会科学版），1996（5）：47-52.

[20] 王海宁．贵州屯堡聚落空间形态特色解析[J]．建筑与文化，2013（1）：76-77.

[21] 吴羽．一个典型屯堡村落的历史与宗族——九溪村个案分析[J]．安顺师范高等专科学校学报（综合版），2003（1）：85-88.

[22] 王海宁．“屯堡第一村”——九溪的聚落形态研究[J]．新建筑，2008（5）：68-72.

[23] 范增如．安顺屯堡史话[J]．安顺学院学报，2001，3（4）：64-67.

4

屯堡聚落防御体系

Spatial Defense System of Tunpu Settlements

本章作者：周政旭，胡雅琪，郭灏

摘要：最初的安顺屯堡是明初“调北征南”的军事产物，经过了明清600年的发展，逐渐形成如今广泛的屯堡区域。无论是初期的官方戍守还是后期的村落自保，由于周边形势的复杂不稳定与战乱的多发，防御性一直是屯堡聚落营建的重要考量因素。本章通过对数十个屯堡聚落的踏勘以及典型聚落的调研测绘，对安顺屯堡聚落防御体系进行研究。首先从各类聚落的选址特点分析了聚落的防御性；其次详细论述了山水、寨墙寨门、巷道、院落民居、碉楼、“坉”等几种防御要素；最后，从区域层面到聚落层面研究分析了以防御性为主的聚落整体空间格局，并依据营建时间和选址的不同产生的聚落空间格局差异将屯堡聚落分为四种典型类型：（1）就地驻守而形成的类军营型，（2）迁至依山傍水之地据险而居型，（3）迁居各自营建而多院成堡型，（4）避难山顶由坉成村型。

从人类构建生存环境之始，安全性就是聚落营建考量的重要因素[1-4]。特别是对于具有军事防御功能的堡寨聚落而言，在营建中必然会通过各种方式强化村落的防御性能。其中，明初实行卫所制度所设立的屯堡聚落在防御性方面体现出十分突出的特色，学者对北方长城沿线和东南海防沿线的卫所屯堡聚落已经有了十分丰富的研究成果[5-8]。明初中央亦在今贵州省境内密集设立卫所屯堡，以保障通往西南边陲的重要交通线，同时也确保对周边的土司及少数民族地区的控制。迄今在黔中安顺地区仍有大量保存较为完好的屯堡聚落。其以军事移民身份强势入驻，难免经历与周边聚落的常年冲突，因此屯堡聚落更加需要重视聚落防御体系的构建。同时，黔中地区以山地为主，且多为喀斯特地貌，屯堡聚落虽处在黔中一带地势较为平坦的地区，但多数聚落也靠山或依山而建，决定了屯堡聚落具备特色的结合山地布置的防御系统。与长城沿线以及东部海防前线的卫所屯堡一样，黔中地区的屯堡聚落同样具有很大的研究价值。此前已有学者从建筑学、城乡规划学视野对黔中屯堡做了研究[9-12]。本章基于实地调研测绘数据，结合屯堡聚落形成演变的历史背景，尝试对屯堡聚落防御体系进行进一步的阐释。

4.1 背景

明初建制时，为平定云南地区的元朝残余势力，朱元璋下令南征。于洪武十四年，命傅友德为征南大将军，率领三十万大军南下，平定西南叛乱，史称“太祖平滇”“调北征南”。《明实录》记载：“征南将军颍川侯傅友德、左副将军永昌侯蓝玉、右副将军西平侯沐英率大军由辰、沅趋贵州，进攻普定，克之。罗鬼、苗蛮、仡佬闻风而降。至普安，复攻下之。乃留兵戍守，进兵曲靖。”[1]洪武十五年，云南叛乱虽已平定，但朱元璋为保云贵地区的常年太平，“上谕友德等以

[1]《明太祖实录》，卷141。

云南既平，留江西、浙江、湖广、河南四都司兵守之，控扼要害”❶，命军队在西南地区原地筑城镇守，并设卫所制度，湘、黔、滇一线大量屯堡由此而生。随即，朱元璋又下令将留戍者的父母妻儿迁至戍地，并为无家眷者安排妻子，以助其终身安顿于西南驻地。屯堡规模逐渐扩大，由之前的士兵将领发展为军户。实行屯田制，各屯堡自力更生，军队操练与耕作并重，“三分守城，七分耕作”。

自设立之始，屯堡聚落就成为周边少数民族敌视的对象，常年频繁遭受战乱，大小战事从未间断。明中后期，因为卫所屯田税赋较重等原因，屯堡兵众脱逃、匿籍等现象层出不穷，已达十分严重的态势。“贵州卫所、站、堡、旗甲军人往差逃亡，十去八九”❷，“贵州自国初置军卫设屯田……百八十余年以来，地方多事，逃亡事故，十去七八。坐是田地荒芜，子粒无征，节年逋负，追并峻严，而官军并困矣”❸。清朝废除前朝卫所制度，“改卫并州”，屯堡由“主流军事集团变为地域农民集团”[13]，失去了国家主流力量的支撑，更因受新政权力量与原周边少数民族的双重力量的挤压而处于“边缘”境地。尤其在晚清时期，贵州地区经历了近30年的动荡战乱，此时，屯堡地区出现大量碉楼和“坉”，聚落个体的防御性得到强化。

4.2 聚落选址的防御性考量

黔中一带原本分布众多少数民族聚落，明初卫所军士强势入驻后，往往占据耕作与交通条件较好的位置，在黔中地区贵阳经安顺入滇交通廊道沿线密集分布，并充分考量选址的防御性能。具体的选址可分屯堡、铺、哨类别加以讨论。

早期屯堡以戍守和屯田为主要功能，多由军营就地屯戍演变而来，因此选址特点是在多山的贵州地区选择可作为“据点”之处，并使军营适应山地环境。在屯堡军民生活中，

❶《明太祖实录》，卷143。
❷《明太祖实录》，卷250。
❸（嘉靖）《贵州通志》，卷3。

农耕与防御并重，因此，选址时往往从耕作条件和防御性能两个方面进行考量。贵州屯军多种植水稻，为满足屯田需要，水源成为屯堡选址的最重要因素。屯堡最佳选址是河流纵横、有充足水源之处，并且占据大量地势相对平坦、土壤较为肥沃的地方，这些宝贵的贵州田坝地区为屯田耕种提供了最好的条件。从聚落防御性方面考量，屯堡选址常位于交通枢纽与地形要害之处，往往背依山峦，扼守通道，占据地形条件适于作战的地区，并利用周边山水格局，形成天然的防御屏障。

铺则是驿站之间的联系点，“（洪武）二十六年定，凡十里设一铺，每铺设铺长一名。铺兵，要路十名，僻路五名或四名，于附近有丁力田粮一石五斗之上，二石之下点充，需要少壮正身。”[1]铺多为驿站之间传递军文、运送粮草、接送官员之用，因此沿驿路布置，布局密集，各铺之间距离近，且各路均有布置。

哨是为侦查、警戒所用的，哨分为驿哨、边哨两类。驿哨负责巡查驿道驿路及屯堡驻地范围内的可疑人员，防止外敌潜入区域内部。其选址主要位于驿道两侧，选择地势较高、视野宽阔之处，便于侦查，及时通传。边哨负责监视外部土司蛮夷，发现异动及时通知军队，因此边哨选址位于屯堡驻扎营区与土司地界的交界之处。

4.3 防御要素

安顺屯堡聚落在营建初始就把防御性作为极为重要的考量因素，因此从自然山水要素的利用到寨门寨墙、巷道民居等人工要素的营建都体现了屯堡聚落的防御性，后期更是出现了极有防御特点的碉楼和坉等要素。每个要素各具特色，承担着不同的防御功能，并结合自然山水地貌共同构成屯堡聚落的防御体系。

[1]《大明会典》，卷149《驿传五》。

4.3.1 山水

山水作为大自然的基底，是村落选址的重要考量因素，是村落营建时需要结合的重要条件。山和水分别对村落布局、气候、人的生活方式等方面产生众多影响，更是组成屯堡防御体系的不可或缺的自然要素。

山是村落的依靠，常在村落背后形成屏障，保护村落。山路崎岖，密林丛生，以自然条件隔绝外人入侵之路。山体陡峭险峻，易守难攻，在山上营建村落或营地可形成天然的军事险要之所。贵州独特的喀斯特地貌使得此处山中多有溶洞，而这些洞穴可成为附近村民的临时避难所。此外，山中物产丰富，能为村落营建提供建筑堡垒建造材料，以及冷兵器时代的防御武器原料。山体还具有调节村落气候的功效。

水是保证村落居民基本生活以及农田灌溉的必需资源，是维持屯堡聚落基本生存生活的必需要素。村落周边的河流亦可作为天堑，形成天然屏障，为外敌入侵之路创造困难，保护村落。独特的水势地形还可形成更具防御性能的“水坉”。

4.3.2 寨墙、寨门

寨墙是村落尺度的第一道屏障，寨门更是进入村落的关键环节。屯堡由军事体制转变而来，聚落形制多由军营演变，因此寨墙的形制规整。最开始关于军事据点的营建记载为“诏垣等自永宁抵毕节，度地里远近，夹道树栅为营”[1]，后随着屯驻的固定而逐渐演变为因山垒石筑城，从现存遗址和当地人的叙述中可知，历史上众多村落城墙结构清晰，沿外围一圈形成近方形的墙体保护村落。屯堡村落选址多与山体相连，背靠一山或夹于两山之间，因此依山而建的屯堡村落，也常见未完整闭合成圈的寨墙。村寨结合山势起伏设置寨墙，常于河谷开阔处构筑寨墙，寨墙顺山势而上，消隐在山间。寨墙扼守自然防御条件最薄弱的位置，与山体镶嵌、围合形成村落外围的保

[1]《明太祖实录》，卷190。

护要素，成为除山水屏障外，阻挡敌人入侵的第一道防线。

寨门位于村寨重要出入口处，根据地形山势、村落布局、军事需要等方面设置。寨门功能类似于城门，是连接村寨内外的关键要素，也是抵御外人入侵的重要建筑。村落中通常有2～3个寨门，主寨门作为村落与外界沟通最主要的通道，也是防御构筑最坚固的一道寨门，另外1～2个次门作为日常次要出入口，并可在必要之时提供逃生之路。主寨门常常与村落最重要的公共空间结合组合成为屯堡中最为重要的公共空间，早期作为军事集中操练防御的场所，后来则多作为集会和村落公共活动之用（图4-1、图4-2）。

屯堡村落就地取材，常以体积大且质量优良的石材建造寨门、寨墙，构成村寨外围重要的线性防御系统。厚石垒筑，形成坚固的外围防御，将村落保护在寨墙之内。寨门高5～6米，入口宽度狭窄，多为2～3米，紧凑的尺度更利于阻挡外来入侵者，提高寨门寨墙的防御性能。

另有部分村寨，由于村落的生长扩张，原先寨墙已不复存在，如今只能寻得残垣或基址。取而代之的是扩建后不断向外延伸的民居外墙，新建的外缘民居外立面统一形成高墙，在此外墙面上少开甚至不开窗，仅设置一些射击孔。外围这些相连的民居形成了类似寨墙的村落外层防御线，在抵御外敌入侵时起到一定的防御作用。

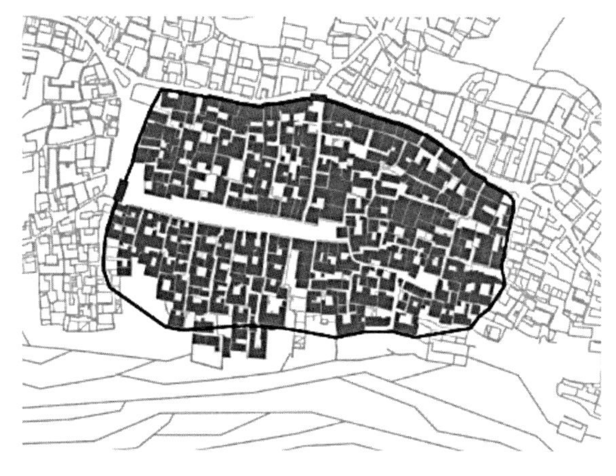

图4-1 吉昌屯寨墙、寨门

图4-2 雷屯寨墙、寨门

4.3.3 巷道

屯堡聚落的防御系统中重要的一环即为巷道，无论是由军营演变的巷道还是其他村落的巷道布局形式，均充分考虑其防御特性。

早先的街巷布局多数由军营演变，多条次级巷道在一侧或两侧与主街相连，次级巷道直接与各院落相连，或进入次级巷道又分化为多条支巷，形成街巷丰富、分级明确的巷道布局。通过街巷布局将村寨细分为多个小的防御单元，并常常在各巷道口设置巷门或其他防御设施，以构成寨门—主街—次街—院落层层设防的巷道防御体系。例如鲍屯、九溪、雷屯、吉昌屯等。

后期随着村落格局的演变，巷道布局也从类军营式变为错综复杂的迷宫式。如本寨，一条主街连接寨门，多条道路网状分布，巷道迂回蜿蜒，没有明确的分级和清晰的街巷结构，外敌入侵时极易迷失于迷宫般的巷道之中难以脱身。

村寨中少见“十”字交叉的巷道，多为“丁”字形交叉巷道。“丁”字交叉将形成更多巷道路口，迷惑进入村寨的敌人，分化其攻击势力。并且“丁”字路口可形成“Z”字形拐角，防御者可以用建筑墙体作为掩护，控制街巷中的敌人。[14]

屯堡聚落里的巷道由各院落围合而成，通过建筑进退留出大大小小的空间。大空间作为广场形成公共空间，小空间常为防御躲避之用。如高官堡中，街巷内房子后退，每户宅门与外墙形成一定角度，外凸或内凹，产生半米的垂直巷道的墙体，当敌人从巷口入侵时，防御者可有藏身之处，有利于进行防御和攻击。

4.3.4 院落民居

屯堡军民最初是由江淮地区移民至此，因此，大量民居建筑保留了江淮地区三合院或四合院的布局形式。但屯堡民居内院面积较小，布局紧凑，室内空间与室外空间的比例，以及建筑高度和内院宽度的比例均使民居布局呈现封闭紧凑态势。院落入口多数位于次街或更深的街巷上，鲜有朝向主街的大门，个别入口方向朝向主街者，也常在入口处筑石墙屏障，作为掩护（图4-3）。

屯堡地处的黔中地区多山多石，且岩石具有三个显著特点：（1）岩层外露；（2）材质硬度适中；（3）节理裂隙分层[15]。这些特点促使屯堡地区大量采用石材作为建筑基本材料。因此，屯堡民居外墙均为厚石垒筑，厚约0.45~0.6米。外墙少开窗甚至不开窗，开窗也均为较小的窗户，且位于墙面较高的位置。建筑内墙由木板和石裙板嵌于木构架中，厚约100毫米，大面积门窗以保证室内采光通风，整体格局为内向式的院落形态。

图4-3 典型屯堡民居的高墙院落

此外，建筑外墙常设有射击孔，尤其是入口大门两侧。有些射击孔直接与建筑室内连通，增强了院落建筑自身的防御性能。这些特点使得每个院落单体成为最小一级的防御单位，作为军民抵御外来入侵的最后一道防线，成为屯堡聚落防御系统的重要组成部分。

4.3.5 碉楼

据地方志记载和当地人的叙述，现在屯堡中常见的碉楼，其出现时间一般不早于清朝中期。屯堡碉楼大量出现于“咸同之乱”之时，民国之后碉楼的建设则更为兴盛。为应对周边复杂的形势，尤其是咸丰同治年间多年战乱袭扰，各村落开始举全村之力兴建一些供瞭望用的碉楼，或由村中住户自己兴建碉楼，以保自身安全。

屯堡碉楼常与院落组合而建，是对院落防御单体的强化，同时也是屯堡防御体系中极为重要且独特的要素（图4-4）。

图4-4 本寨村的三座碉楼院落

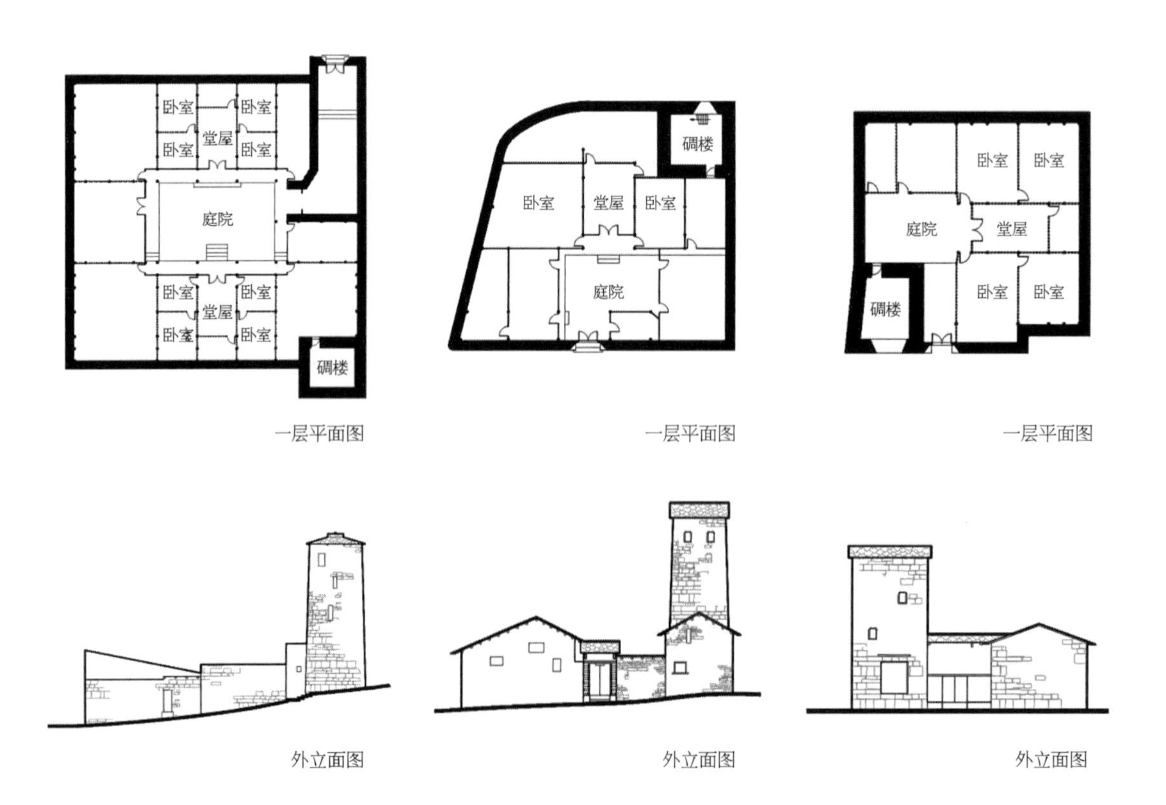

碉楼与院落内建筑的布局关系有合有分，多数碉楼与院落中的厢房或倒座相连，部分碉楼直接与正房相连，均由屋内直接进入碉楼内部空间，便于战时退居碉楼进行防守。也有少数碉楼位于院子中，入口与建筑相离，由内院进入碉楼内部。大多碉楼层数可达3～4层，总高度普遍高于院落中其他建筑，成为村落中的制高点，承担村落内哨所的功能。碉楼外墙亦由石材垒筑，墙厚可达到0.8米，成为坚固的堡垒。外墙上每层均设有多个射击孔，有十字形、I字形、T字形多种样式。为保证基本的通风采光功能以及满足战时观察外界敌情之用，碉楼各层外墙基本均有开窗，开窗形式为外窄内宽的梯形，该形式既能保证外墙上最小的窗口面积，以减少非石墙区域暴露于敌人可攻击范围内，又能满足更大的采光需要，同时使室内人员获得更大的视线可监视范围。

图4-5 5个屯堡聚落的碉楼分布

碉楼作为各村落中承担重要防御功能的大型单体要素，其在村落中的布局也十分考究（图4-5），呈现出一些规律，村落中的碉楼分布主要有以下几种情况：（1）大多数村中有且仅有1座碉楼，并且这些碉楼往往位于村落较为中心的位置，或者居于村中地形最高之处。作为全村的哨所，它承担了整个村落的放哨功能，居于中心或高处能有更好的视线条件，利于监视全村以及村外的动态，如鲍屯、山旗堡、高官堡、石板房、猴场等。（2）村落中分布3座左右碉楼，其布局呈某种态势，扼守住村内重要的位置，相互呼应，组合形成整个村落的哨所防御系统。如秀水村，村内分布3座碉楼，分别位于聚落中轴最高处和山脚下左右两个端点处，三者分别扼守一处要害，形成三角形态势，共同组成村落碉楼防御系统。（3）同一村落内分布大量碉楼，有经济实力的村户均在自家院落营建碉楼，最终形成“一村数碉”的模式。其典型代表即本寨，本寨村内尚存7座完整的碉楼，是由迁移至此的富户望族自己营建而成。7座碉楼近乎均匀地分布于村寨中，各自承担片区内的放哨防御功能。大量碉楼保证了自家的安全，并可在外敌入侵之时，保证村民完全退守碉楼之中进行防御，组成了完整而坚固的碉楼防御体系，成为本寨最具特色的防御形式。

4.3.6 坉

“坉”是结合天然山形水势人为构筑的防御工事，作用类似于堡垒，是战乱时人们最后的避难所。小到几百平方米的山洞或山顶坉垒，大到退守山间为避难居所的整个村落，都可称为“坉”。“坉”与“屯”所指并非一物，此处的“村坉”与屯堡中的“屯”所指也非同一种村落，范增如先生也曾对“坉”和“屯”的区别加以强调。“屯”是“屯戍”和“屯田”，“坉”是后期的“避乱之所”，因此“坉”多居山中或在偏僻和险要的地势之处，选址和营建均突出“躲藏”的特点[16]。

屯堡地区的“坉”大量出现于明末清初之后，旧《镇宁县志·堡垒》中记录了一百三十余个山坉，几乎都是建于咸丰同治年间。当时黔中地区遭受多年战乱袭扰，以及清政府推行的“坚壁清野”政策等多重历史因素，促使士民开辟更加安全的避难退居之处，因此各村均在附近结合自身山水地势的特点营建各类“坉”，以求自保。

安顺地区多为喀斯特地貌，整个地区遍布高度不超过150米的小山峰，且山中常分布大大小小各式各样的溶洞[17]，这种特殊的地质地貌为屯堡村落“坉”的营建提供了天然的优势。根据营建位置和所利用的自然地势特点，“坉”主要分为“山坉”“洞坉”和“水坉”三种类型。

“山坉”多建于山顶，山体陡峭，易守难攻，提高了“山坉”作为堡垒的防御性能。“山坉”的营建通常是在山峰最高处开辟出小面积平地，四周以石砌筑一圈高墙，隔离外部攻击，并在墙上设置射击孔，作为战时的掩体。“山坉”的特点是居于高处，敌人不易到达，但资源供给不足，尤其是缺少水源，容易在退守久战的过程中缺水缺粮。“山坉”在屯堡各聚落中十分常见，如鲍屯、吉昌屯（图4-6）、山京哨（图4-7）等。山京哨在村落西南侧的山顶上有一“山坉”，如今可寻得墙体遗迹。吉昌屯的“山坉”也叫屯军山，规模较大，形制也较为完整，笔者同样认为它是在清中后期咸同之乱之后经过大规模的兴建形成的，是大规模的避难所❶。

“洞坉”是利用天然山体洞穴，经过人工掩蔽而形成的室内避难所。根据所用溶洞原本的特征，“洞坉”的大小不一。较大的“洞坉”可容纳数百人同时避难，更有作为长期居所的洞穴。但“洞坉”一旦被敌人发现，极易受到火攻和毒攻，此时若不能及时逃离，避难所将成为丧生之处。如秀水村，原名水洞村，因村落后山上有一自然山洞而得名，该山洞即为村落的避难所（图4-8）。

❶ 当地亦流传一种说法，认为屯军山是明朝初年征讨大军驻扎在山上的指挥部。

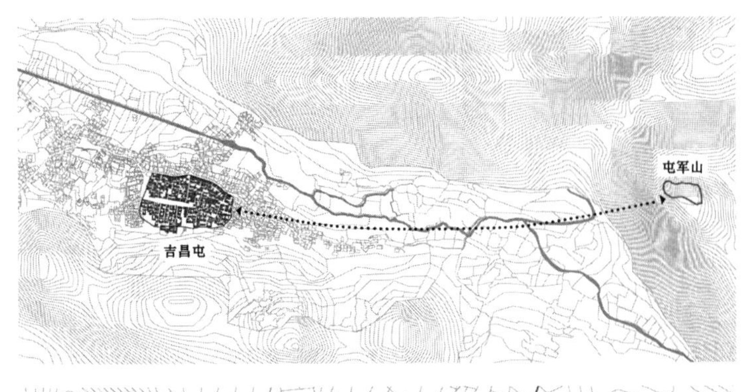

图4-6 吉昌屯“山地”屯军山

图4-7 山京哨“山地”和“洞地”

图4-8 秀水村的“洞地”遗迹

“水地”是较为少见的一种形式，因为它对河道水流的走势有较为特殊的要求。“水地”常见于三面环水或四面环水的陆地上，四面环水者相当于被水隔离的岛屿，四面水系成为

图4-9 周官屯及旁边的水坉

“水坉”的天然屏障。三面环水者只需在与陆地相接一侧垒筑石墙或开凿河渠，则可与河流组成完整的四面围合的防御体系。当前发现的例子有周官屯（图4-9），其村落前方恰临河流转弯处，天然形成一片三面被水围合的平地，村民在另一侧人工开凿一道河渠，形成四面临水的岛屿，成为周官屯独特的“水坉”防御。

4.4 防御性占据重要地位的屯堡聚落整体空间格局

安顺屯堡的防御性布局体现在大区域尺度下形成与周边土司犬牙交错，各卫所屯堡之间守望相助的空间格局，以及每个聚落结合周边地形地貌，并由各个防御要素组合形成聚落尺度的空间格局。依据选址和营建时间的不同，可将屯堡聚落的防御体系空间格局分为四种类型：（1）原生屯堡，类军营型；（2）依山傍水，据险而居型；（3）各自营建，“单院成堡”型；（4）退居山谷，独自成“坉”型。

4.4.1 区域层面，选址和周边山水的关系

大区域尺度下，屯堡聚落沿滇黔大通道向两边扩展，占据最主要的道路沿线区域，扼守住连接苗疆的交通要塞。此外，屯堡向更大范围发展的过程中逐渐形成与周边土司犬牙交错的态势，从而更好地遏制外围蛮夷入侵，从大区域的地势选址上抵御外敌，完成“戍屯”的使命。各卫所之间也相互交叉，相互遏制也互相照应。

以一卫所涵盖的区域尺度视之，屯堡往往沿道路布置，串联成网，相互呼应，守望相助。驿路两侧每隔30里设置一铺，2～3铺之间设置一哨，哨位于地势较高视野较好之处，及时为周边区域提供情报。以若干屯堡聚落积聚的流域尺度视之，如槎头河流域，沿着河谷每隔一到两公里布置一个屯堡聚落，各聚落背靠山体，面向河谷，前方有大片田地，既能守望相助又有自己的屯戍空间，同时共同扼守南边土司到平坝地区的通道。

4.4.2 聚落层面

基于聚落营建时间和历史背景的不同，以及聚落选址的差异，由山、水、城、墙、筑、碉、坉等单体防御要素在众多屯堡中形成了既一脉相承又各具特点的聚落防御系统整体空间格局。

4.4.2.1 原生屯堡，类军营型

原生屯堡[1]最初用于屯兵驻扎，因此形制大多是由军营演变而来，形成类军营式的空间格局。军营的格局多为主次分明的结构，主轴线上布置演兵场、指挥站，并连接多个次级单位。房屋行列式排布，外围具有整齐的围墙。大部分原生屯堡的村落空间布局与军营十分类似，以主街为轴线，向外辐射，由多条次级街道组织的组团空间串联于主街轴线，具有凝聚性和明确的层级关系。主街与村落外部由寨门相连，

[1] 明初“调北征南”设置的以军事屯戍为功能的屯堡聚落，这些聚落由官（军）方有组织、成建制地营建，在功能上是半军半农的屯戍驻地，在组织上直接从属于普定、安庄、平坝、威清等卫，一般认为此为最初的屯堡聚落的来源，可称为“狭义的屯堡”，本文称之为“原生屯堡”。

次街与主街由巷门相连，由次街进入各个院落又有院门分隔。各层级形成独立的防御体系，层层防御，构成完整的村寨防御系统。

这些原生屯堡的选址类型多为靠山面水型。这种布局是屯堡村落常见的山水格局模式，也是防御性较强的一种模式。村落后方以山体作为防御屏障，村落两侧与前方设置寨墙，与山体相连，正面设置寨门，作为村落主要出入口，寨门前方水系流过，补给村落生活和灌溉用水，并形成村落外围的一条保护线。

鲍屯是典型的类军营式空间格局（图4-10）。据当地人叙述，鲍屯始建于洪武二年，是明朝最早期的屯堡之一，从其村落空间布局可明显看出军营的痕迹。早期鲍屯是作为屯军的营房，中轴前部为演兵的教场，后方为指挥营房，左右两侧分列规整的军营。后期随着屯军家属的入住，寨内居住人员由军士演变为军户，中轴的指挥营房也逐渐变为寺庙祠堂等公共空间，教场不再承担演兵的功能，整体格局在原先规整式军营布局的基础上稍有变化，形成典型的类军营式村寨空间格局模式。寨门、主街、教场（瓮城）、寺庙南北一线，形成控制整个村落布局的中轴线，由中轴向两侧发散，左右各有4条巷道，组成8个次级防御组团。这种布局延续了军营明确清晰的层层防御组织体系，保持着较强的防御性能。

图4-10 鲍屯空间结构图

图4-11 吉昌屯空间结构图

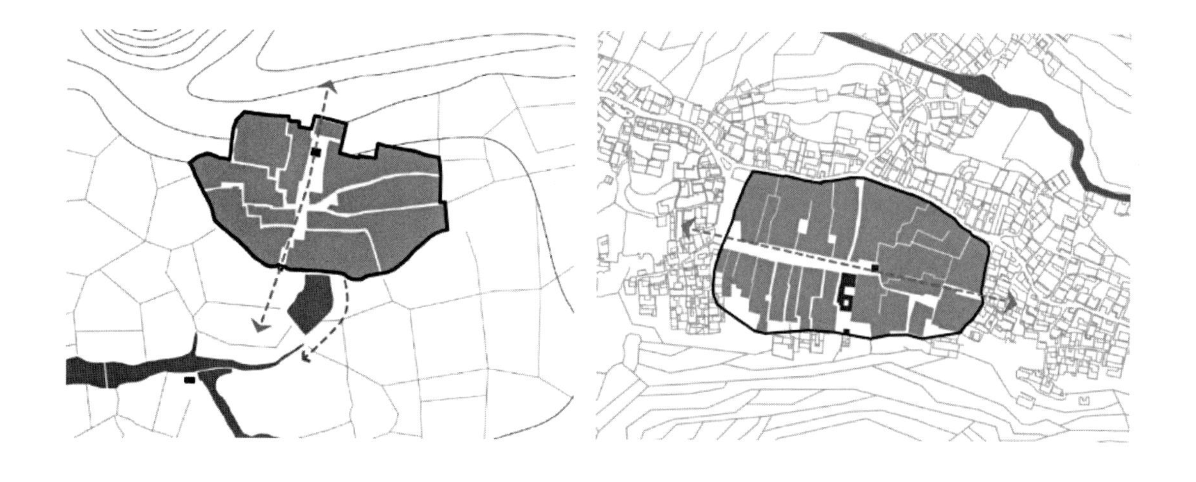

吉昌屯也是早期由军营演变而来的屯堡聚落，聚落呈类军营式空间格局（图4-11）。吉昌屯的形制为百户所，早先宽14米的主街作为演兵的教场，主街两侧分别串联多条次级巷道，每条巷道为一小旗，排布多间居所。吉昌屯也是明显的中轴布局，中轴线以寨门、主街、祠庙等重要的公共建筑和空间组成。村落整体格局形成主轴清晰，层级明确的结构，多个防御组团由中心轴线统领，共同组成吉昌屯的整体空间格局。

4.4.2.2 依山傍水，据险而居型

明末清初时期，为躲避战乱袭扰，另寻新处，大量衍生屯堡[1]离开地势相对平坦的区域，退居山地，村落营建开始向山上发展，形成大量依山傍水、据险而居型村落格局。此类村寨往往背靠一山或斜靠在两山之间，借用自然山体作为村落背后的防御屏障，前方水系流过，建筑沿多条巷道由山脚下逐渐向山上展开。这种格局模式具有较强的防御性，因此对选址的要求较高，需选择合适的山体作为营建村落的依托，且需有河流水系经过山谷前方，与左右两山形成三面围合。村寨营建时则在水系一侧形成较为封闭的高墙作为村寨外墙，于后方两山夹谷处设置寨墙，沿地势嵌入山中，即可形成全面闭合的村寨外围防御体系。

秀水村是依山傍水、据险而居型空间格局的典型村落（图4-12）。秀水村是由原生屯堡军民后代迁居而成。村寨据山扼河，以左右两座山峰作为背后的屏障。村寨依山而建，院落建筑沿山脚至山上布置，建筑适应地形，层叠而起，每栋建筑背靠山势，前临陡崖，在院落中可清晰地看见前方山谷田坝。村寨前方毗邻河流，历史上仅余一桥与外界交通，提高了外部进入村寨的难度，两山一水三面围合，村落建筑背山面水，形成完整封闭的村寨防御系统。此外，村后山上有一“洞坉”作为村落避难之所。

4.4.2.3 各自营建，“单院成堡”型

清朝“撤卫并州”后，屯堡不再具备军队属性，而成为

[1] 明初之后，因各种原因又自发形成了若干具备屯堡文化特质的聚落，它们尽管不具备“军事屯堡”的身份，但却与原生屯堡血脉相连、文化相通，并最终在600余年的发展演变时间内逐渐成为一个发育了完善的社会文化网络的完整文化区域。为研究方便，笔者将其称为“衍生屯堡”。

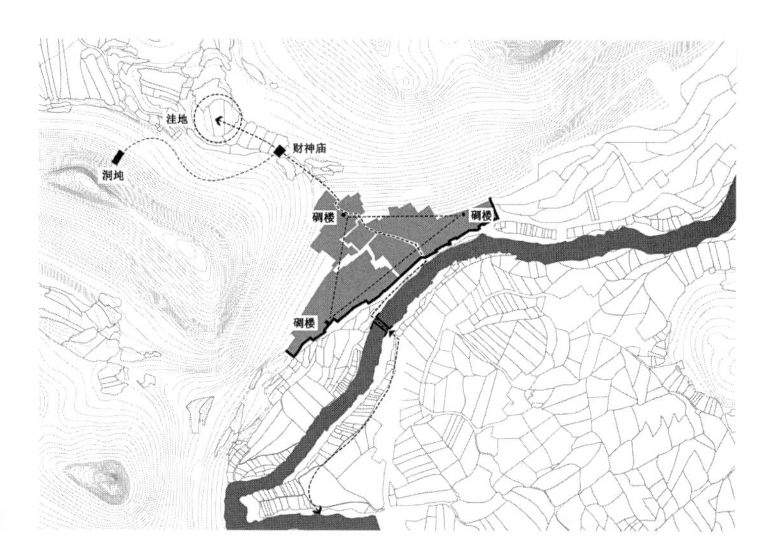

图4-12 秀水村空间结构图

普通屯堡民众聚居的村落，尤其是由各地屯堡后代迁居而形成的衍生屯堡聚落，更加注重以个体为单位的防御要素营建。此时新建的聚落大量采用“单院成堡”的模式，家族各自营建院落，兴建建筑时加强单体建筑的防御性，经济实力较强的家族开始在自家院落中建设碉楼。

本寨建设于清朝中后期，是由周边地区的各姓屯堡富户搬迁移居而来。村寨布局没有原生屯堡明确清晰的主次巷道体系，而是家族各自营建自己的院落而形成的迷宫式的巷道布局（图4-13）。村寨内分布众多碉楼。据研究，本寨碉楼原

图4-13 本寨空间结构图

有11座[16]，现存仍有7座，且较为均匀地分布于村落中，这种一个村寨内出现大量碉楼的情况在屯堡聚落中较为罕见。可见本寨是典型的“多院成堡”的空间布局模式。

4.4.2.4 退居山谷，独自成“屯”型

前文已叙述了防御要素“屯”的特征，此处阐述的聚落类型是村寨整体作为避难所，成为“村屯”的形式。这类聚落亦产生于清中后期，是屯堡士民避战躲藏的被迫之选。这种类型极为少见，整个村寨结合自然山体，建设在深山沟壑中，建筑布局沿山谷排列，四周临山。村落营建时只需在山谷前后两侧设置一小段寨墙，嵌入山中，即可与周围山体结合形成天然的村寨外围防御系统。

云山屯是现代保存最完好的“村屯”类型的聚落。据《续修安顺府志》记载：“咸丰末，石达开部经安顺，四乡多残破，炳奎与族人避之云就山寺以免。及苗民肆扰……乃聚邻近八寨之父老昆弟而晓之曰：‘惟有就云就山之形势，赶筑墙垣，深沟高垒以相抗，庶可保身家于万一。’”❶咸丰末年，金炯奎与族人为躲避“苗民肆扰”，迁至云鹫山中，雉堞建城自保，后又迁来众多乡民和逃难者，总共数千家退居于此。

鉴于云山屯是作为避难所“屯”所建的特点，它的村落空间格局极具特色，与其他屯堡村落有很大差异。首先，村落选址位于三座山峰所夹的山谷之处，山谷围绕云鹫山呈C字形，村落格局沿山谷展开，整体自然空间格局即成为独特的“山屯”模式。村落构筑时扼守住前后山谷，在前方设置高大厚实的主寨门，并向两边山体上延伸出寨墙，村后相隔120米设置了两道寨墙，与两侧山体密林组合形成坚固完整的村落四周防御系统。村寨内建筑沿C字形狭长的主街布置，主要公共空间和商铺沿主街展开，部分建筑向两侧山上发展，形成山谷中独具特色的独自成“屯”的整体空间格局（图4-14）。

❶《续修安顺府志·金炯奎传》。

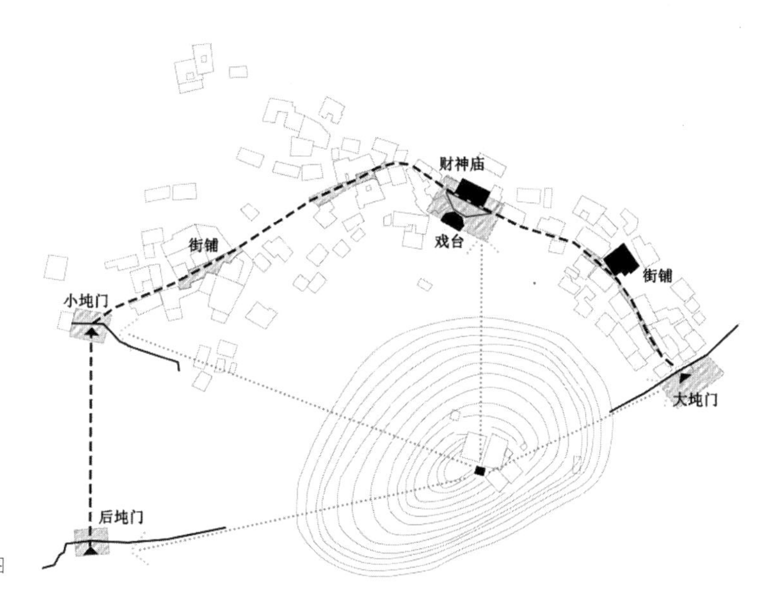

图4-14 云山屯空间结构图

4.5 小结

通过以上调查研究，笔者发现仍留存于黔中地区的屯堡聚落具有很强的防御性，其防御体系构建具备很强特色。

（1）安顺屯堡的防御体系重要的特点之一是层层防御，具体体现在大区域范围与周边土司犬牙交错的布局态势，各卫所之间相互渗透的分布结构，屯堡密集分布于每条驿道守望相助又相互遏制的布局方式，每个村落选址时对周边山水格局的考量，以及村落内部寨墙寨门到巷道巷门的防守，各家各院组成的防御单体等方面。最终形成大区域扼守外界，聚落之间互助互遏；聚落外围由自然山水形成防御系统，聚落内部多个防御单体和防御性聚落布局结构形成内部防御系统，这一套由大到小，层层防御的完整防御体系。

（2）山水、寨墙、寨门、巷道、院落、碉楼、坉等各具特色的防御要素共同组成了屯堡防御系统。其中各个人工要素的营建都结合屯堡地区的地貌特点，形成结合山地的特色防御系统。山水于外围形成天然屏障；寨墙结合山势营建，嵌入山中；巷道大多层级明确，层层设防，支巷弯折如迷宫，创造最有利的巷战条件；院落厚墙垒筑，独自为堡；碉和坉更是山地防御的独特要素，碉楼结合村落布局和地形形成凭高远眺和退守防御的哨堡，屯利用自然山水条件提供战时退守的最后一道保护。上述各个要素在防御体系中承担不同的防御功能，各个要素组合搭配形成不同类型的聚落防御系统的整体空间格局。

（3）原生屯堡是由军事据点转变为屯田据点，村落原型是由军营演变而来，本身就具有防御性。其防御性可从村庄形制直接体现，是主次分明，结构清晰，层层防卫的聚落布局形制。另外，聚落分布具有军队建制的序列，卫所屯堡层级拱卫，与类军营式层层防卫的聚落形制共同构成原生屯堡的防御体系。

（4）屯堡的发展不是一时而成的，而是经历了明初至民国时期数百年的历史进程才发展成为完整的屯堡聚落。因此，除原生屯堡以外，还有多种其他类型的屯堡聚落，而屯堡聚落的防御性也与特定的历史阶段紧密相关。明初屯堡聚落作为军事移民，以官方势力入驻贵州一带，处于强势地位，防御以屯兵和平定叛乱为主。明末清初“改卫并州”，屯堡官方地位消失，防御目标以平叛转为自保，防御方式由攻转守，原生屯堡不得不在逐渐的扩建中加强自身的防御性能，与此同时出现了大量各类“民建”的衍生屯堡。清中后期在常年的战乱中屯堡的防御性能更是不断强化，出现大量“碉楼”“屯”等防御要素。

参考文献

[1] 吴良镛．中国人居史[M]．北京：中国建筑工业出版社，2014.

[2] 费孝通．乡土中国[A]//费孝通．费孝通选集[M]．天津：天津人民出版社，1988：88.

[3] 刘沛林．论中国古代的村落规划思想[J]．自然科学史研究，1998，17（1）：82-90.

[4] 钱耀鹏．关于环壕聚落的几个问题[J]．文物，1997（8）：57-65.

[5] 王琳峰，张玉坤．明长城蓟镇戍边屯堡时空分布研究[J]．建筑学报，2011（S1）：1-5.

[6] 张玉坤，李哲．龙翔凤翥——榆林地区明长城军事堡寨研究[J]．华中建筑，2005（1）：150-153.

[7] 杨申茂，张萍，张玉坤．明代长城军堡形制与演变研究——以张家口堡为例[J]．建筑学报，2012（S1）：25-29.

[8] 谭立峰，刘文斌．明辽东海防军事聚落与长城军事聚落比较研究[J]．城市规划，2015，39（8）：87-91.

[9] 杜佳，华晨，吴宁，童磊．黔中喀斯特山区屯堡聚落空间特征研究[J]．建筑学报，2016（5）：92-97.

[10] 单军，罗建平．防御性建筑的地域性应答——以安顺屯堡为例[J]．建筑学报，2011（11）：16-20.

[11] 耿虹，周舟．民俗渗透下的传统聚落公共空间特色探析——以贵州屯堡聚落为例[J]．华中建筑，2010（6）：96-99.

[12] 王海宁．传承与演化——贵州屯堡聚落研究[J]．城市规划，2008（1）：89-92.

[13] 吴斌．明清黔中屯堡的几个历史形态[A]//李建军．屯堡文化研究（2010卷）[M]．贵阳：贵州人民出版社，2011：7-20.

[14] 罗建平．安顺屯堡的防御性与地区性[M]．北京：清华大学出版社，2014.

[15] 罗德启．贵州民居[M]．北京：中国建筑工业出版社，2009.

[16] 范增如．再谈安顺山屯、洞屯[J]．安顺师专学报（社会科学版），1997（1）：45-47.

（本章部分内容已刊载于《西部人居环境学刊》2018年第4期）

5

屯堡聚落水环境与水景观

Water Environment and Water Landscape in Tunpu Settlements

本章作者：周政旭，许佳琪

摘要：水作为重要的自然环境要素，在屯堡聚落的形成与发展过程中发挥着十分重要的作用。本章在系统调研的基础上，分析了安顺屯堡聚落水环境与水景观营建的四个主要方面，主要发现为：（1）聚落选址山水相生，主要选址位于河谷坝子与周边山体交接之处，形成“山—水—田—林—村”的整体空间格局；（2）因水兴建重要的屯田安居设施，解决饮用水源、山地稻耕农作以及污水收集处理问题；（3）凭借河流水体参与防御体系构建，利用山水之势抵御外侵，并人工修筑水渠等方式加强聚落防御性；（4）理水成景，营造稻作农业湿地景观、水口园林景观等特色山地水景观。

水利万物。水是人生存的必须资源，同时也是聚落城镇选址、规划设计、营建过程中最为重要的考量因素之一。原始聚落往往位于河流两岸阶梯状台地[1]，国都选址则“高毋近旱而水用足，下毋近水而沟防省”❶，各级城镇空间往往以“城池”相称，“城”与“池”并列，充分说明城与水两者不可或缺的关系。乡村聚落与“水”关系同样密切，除了生活用水等普遍需求之外，出于农业生产对于水源的必然需求，乡村聚落与水的关联更有一些特别之处，水在乡村聚落营建中扮演着多重角色。同时，由于不同的地理与水资源条件，不同地区的乡村聚落对水进行适应性的利用改造，形成了各具特色的乡村聚落水环境与水景观。在此方面，学界对江南水乡[2-4]与皖南村落[5-7]的传统村落已经有了较多的讨论，较为系统地分析了这两个地区乡村聚落营建中对于“水”在选址、理水、营景等方面的重要作用，总结了两地典型的乡村水环境与水景观。

贵州中部安顺地区屯堡聚落的水环境与水景观营建也十分有特色。屯堡聚落肇始于明初于战略要道沿线遍立卫所。屯堡聚落营建过程显著受到三方面因素的影响：当地喀斯特河谷山地的地形地貌、屯堡本身突出的军事防御功能要求，以及来源自江南一带屯驻军士的营建传统。这些因素使得屯堡聚落对水的改造利用、水环境的整体构建以及水景观的营造具有自身特色，主要体现在聚落选址布局、屯田安居、水防体系以及特色景观营建等方面。

5.1 背景

安顺位于云贵高原东侧梯级斜坡地带中部，是典型的喀斯特地貌区。该地区地形南北均是高山深谷，其间的一组呈东北—西南方向的走廊地带则地势稍平，孕育着丰富的地表溪流与地下径流。水流带来的泥沙沉降形成土质肥沃、地势

❶《管子·乘马第五》。

平坦的河谷平坝，这为屯堡聚落提供了较为开阔的耕作用地，是屯堡村落产生的必要条件。同时，这一走廊东接贵阳，西连云南，战略大通道地位十分突出，历史上被称为“一线道”，安顺也有“黔之腹、滇之喉”之谓。

明之前，该地区多为大小土司以羁縻制臣服于中央朝廷。明朝初年，中央政府在云南—贵州一线推行“卫所制”，“上谕友德等以云南既平，留江西、浙江、湖广、河南四都司兵守之，控扼要害。”[1]派重兵驻扎实行屯兵戍守。并通过制度规定屯驻兵士就地屯田，以解决长久驻扎带来的粮草供应等问题，“洪武、永乐间屯田之例，边境卫所旗军三分、四分守城，六分、七分下屯。腹里卫所一分、二分守城，八分、九分下屯。亦有中半屯守者。”[2]由此，大量的来自于中原、江南一带的军事移民在这一战略大通道沿线一带屯戍聚居。随后数百年间，军屯后裔生活于此，并不断吸附内地外迁于此的民众，逐渐形成了散布于西南群山万岭间，尤其是湘黔滇战略通道沿线的屯堡聚落群。历经600余年时代变迁，尽管屯堡所承担的军事功能以及地位发生了剧烈的变化，迄今仍有数百座屯堡聚落保存了很好的传统风貌、聚落格局与文化习俗，其在选址、营建与演变过程中形成的山地聚落水环境与水景观仍然保持鲜明特色。

5.2 山水相生：聚落选址布局的重要考量

水的因素是聚落选址最为重要的考量之一。安顺屯堡位于群山万壑中稍平坦之地，河流冲积塑造形成的山间坝子，为农业的发展创造了有利条件，从而也成为屯堡人屯田定居之所的理想选址。另一方面，屯堡形成之初的军事功能也要求其选址需注重防御性。因此，屯堡聚落的选址与分布与山水环境关系紧密，存在规律性特征。

“依山不居山，傍水不靠岸”，当地民谚是屯堡聚落选址

[1]《明太祖实录》卷一四三，页八。
[2]《明宣宗实录》卷五一，“二月乙未”条。

特征的很好概括。依山——可登高远眺以察敌情，位处“进可攻，退可防”之势；傍水——寻生活水源之便利，避洪涝侵蚀之危害。可见，屯堡村民有意识到水的利害关系，水源本身有引用、灌溉、洗涤的功能，同时也会有洪涝、侵蚀等危害。因此，生存环境的建设方面，既要靠近水源，易灌溉；而村落则背靠山且地势稍高，可避水患，亦易于防守。如本寨和九溪村，选址均位于背山面河之处（图5-1）。

依如上选址原则，多个屯堡聚落往往沿河谷呈一定规律成组分布，形成聚落组团。如位于平坝县城南的十余处屯堡村落，沿槎头河均匀分布，村落各自位于坝子与山体相接之处，面朝河谷坝子，占据较好的耕作条件，每个聚落之间相距约800米，选址呈现出很强的规律性（图5-2）。可见屯堡人定居选址对聚落本身发展的考量：其一，平坝地带地域开阔而平坦，为聚落的居住建设提供有利于空间；其二，山地之间平坝和丰富水源为农业发展提供了环境载体，寻求可利自然资源；其三，临水可改善村落小气候，水中微生物还具有净化、吸附泥污等功能。可见，逐水而居是对客观自然条件的选择，更是人类定居发展的主观追求。

整体而言，屯堡聚落逐水而居、依山而筑，同时高度依

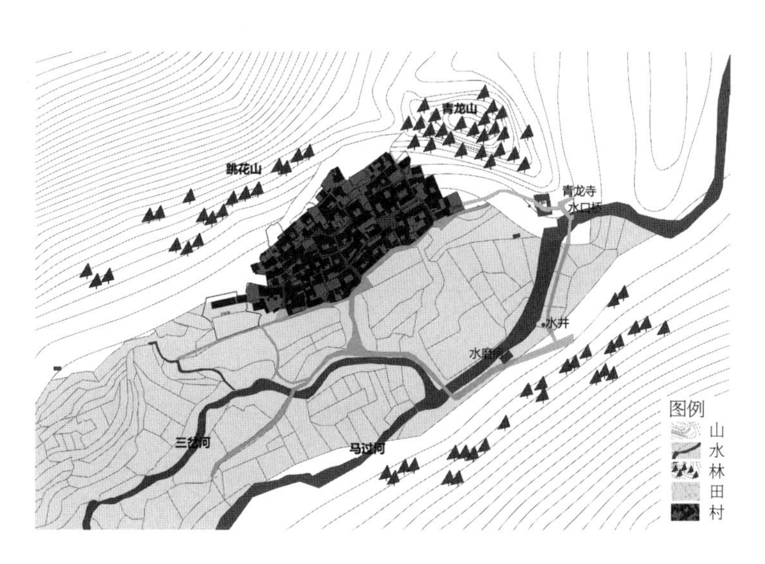

图5-1 本寨村落选址与空间格局

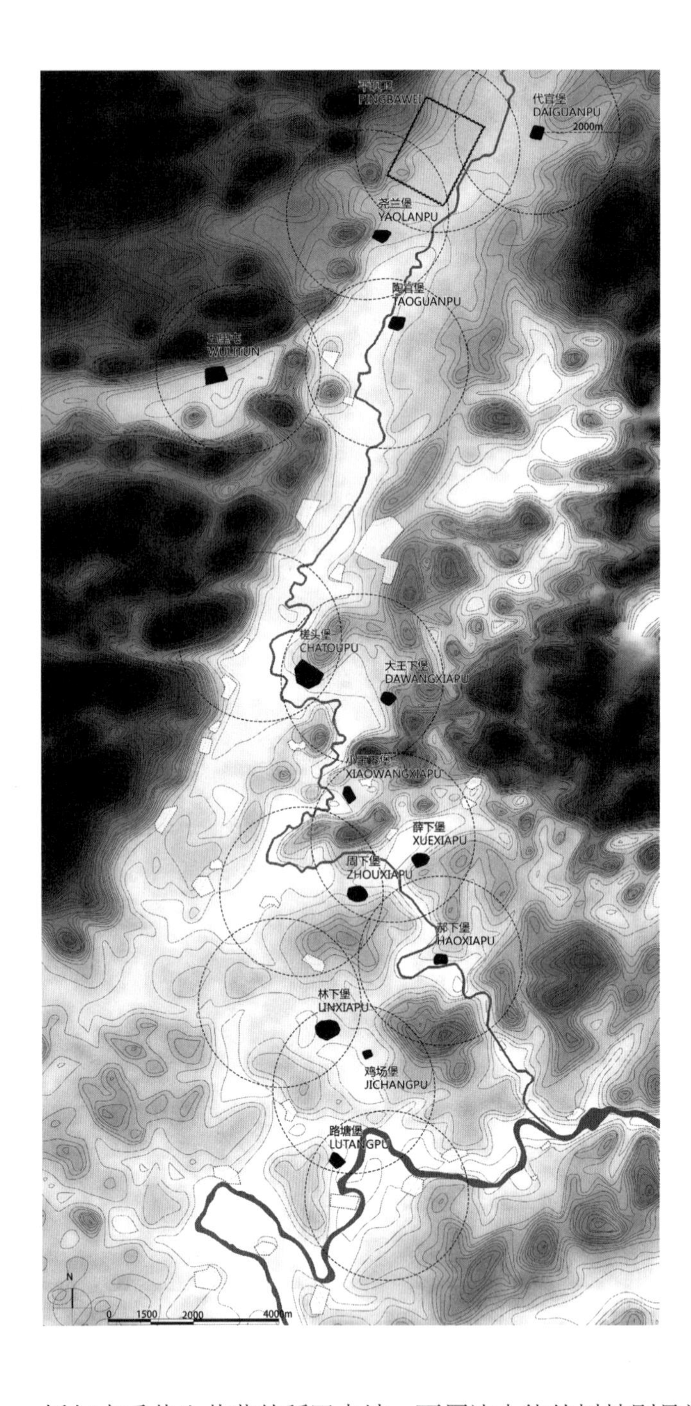

图5-2 槎头河谷屯堡聚落分布图

托与水系共生共荣的稻田水地，而周边山体的树林则是涵养调蓄水源的重要保障。聚落的生存和发展离不开周边的山、林、水、田等自然资源，最终呈现出“山—水—田—林—村”的整体空间格局。

5.3　水利万物：屯田安居的重要保障

屯堡人的军事、生产、生活等所有活动都离不开水。合理用水、适度改造，以及先进水利技术的引入，智慧地解决了屯堡聚落生活用水以及生产所必要的屯田灌溉问题。

5.3.1　饮用水源

屯堡村民饮水水源一般是水井。出于安全的需要，村落与自然河流一般会保持一定的安全距离，但喀斯特地貌遍布地下水流以及丰富的含水层，四周山体上覆的森林植被也为保水蓄水提供了基础，这使得村落在合适位置掘井取水成为可能。

又出于营建之初防御性的需要，屯堡聚落饮用水井一般位于屯墙之内的主要公共空间附近。如雷屯村的主要饮用水井位于村大门内，紧靠中央主街，是村庄的最主要的水源，村庄的多项公共活动也都在此附近发生（图5-3左）。

绝大部分村子不止一口水井，多口水井按区域使用。如吉昌屯村落范围内，存在数口水井。其多位于村口、主要路旁等位置，村中按照“上街”“下街”等划分分别使用其中的某一处水井（图5-3右）。此外，水井作为生存的必需，在承担战时防御堡垒和临时避难地也十分重要。位于吉昌屯村外高山之上

图5-3　雷屯（左）和吉昌屯（右）水井位置

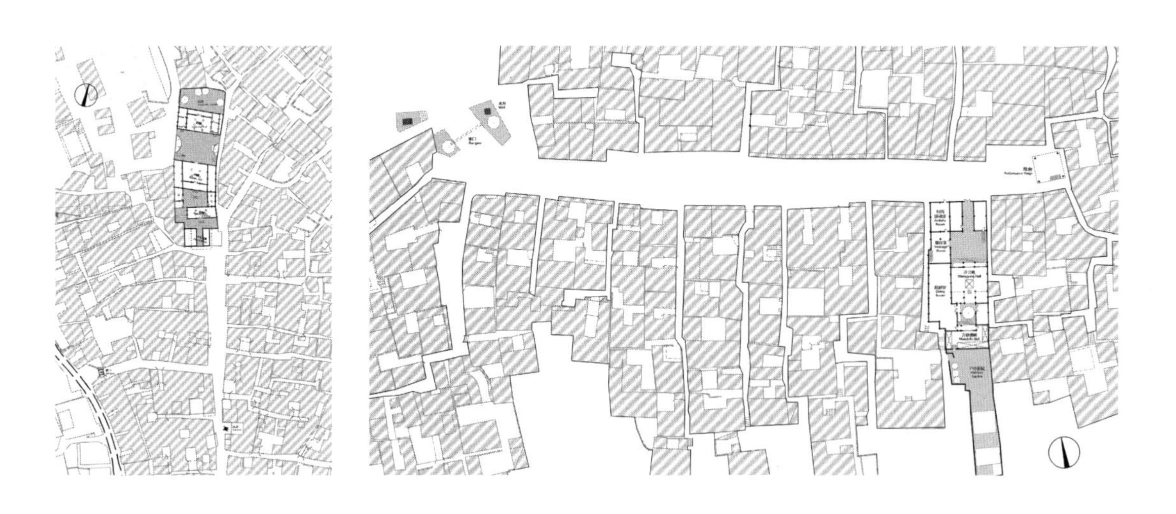

的“屯军山”遗址，至今仍能看到保存完整的水井。按遗址占地规模以及房屋基址数量推断，屯军山可容纳数百乃至上千人口于此坚守，可知当时堡垒中的这口水井所承载的重要功能。

5.3.2 农田灌溉

如上所述，屯堡在设立之初就十分注重“兵农结合”，农业生产是屯堡民众的主要生存来源，也是维系国家“卫所屯堡”制度的基础。黔中地区地处山地，地势高下不平，依山形水势进行适当的水利工程营建，形成灌溉耕作的“水—田”系统，是解决这一问题的关键。

有“小都江堰”之美誉的鲍屯，是引蓄结合的塘坝式水利工程的典范。鲍屯利用寨前河流，首先在河流流经村庄上游“水仓”处拦腰截水，修筑数多个水坝；然后，通过“鱼嘴分流”原理，将河水分为多条支流，蜿蜒于田坝之中；最终，被“分流”的河水绕过小青山，汇于回龙坝（图5-4左）。水利建构的巧妙之处在于：其一，综合利用水资源。利用河水落差，层层筑堰壅水，使不同高程的耕地均能得到充分的自流灌溉，共可浇灌数百亩农田，既解决农田灌溉用水问题，又为全村人提供了生活用水和水能动力[8]。其二，泄洪抗旱。由于贵州气候导致存在明显的季节性降雨，这种“都江堰”的水利模式，达到了雨季泄洪、旱季引灌的效果，同时保证了良田的旱涝保收、稳产高产。

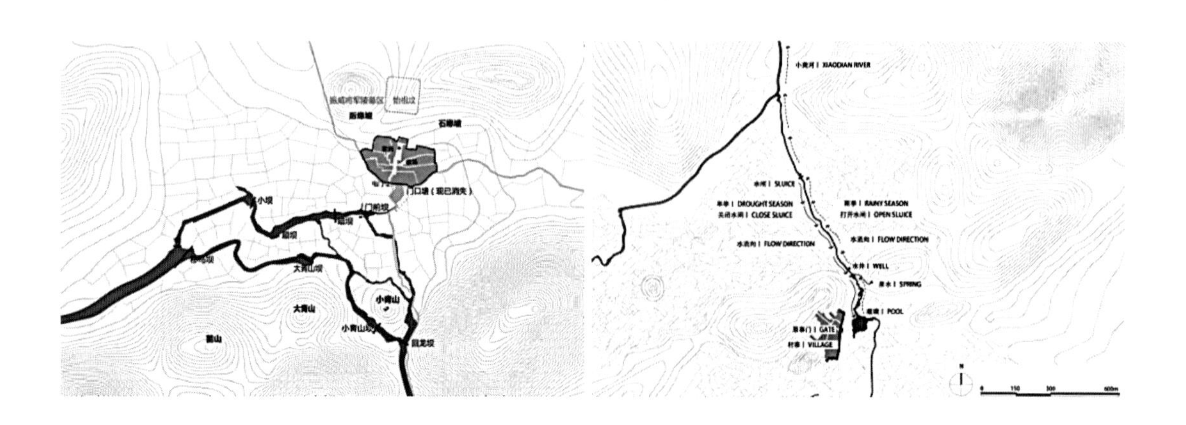

图5-4 鲍屯水利灌溉系统（左）和高官堡水利灌溉系统（右）

高官堡是泄洪抗旱、开源节流的又一实例（图5-4右）。村民巧妙利用“山—田—村”的位置关系，引山泉水，一部分泉水经山林过滤后，向南汇于塘堰之中，为村民提供优质水源饮用；另一部分泉水顺势而下，向北灌溉广阔良田。当雨季时打开水闸，可以泄洪用于灌溉；旱季时关闭水闸，堰塘蓄水可供村民生产生活。可见，高官堡的水利工程有效地抗旱、排洪，保证旱涝无忧。此外，高官堡水利的又一大优势体现在，山泉水经过山林过滤后汇于村口塘堰之中，优质水源经过高官堡村民首次使用后，可作为下游的灌溉农田用水被二次利用。高官堡的水利模式体现出在古代水利工程营建中，已经充分考虑有效的资源节约。

5.3.3 污水收集与排放

屯堡人用水后的污水排放方式多是因地制宜，依山就势的。先由院落组织排水后再经村落排水后汇集，庭院排水至天井中，雨水再通过地漏下渗，沿主次巷道暗沟排水，最终汇集于地势最低处后排出村外（图5-5）。如讲义寨，沿着村寨外墙修筑水渠，除军事防御功能外，坝渠引入后山阿宝塘泉水，保证了供水和排水的循环。上游取水洗衣，雨污排入下游，排入附近湿地水体自净。可见，多数屯堡聚落已形成了“用水—排水—净水—再用水”的稳定水循环系统。

大多数屯堡聚落还在村口低洼处设置村口塘，以作为污水收集沉淀、生物处理的重要设施。村口塘可作为污水沉淀池，接纳了大量的村落废水，再通过池塘中的芦苇、菖蒲等

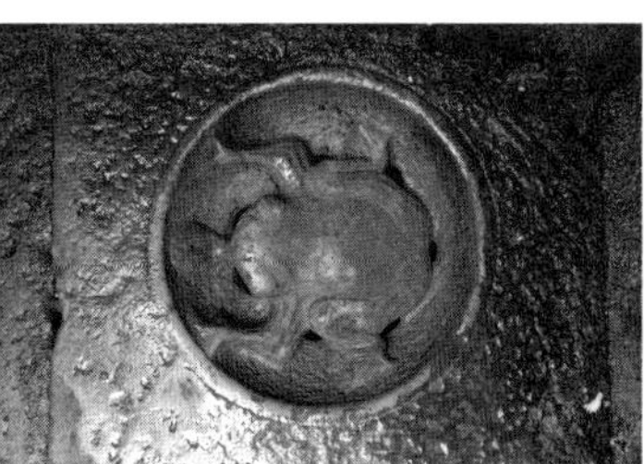

图5-5 天井（左）和排水口（中、右）

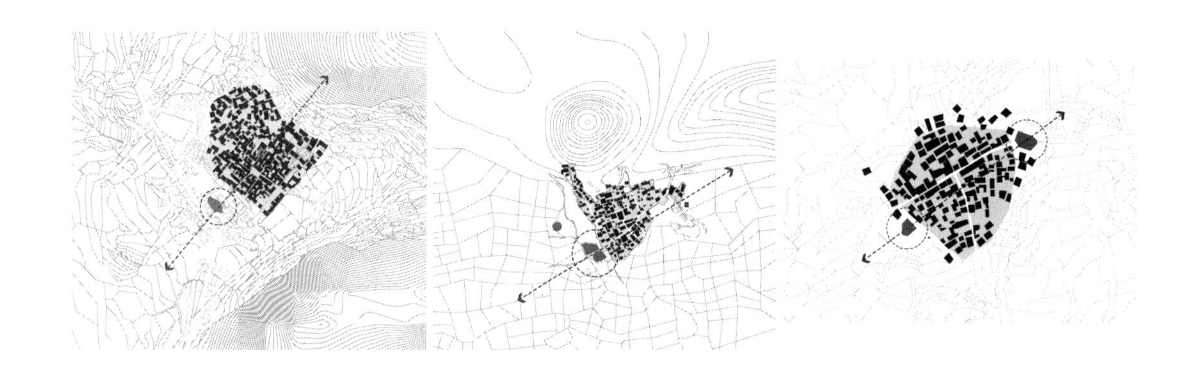

图5-6　下坝（左）、詹观屯（中）和大屯（右）的村口塘位置

植物和微生物得到净化。净化的水可以再作为村落周边农田的灌溉用水，避免了对自然水体的污染，水资源得以二次利用，同时也一定程度有利于农作物生长。

具备了污水收集处理功能的村口塘，还往往承担了一定的成景以及村民对于“风水”考量的功能。更重要的是，村口塘因为常位于入口位置，且与聚落布局存在明显的轴线关系，往往成为一个屯堡村寨的标志性空间之一，具有一定的象征意义。下坝村、大屯村、山京哨等多个屯堡聚落前都有村口塘（图5-6）。其中最为典型的是大屯村，在设立之初是两个百户所的屯驻之地，因此在聚落空间的演变中逐渐形成了东西两个主要出入口旁各设置一个村口塘的空间格局。村落的东西两个村口塘与村落在空间布局上呈中轴对称，轴线与村中最主要的巷道平行。

5.4　因水为堑：共同构建聚落防御体系

屯堡聚落与当地其他聚落的最大区别，在于营建初期明确的军事防御属性。因此，屯堡聚落通常体现出突出的防御性，一般具有十分完备的防御系统。由石砌的寨墙（初期有可能为木栅或竹栅）、坚固的寨门、严整的巷道等构成的防御系统，以及后代陆续兴建的碉楼、山坉等防御设施，天然河流、人工开凿的河道等共同构成了聚落空间防御体系。

5.4.1 污水收集与排放

“山为城，水为池”，聚落选址营建时可充分利用山水大势加强聚落防御性。尤其是处于有利的自然条件之时，四周山体环绕，形成层层围合的空间，而水就是村前的天然沟堑，十分易于固守。例如秀水村，位于西秀区轿子山镇北部，背山环水，地势险峻（图5-7）。秀水村东以山体、西以天然河道明确分割聚落与外界，局部以河桥连接相通。敌人来时，紧邻的河道可为村民疏散和逃难赢取时间，增强其防御体系构建。天然河道成为寨子防御体系中的第一道天然屏障，水系防御在屯堡聚落防御体系中占据重要防御地位，也是较山之下对村落起防御性作用的第二大自然因素。

5.4.2 人工的坝渠防御工程

利用天然山系河流营建村落外层防御往往有着“一夫当关，万夫莫开”的效果，但当先天山水条件不能满足防御需求时，一部分屯堡聚落会利用其附近水源稍加改造，营建半人工的沟堑以加强聚落防御性。普定县白岩镇的讲义寨，西临开敞田坝，东靠山背水（图5-8）。村落以东，高山连绵环绕，村落隐秘其中，山体是首要的防御屏障。由于河流水体背山环绕，讲义寨村民开始引山后阿宝塘之水进入村寨。引水除满足村民饮用、用水以及灌溉的基本需求外，最主要的

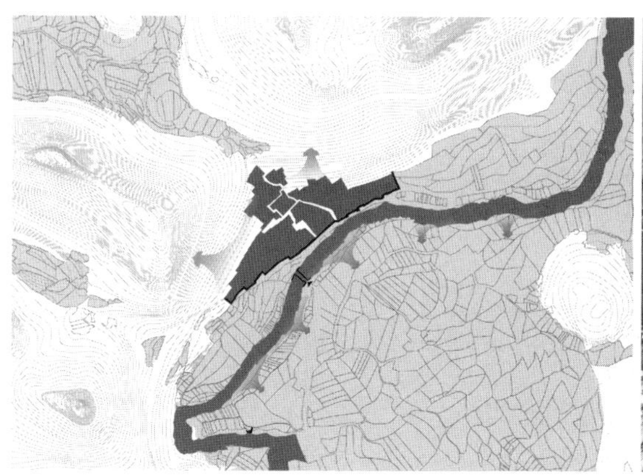

图5-7 秀水村（左为秀水村平面，右为现状航拍）

图5-8 讲义寨（左为讲义寨平面，右为航拍）

是在寨前修筑了一条人工渠，水渠沿村落界面展开线，充分利用山地高差优势形成一条“护村河”，与寨外修建的寨墙共同构成外围人工防御体系。

此外，鲍屯水利工程营建中也有一部分为防御功能考虑，村前大坝河里有一条特殊水坝，称作横坝。“横坝不灌田，不壅水，平时藏于水下半尺深处，是真正的水中桥”[9]。只有遇匪患躲反时才紧急启用，作为隐蔽的交通小路。

5.4.3 因河挖渠形成水囤（岛）

“囤”又称“营盘”，是一种具有地域特色的防御设施[10]。“囤”是屯堡人防御自保，躲避战乱、退而坚守的最后堡垒，常见类型主要有山囤、洞囤两种。而水囤则是凭借河流加以固守的一种不常见的类型。周官屯的水囤是一例典型代表，周官屯村寨前，河道环绕形成天然水湾，该区域水滞容易形成大面积湿地，村民人为在湿地中挖掘深沟，形成独立的岛，当敌人来时，村民们可逃离到水囤上进行临时避难。

5.5 理水成景：营建山地特色水景观

屯堡民众在600余年的营建过程中，逐渐适应当地的喀斯特地形地貌，并结合迁入地中原、江南一带农业耕作技术以及文化和审美，适当加以改造，最终形成了特色的山地农耕聚落景观。其中，水与山、水与田、水与村相得益彰，在气势雄浑的山水格局基底之上，构建了一幅屯田农耕与村落生趣的丰饶富足之景。山脉之下、田野之上、村口园林之间，屯堡聚落在此生长与繁衍，屯堡山地农耕水景观也于此彰显特色。

5.5.1 稻作农业湿地景观

在“山—水—田—林—村”的整体屯堡村落空间格局中，山脉连绵，郁郁青青，沿河形成较为平坦的冲积坝子，溪流密布。经过长时间不间断的精心经营，河渠纵横川流于层层屯田之中，由此形成大片的稻田湿地。作为稻耕民族，屯堡人营造了理想的稻作农业之地，村民在广阔的水田之中精心耕作，保障了屯堡全村居民的温饱，使得屯堡聚落世代在这田园之地上得以繁衍延续。同时，这也形成了典型的山地稻作农业湿地景观，兼具实用与美观，并充分体现了崇尚自然、顺应自然、适度改造的生态精神（图5-9）。屯田之上屯堡人民的农耕生活不仅是屯堡文化与农耕文化的融合，也是人文美与自然美有机和谐的映照。

图5-9 屯堡聚落稻田湿地景观

5.5.2　水口园林景观

受军士主要迁入地江南一带文化的影响，屯堡聚落也十分注重水口区域的营建。水口往往是一方水源之出处，传统上有诸多讲究。屯堡村寨往往将水口地区的水道局部放大并缓滞水流，对水体形状加以精心设计，同时穿插寺、桥、亭、树、堤、井、磨房、祠堂等实体要素，将其与周边山川水体等自然要素巧妙结合，共同构成了水口园林景观。

如本寨村，水口位于村寨的东南角，水口北岸的寺庙名为“青龙寺”，除大片的农田景观外，还配建水口亭、水口桥，此景正如水口桥旁题有的诗词所述：“门前溪水尽回澜，古木森森后岭盘。移岸横栏元气聚，孤峰挺秀壮图观。青龙引影属云赞，白鹤巍巍对翠蜜。此是吾乡风景好，被人偷照画中看”[11]，完美诠释了屯堡聚落水口出的豪迈之景（图5-10）。

再如山京哨，在村口沿河百米之外营建堤坝，有意扩大水塘面积，四周环绕绿树。寨门以及主街正对村口水塘，并在轴线之上水面中部紧要位置营建小岛，岛与村口以小桥连接，岛上设寺庙，主街、寨门（以及旁边的水井和土地庙）、小桥、寺庙以及水面构成一组各具功用的景观序列，颇具匠心。水口园林深为当地民众喜爱，是村中最为重要的休憩空间与重要仪式举办的场所（图5-11）。

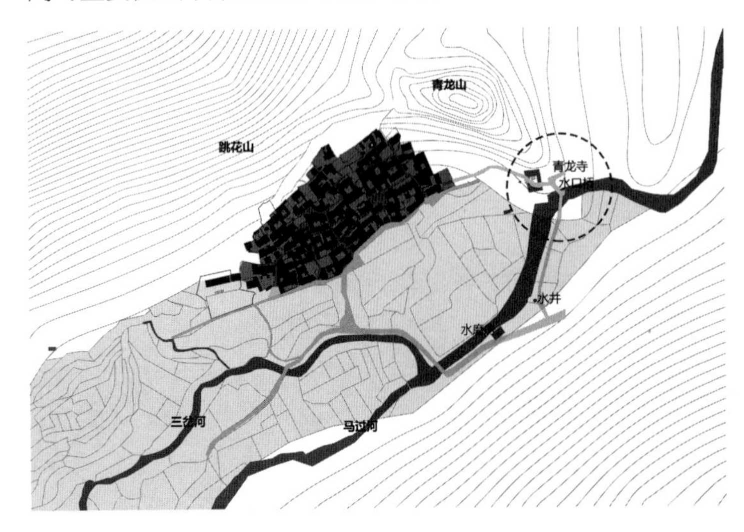

图5-10　本寨水口园林平面图

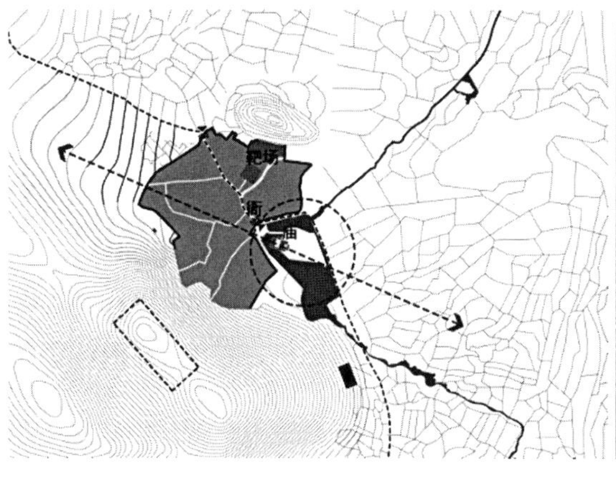

图5-11 山京哨水口园林平面图（左）及航拍照片（右）

5.6 小结

在黔中喀斯特地形地貌条件、屯驻戍守的最初职能、江南等地技术与文化引入等因素共同作用下，屯堡民众在适应、改造大自然过程中，将有利自然因素为人所用，充分重视水在聚落营建中的重要作用，形成了特色的山地水环境与水景观，营造出人与自然和谐共生之景。主要体现在聚落选址、屯田安居设施营建、防御体系构建和特色山地水景观营造四方面。

（1）山水相生的聚落选址。黔中地区喀斯特山地地形地貌条件使得聚落选址得充分考虑山与水的布局关系。聚落主要选址位于河谷坝子与周边山体交接之处，“依山不居山，傍水不靠岸”。多个屯堡聚落往往沿河谷呈一定规律成组分布，形成聚落组团。聚落呈现出“山—水—田—林—村”的整体空间格局。

（2）水利万物的屯田安居设施营建。水在满足屯堡民众的基本生活与生产上发挥着不可替代的作用。屯堡聚落多利用水井等解决饮用水源问题；同时引进水利先进技术，修筑一系列河坝、水闸等水利设施，营造出蓄洪抗旱、资源节约的利水模式，确保旱涝保收；屯堡聚落还往往统筹考虑村落污水的收集与处理，将其整合入村落水系统之中。

（3）因水为堑的参与防御体系构建。屯堡聚落的军事特征使其十分注重自身防御性，水是其中可以倚重的一个重要因素。戍守屯田，利山水之势抵御外侵；同时，使用人工修筑河坝、水渠等方式加强水防御性构建。

（4）理水成景的特色山地水景观营造。屯堡人在对“水”适应、利用、改造过程中，经过不间断的经营，逐渐构建出“因水而美”的山地特色水景观，稻作农业湿地景观、水口园林景观是典型代表。

参考文献

[1] 刘敦桢．中国古代建筑史[M]．北京：建筑工业出版社，1984.

[2] 张松．小·桥·流·水·人·家——江南水乡古镇的文化景观解读[J]．时代建筑，2002（4）：42-47.

[3] 陈保建．江南民居的水空间[J]．规划师，1996（4）：7-12.

[4] 刘浩，蒋文蓓．江南水乡中的水空间[J]．同济大学学报（社会科学版），1999（1）：10-14.

[5] 张纵，高圣博，李若南．徽州古村落与水口园林的文化景观成因探颐[J]．中国园林，2007（6）：23-27.

[6] 逯海勇．徽州古村落水系形态设计的审美特色——黟县宏村水环境探析[J]．华中建筑，2005（4）：144-146.

[7] 秦筑．徽州古村落理水分析[J]．华中建筑，2009，27（8）：209-214.

[8] 祝文明．安顺屯堡聚落空间形态与保护策略研究[D]．武汉：华中科技大学，2010.

[9] 张卫东，庞亚斌．600年鲍屯水利探考[J]．中国水利，2007（12）：51-55.

[10] 范增如．史证安顺屯堡的两重性——兼谈安顺山坉并非屯军堡子[J]．安顺师专学报（社会科学版），1995（3）：66-70+75.

[11] 耿虹．安顺屯堡建筑环境景观研究[D]．武汉：武汉理工大学，2009.

（本章部分内容已刊载于《西部人居环境学刊》2018年第1期）

6

屯堡聚落典型特征空间

The Feature Space Of Tunpu Settlements

本章作者：王念，周政旭，胡杰

摘要：通过调查分析，笔者发现典型屯堡普遍具有一定的空间特征，这一空间特征与其形成的历史过程相关，并得以延续至今。其中，寨墙寨门、主次街巷体系和中轴主街以及村口塘是其中较为典型的三项，即寨墙和寨门可以确定出较为规整的聚落边界；主街作为全村的主要中轴线与各条次巷相连，形成尺度差异明确的主次巷道体系，各种重要建筑如村庙和戏台沿主街布置，并紧邻场坝；村口塘则位于村庄中轴线延伸的寨门前，与中心场坝遥相呼应。这几种空间模式所反映出的结构严整、主次分明、层层围护的军事卫所空间组织特征，与历史文献中记载一致，承载了屯堡历史上抵御外敌的重要村落历史记忆；在“屯戍体制”逐渐瓦解后仍能在后代的村落演变中得以保存，仍然是全村各种重要的仪式活动的中心发生地，同时在“屯堡”主体性的延续与重构中扮演重要角色，成为屯堡村落中鲜明的文化场域。

6.1 引言

近年，随着安顺屯堡人、屯堡地戏以及屯堡村落等在国际学界的重新发现和传播，历史学、社会学、建筑学等多学科的学者开展了研究。如王海宁、耿红等从文化迁徙与演变的视角对安顺屯堡聚落起源发展、类型及总体特征进行了梳理与总结[1-3]，罗建平从防御性角度分析了防御性与整体布局、聚落形态、民居单体演变的相互关系；卢百可以历史人类学的视角对屯堡人的起源、形成和社会演变进行了研究[4]；还有其他学者对黔中屯堡村落的特色空间进行辨析[5-7]。

在对黔中地区的屯堡聚落进行实地调研与踏勘测绘的过程中，笔者发现屯堡边界、街巷体系以及村口塘等空间要素在多数典型屯堡聚落中有规律地出现，具有一定的共性特征，呈现出一定的系统特点。结合地方志、地方史地资料等文本材料，笔者认为这几种空间要素与历史文本和村民口述中的历史记忆相互应证。

6.2 典型特征空间

通过对黔中地区一些屯堡聚落的调研分析，笔者发现这些村子的平面布局规整，街区整齐，多呈方形或近似方形；同时还具有寨墙寨门、主次街巷体系和中轴主街以及村口塘等可以表征屯堡村落遥远年代“军事身份”象征的典型特征空间。

6.2.1 寨墙与寨门

寨墙与寨门可以反映屯堡聚落营建初期明确的军事防御属性。屯堡聚落一般依山而建，城墙也随着山势起伏，并多为土筑或石块砌筑，沿外围一圈保护村落，易守难攻。寨门是连接村寨内外的关键要素，也是抵御外人入侵的重要建筑，寨门高7～8米，入口宽度狭窄，最多2～3米，紧凑的尺度更利于阻挡外来入侵者，提高寨门寨墙的防御性能。

寨墙不仅可以确定清晰的聚落边界，也成为内外聚落肌理差异的分界线。原生的屯堡聚落在围合墙体的限定之下以院落为基本单元，建筑组团均匀齐整，沿着街巷有序排列，层次分明。外部新扩展的民居构筑基本沿着村路及地形离散式布置，组团之间差异较大，与紧致、有序的内部聚落肌理表现出明显的差别。

6.2.2 主次街巷体系和中轴主街

相较于周边地区少数民族聚落曲折蜿蜒的街巷布局，屯堡聚落具有典型的规整对称的行列式街巷布局和中部放大的场坝空间。村落的街巷承载了当地居民邻里之间的日常交通和社会交往等活动，巷道的边界由建筑外墙围合而成，尺度亲切，时而放大变成了为村民社会交往、文化娱乐、宗教祭祀等活动提供场所的公共空间。

屯堡聚落的内部街道构成层次分明的主次街巷体系，主街较宽、次街道较窄，巷道串联各个院落，整体结构清晰有序（图6-1）。

如吉昌屯呈现中轴对称整齐分布的空间格局，东西向的主街宽约10米，长约170米，主街串联多条东西向次巷，支巷大部分宽1～2米，并出于防御性需求多为“丁”字形交叉巷道，迂回蜿蜒；雷屯的主街沿着村寨的南北中轴线方向设置，沿街设置了各级次巷的巷门，主街长约110米，宽约6米，同时也与次寨门入口的巷道相接，多条次巷呈鱼骨状分布。

屯堡聚落中轴线的核心位置存在一种典型的、在村民日常生活与重要仪式庆典中扮演重要角色的公共空间类型（图6-2）。它们或被称为场坝，是村中各类活动（茶余饭后、红白喜事、重要节日）的主要发生地；也被称为主街，村中大大小小的巷道几乎都与其相连；同时，在村民口述中，这一空间还是他们村落遥远年代“军事身份”的象征之一。

吉昌屯以线形宽敞的主街作为公共活动空间。古戏台正

图6-1 吉昌屯主次街巷（左）和雷屯主次街巷（右）

图6-2 吉昌屯（上）、雷屯（下左）、下坝（下右）的中心场坝及重要建筑

对主街，寨门位于主街西侧转折处，南侧汪公庙坐南朝北，面向主街，三进院落，与戏台相邻。雷屯的主街从主寨门入口近二分之一处空间局部放大，宽度扩大一倍，构成了雷屯的主要公共活动空间。永兴寺位于公共空间的北侧近丁字形的主要街巷转折处，正对寨门，坐北朝南，戏台位于庙门二楼，与水井一起共同构成了主街的主要空间节点。下坝的主

街虽然略为曲折，但在村落中心构建出了一个长约30米，宽约13米的开阔场坝，与各个巷道相连。南北两侧设置了对位的翔凤寺与戏台，翔凤寺为三进三出，坐北朝南。与寨门一同构成了村落的主要中轴线。

通过对一系列屯堡聚落的典型特征空间之一的主次街巷体系，尤其是及主街的分析研究，笔者发现其公共空间具有如下特点：

（1）位于中轴线。每个屯堡村子的主要公共空间都位于主要的中轴线上，两侧街区以中轴对称，进一步烘托强化公共空间的重要性。

（2）空间放大。这类屯堡村子的主要公共空间可视作主街局部空间不同程度的放大，从而构成了可供全村居民日常活动使用的公共空间。

（3）连通性强。这类屯堡村子的主要公共空间与各个巷道基本保证相连，有的与寨门直接相连，既是主街，也是广场。

（4）重要公共建筑位于周边。公共场坝空间的周边都设置了重要的公共建筑——如寺庙和戏台——作为公共活动的主要场所。有的与公共空间一样位于中轴上，结合公共空间进一步加强村落的中心位置（图6-3）。

图6-3　鲍屯的中轴广场（左）与村庙（右）

6.2.3 村口塘

村口塘一般位于村寨出入口的低洼处，不仅具备污水汇集与生态净化的功能，而且作为点缀的前景与民居群及周边山水环境形成了美丽自然的乡村风景，构成传统的风水格局[8]。村口塘往往与屯堡聚落的布局存在明显的轴线指向关系，成为屯堡聚落的典型特征空间。鲍屯、下坝、大屯、山京哨等村口塘的位置与村落的中轴主街及寨门遥相呼应，进一步强化了屯堡聚落中轴突出的特点。

其中位于安顺市西秀区的大屯更为典型。据当地发掘整理的文书记载，该屯设立之初就是两个百户所的屯驻之地，一条笔直大街直通东西，中央位置布置场坝、戏台等共同的公共空间。在聚落空间的演变中逐渐形成了东西两个出入口旁各设置一个村口塘的空间格局。两个村口塘在与村落在空间布局上呈现中轴对称，轴线与村中最主要的巷道平行的特点。

6.3 空间模式反映村落历史

屯堡聚落作为明朝初期稳定边疆、平定叛乱的军事产物，形成于独特的地理条件和复杂的社会环境之中，经历长时间的传承演化在当地形成了以“卫—千户所—百户所—旗堡”为主的军事层级的卫所屯堡聚落体系。今日所说的大部分屯堡聚落的军事等级为百户所。

屯堡的寨墙与主街空间记忆充分地反映了原来的军事村落历史。在村民的口述中，鲍屯最初只是作为军士居住的营区，“瓮城”则是军士操练、点校的操练场。操场后的中轴线部分为中军指挥的各个营房，两边各巷道近似平行。后来由于军事机能的需求减弱，中军指挥空间逐渐转化为祠堂和寺庙[9]。

吉昌屯的村史中明确记载吉昌屯村落沿袭古代军营建制，

村民战时由各巷道集结至大场坝，并依托城墙作为重要防御战线，共同御敌于城墙之外。村落格局体现了军营原型的空间特点：村落以中央主街为轴线，两侧街区肌理密致均匀，体现出军堡结构严整的形态特点。

6.4 当前村落生活对特征空间的尊重

屯堡村民基本为屯田戍守的军士后代，对于祖辈荣光、村落历史的记忆有着强烈的集体认同感，通过对村落公共空间的坚守，村落文化得以传承，村落凝聚力得以加强。笔者调研发现这一特征空间在今天的屯堡社区生活中仍然具有重要的意义，这与它所承载的公共空间记忆息息相关。尽管时代大背景已经发生了翻天覆地的变化，但它在空间形态、重要建筑、公共属性等方面仍然保持了原有的村落风貌和布局逻辑。

其中最为典型的是吉昌屯一带的“抬汪公”仪式与特征空间的紧密关联（图6-4）。汪公一开始以祖先崇拜的形式，跟着徽州的屯戍军民及其后代传播到黔中地区，成为屯堡人信仰的保护神，也是屯堡人独特的族群认同象征[10]。因此每年农历正月间，屯堡聚落的村民们都会举行盛大的抬汪公仪式，而仪式的发生仍遵循着屯堡聚落的关键历史空间。以吉昌屯

图6-4 吉昌屯在中轴主街及汪公庙进行的抬汪公活动

为例，在仪式前一天，村中各个大姓氏会将猪头等各种祭品准备好，从寨门进入主街开始进献祭祀活动。此后则由村中有名望的长老主持仪式，为汪公塑像沐浴更衣，喻为将汪公从上天请入村寨之中。第二天清晨吉时，村民敲锣打鼓将汪公塑像请出，接受沿街人们的顶礼膜拜，并沿着村落的主街通过寨门走向村口，在原来村口的位置停留接收四方群众拜祭。此后游行队伍还会沿村庄外围一圈前进，最终回到屯堡聚落中轴的主街之中。在整个抬汪公的过程中，汪公庙作为屯堡精神信仰活动的中心场所，位于活动游行的中央主街的尽端，与村口的停留祭祀点位于同一中轴线上，成为仪式移动轨迹的历史空间节点。

从整个过程，我们可以看出当前村落生活对于历史形成的特征空间的尊重，体现在对空间形态、重要建筑以及空间公共属性的保持方面。

（1）空间形态的保持。虽然屯堡聚落随着时代的变迁，“屯戍体制”逐渐瓦解，为了顺应世俗化的生活需求，许多村貌都有不同程度的改变。但是街区肌理仍然大致保留，村落仍以中央主街为轴线，两侧房屋分布均匀。改建后的民居使得部分巷道变窄，但是公共空间并未受到私有住宅的侵占。

（2）重要建筑的保持。屯堡村落的军事需求逐渐消失后，出于村落扩张的需要，屯堡的城墙与寨门大部分被拆毁，现已不存，有的建筑被改造为学校、居委会以及卫生所等。然而村庙一直位于场坝旁边，作为全村重要的公共活动根据地，也是屯堡聚落村民的公共活动和精神信仰的中心，保持着共有属性。

（3）空间公共属性的保持。屯堡公共空间突出的公共属性体现在其与巷道等其他空间在尺度与形态上的明显差异。如吉昌屯和雷屯的主街可以宽达十余米，而次级巷道大多只有一两米宽，形成开放与封闭的强烈对比，反映出屯堡村民对于社区权威拥戴态势。同时，结合相邻的重要建筑，作为各种重要的宗教、仪式、活动中心的发生地，公共空间也成为屯堡村民凝聚力的载体与象征。

6.5 小结

通过调研发现寨墙、寨门所确定的清晰聚落边界、主次街巷体系和中轴主街以及村口塘在多数典型屯堡聚落中有规律地出现，具有一定的共性特征，并且与大量最为典型的屯堡的历史形成具有紧密的关联，空间建构反映村落的历史过程。因此，笔者提出可称为典型屯堡聚落的典型特征空间，即寨墙和寨门可以确定出较为规整的聚落边界，同时内部肌理紧致、有序，与外部新扩展形成的聚落肌理产生明显的差别；主街作为全村的主要中轴线，与各条次巷相连，形成尺度差异明确的主次巷道体系，各种重要建筑如村庙和戏台沿主街布置，并紧邻场坝；村口塘则位于村庄中轴线延伸的寨门前，与中心场坝遥相呼应。

以寨门、寨墙—主街—次街—院落层层设防的巷道防御体系反映出结构严整、主次分明、层层围护的军事卫所空间组织特征，与历史文献中记载一致，承载了历史上抵御外敌的重要村落历史记忆；具有屯驻军士来源徽州等地的地域特征的村口塘，不仅满足村民各项生活需求，并最终与军事形制相结合，与其他特征空间一同构成了屯堡中轴线典型空间体系。

屯堡聚落的抬汪公等仪式在“屯戍体制”瓦解后仍能在后代村落社会演变中得以保存，直到今天举行仪式仍遵循以祠庙、中轴主街及村口祭祀点为主的历史空间，是全村各种重要的宗教、仪式、活动中心的发生地，同时在“屯堡”主体性的延续与重构中扮演重要角色，成为屯堡村落中鲜明的文化场域。

参考文献

[1] 王海宁. 传承与演化——贵州屯堡聚落研究[J]. 城市规划，2008（1）：89-92.

[2] 王海宁. 贵州屯堡聚落空间形态特色解析[J]. 建筑与文化，2013（1）：76-77.

[3] 耿虹. 安顺屯堡建筑环境景观研究[D]. 武汉：武汉理工大学，2009.

[4] 卢百可. 屯堡人：起源、记忆、生存在中国的边疆[D]. 北京：中央民族大学，2010.

[5] 耿虹，周舟. 民俗渗透下的传统聚落公共空间特色探析——以贵州屯堡聚落为例[J]. 华中建筑，2010（6）：96-99.

[6] 杜佳，华晨，吴宁，童磊. 黔中喀斯特山区屯堡聚落空间特征研究[J]. 建筑学报，2016（5）：92-97.

[7] 陈顺祥. 贵州屯堡聚落社会及空间形态研究[D]. 天津：天津大学，2005.

[8] 周政旭，许佳琪. 黔中安顺屯堡聚落水环境与水景观营建研究[J]. 西部人居环境学刊，2018，33（1）：101-106.

[9] 单军，罗建平. 防御性建筑的地域性应答——以安顺屯堡为例[J]. 建筑学报，2011（11）：16-20.

[10] 万明. 明代徽州汪公入黔考——兼论贵州屯堡移民社会的建构[J]. 中国史研究，2005（1）：135-148.

（本章部分内容已刊载于《安顺学院学报》2018年第2期）

7

屯堡聚落仪式景观与仪式空间

Ritual Landscape and Central Identity of Tunpu Settlements

本章作者：贾子玉，周政旭

摘要：聚落景观的生成是一个与族群文化信仰、社会秩序不断相互影响、建构的过程。本章以黔中地区典型屯堡聚落为例，研究屯堡聚落的抬舆仪式与聚落空间及景观的互动关系，分析仪式景观社会、文化象征性生成的过程，并且总结这一自觉行为对景观主体地方认同感建构功能。研究发现：（1）抬舆仪式景观受到屯堡空间特征、族群文化信仰与社会秩序的共同影响；（2）在这一影响下，抬舆仪式空间序列和活动包括：起止空间与沐浴礼、核心祭祀空间与祭祀礼、巡游路线空间与抬神巡境、家庭迎神空间与迎神礼、停留祭祀空间与民俗展演；（3）屯堡聚落抬舆仪式景观具有强化村落空间认同、凝聚共同文化信仰、整合“家—族—村”社会结构三方面的重要功能，从空间认同、文化信仰认同、社会身份认同三方面共同构建起屯堡聚落的地方认同。本章研究认为，抬舆仪式景观的构建与重复上演对屯堡聚落传统空间与文化的保护、传承具有积极意义。

仪式作为人类最古老的行为之一，不仅是艺术民俗的表演形式，而且是特定族群地方文化与社会结构的象征性展示[1]，具有精神领域的深刻意义[2]。当前，以空间的视角考察仪式的景观、空间构成以及文化意义是重要的学术生长点[3]。在聚落中，族群的文化信仰、社会秩序、生产技术等“物化”在空间之中，不断与空间互动，构建出形式多彩、意味深远的仪式景观。仪式景观经过独特的社会文化塑造而带有象征意义，对于景观的主体人群具有重要的社会功能，是传承社会文化、构建族群地方认同的重要媒介[4-7]。地方认同是人类通过认知、行为、思想、情感等多方面作用与地方物理环境、社会形态、文化等因素产生联结互动，从而实现建立认同感、完成社会化的过程，是个人与族群收获心灵慰藉、精神满足的壁垒[8]。地方认同可以通过多种不同维度的因素塑造，包括人对于地方物理环境熟知而产生的环境认同、人对于自身在社会中身份地位的认同、涉及情感或意识因素的情感认同、信仰认同、文化认同，以及涉及行为倾向的行为认同等[4, 9-10]。分析族群仪式景观的空间特征与地方认同的建立过程，有利于认知其社会文化与景观空间的互构机制，为聚落的保护与可持续发展提供科学指导。

7.1 屯堡聚落与屯堡抬舆仪式

本章聚焦黔中安顺一带的屯堡聚落。屯堡族群被认为是汉人族群的一个亚群体，源于明朝（公元1381年）卫所屯田制度，是内地移民到贵州喀斯特山地地区的军事移民聚落[11]。特殊的自然地理环境、军事历史与汉族移民文化使得屯堡聚落的空间格局与社会文化极具特色，在当地苗、侗、布依族等众多少数民族文化中自成一系[12-13]。由于这一特殊性，自来黔之初屯堡组族群便是当地原住民之间的“外来者”，后期更是经历明清政权更迭，正统身份逐渐边缘化。为了寻求心理与精神的安全，屯堡人更加自觉地保护传承自身文化，强化地方认同[14]。仪式景观是族群文化重要的承载与表达形式，更具有建构聚落地方认同的强大功能[15-16]，对于处于国家边缘、社会边缘的屯堡族群意义非凡。其中，在每年正月中旬举办的抬舆仪式是屯堡聚落最为重要且隆重的仪式活动之一，映射了屯堡族群维护地方认同、增进社区凝结的美好心愿[17-18]。

目前，仍缺少从空间视角出发对屯堡聚落仪式特征景观构建机制与价值意义的发掘。因此，本章以笔者深度参与并记录的2017年九溪、吉昌屯、鲍屯以及狗场屯4个村落的4场抬舆仪式为案例，试发掘屯堡抬舆仪式的文化信仰、仪式活动与聚落环境互动并产生文化象征意义的过程，分析这一自觉行为对景观主体所具有的文化与社会功能。要特别指出的是，本章关注的九溪、吉昌屯、鲍屯以及狗场屯均是起源于明初的屯堡聚落，它们是最早一批迁徙并驻扎在此的屯堡村落，在整个屯堡文化区的形成中起到了核心的作用，是这一区域其他屯堡村落的空间与社会文化的“原型”。4个村落在空间结构上具有相似性，表现为传统山水田地格局、规整的历史边界、中轴对称的军营式街巷结构、行列式排布的家庭宅院、主街与村庙构成的核心公共空间，这一空间本身的特征对屯堡抬舆景观的空间特征也具有深刻的影响。就文化信仰而言，屯堡族群推崇以“忠、孝、仁、义、礼、智、信”为核心的儒家伦理观点，以及佛道儒三教合一的多神信仰[19]。在众神之中，由军事英雄化身的地方神“汪公”是屯堡社区信仰的主体对象，不仅寄托了屯堡人怀念故乡、军人身份的民族记忆，还具有保国安民、忠烈公正等象征意义[20-21]。屯堡抬舆仪式又称“抬汪公”，是对汪公崇拜的集中强调与展示，沿袭至今已成为屯堡社区规模盛大的重要节日和文化盛典（4村中九溪较为特殊，所抬神灵为玉帝）。在抬舆仪式中涉及多种多样的屯堡非物质文化，从小型的供品、妇女的传统服饰，到地戏、花灯等大型展演活动，将屯堡民俗文化淋漓尽致地展现在仪式的各个角落。就社会结构而言，与江南汉族的宗族聚落不同，屯堡聚落起源于军缘、地缘社会，宗族势力并不强大，核心家庭仍是当今屯堡社会基本构成单位。每年的抬舆仪式是由各个屯堡村内的民间组织自发筹备领导的，调研4村内的组织分别为“十八会”“迎春会”“老协会”以及“迎春会筹备组”。民间组织是由村内大姓家族或不同街区推选出的“德高望重、精明能干”的村内精英构成，带领村内有能力的热心家庭与村民，共同完成仪式活动方方面面的工作。

7.2 抬舆仪式景观的空间与活动

按照抬舆仪式活动的空间与活动可将其总结为：起止空间与沐浴礼、核心祭祀空间与祭祀礼、停留祭拜空间与民俗展演、家庭迎神空间与迎神礼、巡游路线空间与抬神巡境。

7.2.1 起止空间与沐浴礼

作为神灵日常居所的村庙是抬舆仪式起始与结束的核心空间，仪式之初在此进行沐浴礼，仪式结束时则需要将神灵请回神坛。在所调研的4个屯堡聚落中，除狗场屯村庙为新址重建，其余三村寺庙均是聚落空间的核心，一般处于主街形成的村落中轴线上。村庙采用多进的合院形制，基本属于中轴对称，抬舆仪式的神像就位于正殿之上（图7-1）。

沐浴礼一般在神像出巡前一天在汪公庙内进行，是抬舆仪式的序曲，也是将神祇引入村落的第一步。整个过程只有少数人能够参与，具有绝对的神圣氛围。仪式当天，由祭祀班子“经堂组”进入寺庙大殿为汪公清洗神像、更换新衣，行“沐浴礼”，并燃香烧纸，吟念请词，为即将出行的汪公做好准备。沐浴礼开始时，要在汪公殿前燃放爆竹，同时在村内大小街巷敲响铜锣，示意村民祭祀活动正式开始。并不是任何人都可以成为祭祀班子的一员，只有村内夫妻和睦、家

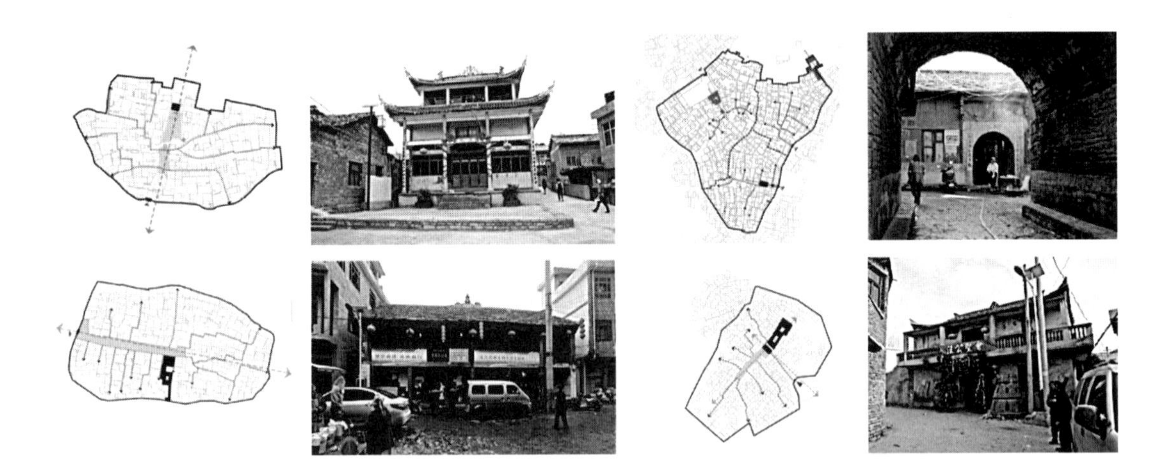

图7-1　鲍屯（左上）、九溪大堡（右上）、吉昌屯（左下）与狗场屯（右下）的核心祭祠空间

庭幸福、德高望重的老者才有资格进入，且成员在接触汪公前还要沐浴更衣完成一系列象征清净身心的准备工作。

7.2.2　核心祭祀空间与祭祀礼

在沐浴仪式后要进行祭祀礼，神像接受来自村民大众的祭拜，是巡前的准备工作。同时进行的还有仪式开幕式、民俗表演等活动，巡游队伍和普通观众也需在此集结。活动内容复杂，人员众多，对空间的功能和规模要求较高。这一阶段仪式在“寺庙—戏台—主街”构成的村落核心公共空间中进行。祭祀空间生成的逻辑是通过各种仪式元素与活动的介入，对“寺庙—戏台—主街”空间进行组织利用，在原有空间基础上利用戏台、主街布置观演、展演的空间，并加入临时的神台香案，实际上是对村落核心公共空间功能与结构的呼应与强调。最终生成的祭祀空间分为神台区、戏台区、观演展演区3个部分。4村在相似的公共空间结构上形成了相似的祭祀空间格局，都强调寺庙—戏台—主街构成的村落空间轴线（图7-2~图7-5）。同时，由于各村核心公共空间的布局、尺度、形态不尽相同，祭祀空间也有不同之处，但都在呼应原有空间结构基础上灵活布局。如鲍屯利用鲍氏祠堂较高的建筑台基作为戏台区；吉昌屯的神台区设置在寺庙汪公殿前宽敞的前院，而不在寺外场坝设置临时神台，在空间宽裕的情况下实现功能分置，保证神台区与主街观演区的空间完整性，更好地满足仪式参与者不同的使用功能。九溪在大堡汪公庙内公祭，在隔街的篮球场上设置戏台，面对大堡汪公庙建于球场长边中心。当公祭完成后神像被请到球场中心准备出巡，表演区则以神像为中心展开，最终形成与其他三村一致的仪式空间结构。

抬舆仪式的祭祀礼围绕神像进行，包括唱诵赞辞、供奉祭品、烧香祭拜等内容。调研村落中，吉昌屯的祭祀礼最为典型，祭祀的顺序体现出“家—族—村”的社会建构。仪式分为三步：首先是负责组织仪式的“十八会”代表全村向汪公献祭，然后是村中各大姓氏集团依次祭祀，最后则是以家庭为单位的个人祭祀。为公平起见，仪式前还以抓阄等方式确定祭祀顺序，体现出社区内部的和谐与团结。

图7-2　鲍屯停留祭拜空间（左）与鲍屯核心祭祀空间（右）

空间朝向
主要表演区
汪公庙
神像
供桌
神台区
戏台区
观演展演区

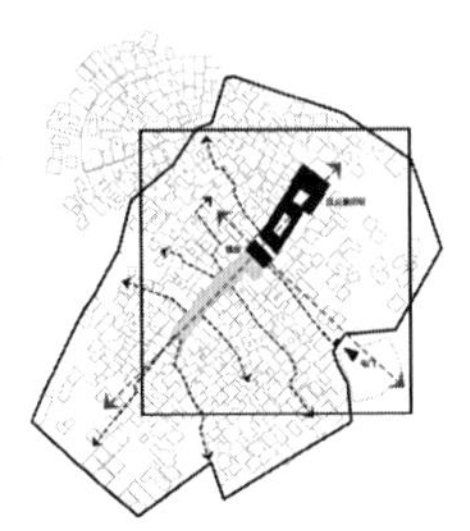

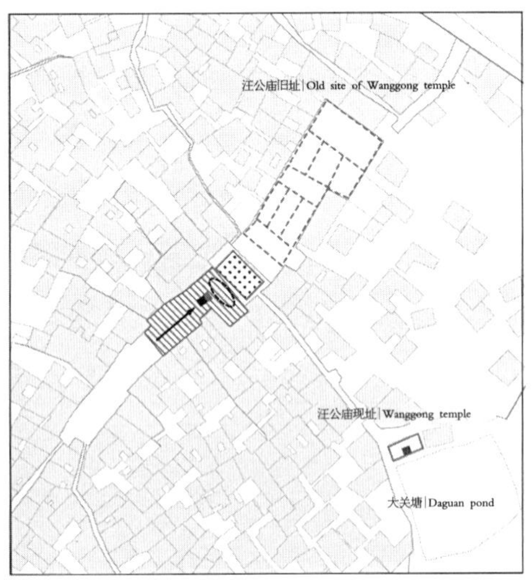

图7-3 狗场屯停留祭拜空间（左）与狗场屯核心祭祀空间（右）

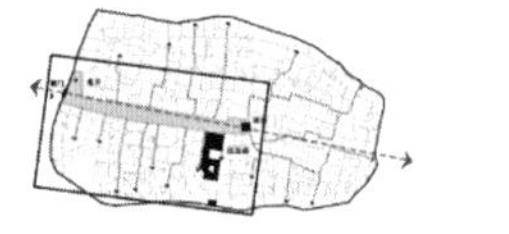

图7-4 吉昌屯核心祭祀空间的方位与空间布局

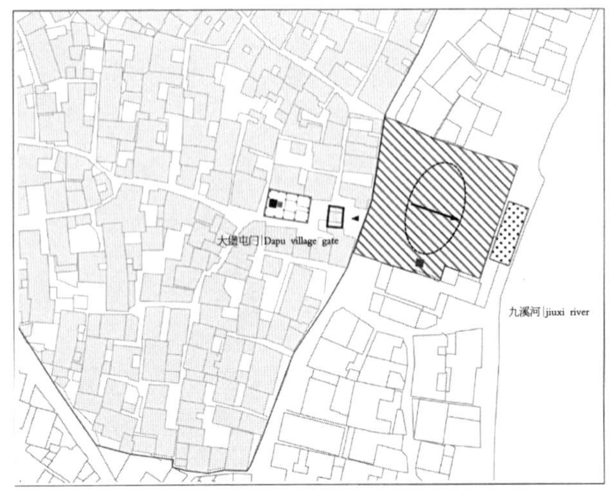

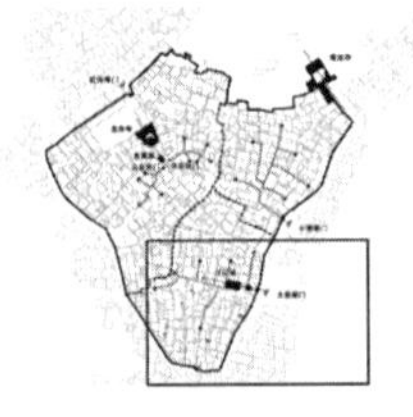

图7-5 九溪核心祭祀空间的方位与空间布局

7.2.3 停留祭拜空间与民俗展演

祭祀礼毕就到了仪式最高潮的部分，即抬神像出游巡村。巡游活动大概持续半天，在巡游过程中仪仗队会在途中停留，进行自由祭拜和民俗展演活动，这项活动在村中两类空间中进行：一类选址在土地庙或原土地庙遗址所在空间，大多分布在村落建成区的边界或外部山水林田之间，建在道路交叉口、河流水口处。如吉昌屯在村北丁字路口对冲的停留祭拜点就是曾经土地庙的遗址，村落扩建后已成为入村的主要入口；鲍屯村外小青山东侧水口回龙坝边建有回龙观土地庙，是抬舆仪式停留祭拜的重要场地；九溪村抬舆仪式在村北与马场村交界处、九溪河交汇入境的大龙滩上停留祭拜，这里也曾建有一座土地庙。第二类空间为村中近年新建的较大的集会广场，如鲍屯屯门外村民广场、吉昌屯村委会前广场以及狗场屯大官塘旧址上的新建广场（图7-6）。这一类空间面积大、区位方便，能满足仪式庆典等集会活动的功能需求，因而成为村中新兴的一类公共空间。

到达停留祭拜空间后，巡神队伍停下脚步，仪仗队将神像安置在道路或广场的一侧的神台上，摆上供桌香炉接受村民、游客的跪拜。道路两侧或广场的四周排列着一个个临时搭起的摊位，由摊位围合的场地中部主要空间还用作表演场地，表演地戏、舞龙、舞蹈等表演烘托气氛，既是娱神也是娱乐大众。

7.2.4 家庭迎神空间与迎神礼

在抬舆巡村的过程中，沿途每家每户都会在自家临街的门口设置香案。香案一侧摆烧香盒或香炉，用来点蜡、焚香、烧纸钱，一侧摆糖果果盘供奉神像，同时也会分发给路过的抬舆仪式参与者。当抬舆队伍到达每家门前时，各家会烧起纸蜡、鸣放鞭炮迎接神像轿舆，在深巷中的住户也会到巷子

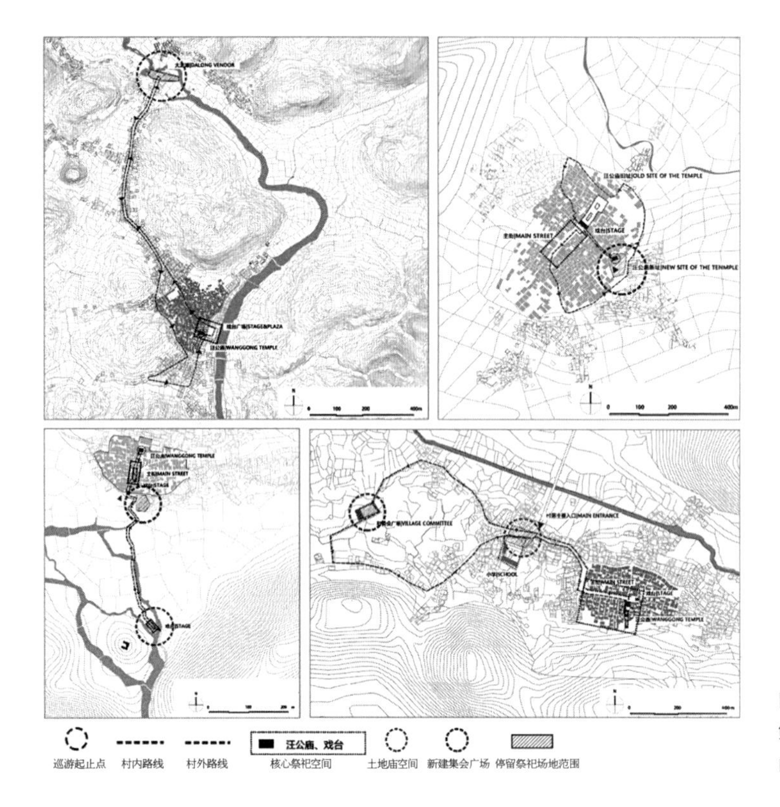

图7-6　九溪（左上）、狗场屯（右上）、鲍屯（左下）、吉昌屯（右下）抬神巡境的路径及主要活动空间

入口鸣放鞭炮，而仪仗队也会在门前停歇直至鞭炮燃放完毕再向前去到另一户人家。在这一仪式过程中，以一户为单位的家庭对汪公神像进行祭拜并将神灵福祉引入家中，标示着作为私人领域的家庭空间被纳入仪式当中，与村落核心空间共同构成仪式景观的一部分。

7.2.5　巡游路线空间与抬神巡境

当沐浴礼、祭祀礼结束后，神灵塑像被请入轿舆，早已在主街附近集结完毕的抬神巡游的队伍整装待发，开始隆重的抬神巡境游行。巡游中的活动包含了两部分意义：一是极具严肃性的“迎神抬舆”，二是娱乐性质的“迎神闹春”[16]。

笔者通过对各村仪式路线分析总结，发现具有如下特征：（1）巡游路线全部以村庙为起点。（2）路线经由村庙—戏台—主街起，依次游行至村内各土地庙、集会广场等村内外停留祭拜空间。（3）巡游过程中尽量走遍村内大小街巷，串联街巷两旁各家门口的家庭迎神空间。（4）除鲍屯外，其他村落基本不走原路而绕行村落边界返回，最终经由主街再回到村庙中。（5）抬舆仪式路线象征性地将聚落整体空间覆盖：一方面，巡游路线覆盖村内大部分空间与居住区边界，基本将核心建成笼络在内，强调了民居宅院空间构成的村落领域；另一方面，部分村落巡游路线还延伸到村落周边与日常生产生活紧密相关的田地、山林、水源等自然资源领域空间当中，这一层级领域的边界常以土地庙为标识，强调了族群对领域内自然资源的占有，在鲍屯、九溪村的仪式路线当中尤其明显（图7-6）。

7.3 屯堡抬舆仪式景观的社会文化功能

黔中屯堡聚落抬舆仪式很好地体现了仪式景观对于族群地方认同的建构功能，具体而言，其从聚落空间认同、文化信仰认同、社会身份认同三个维度对屯堡地方认同产生了积极影响（图7-7）。

图7-7 屯堡聚落的仪式景观与地方认同

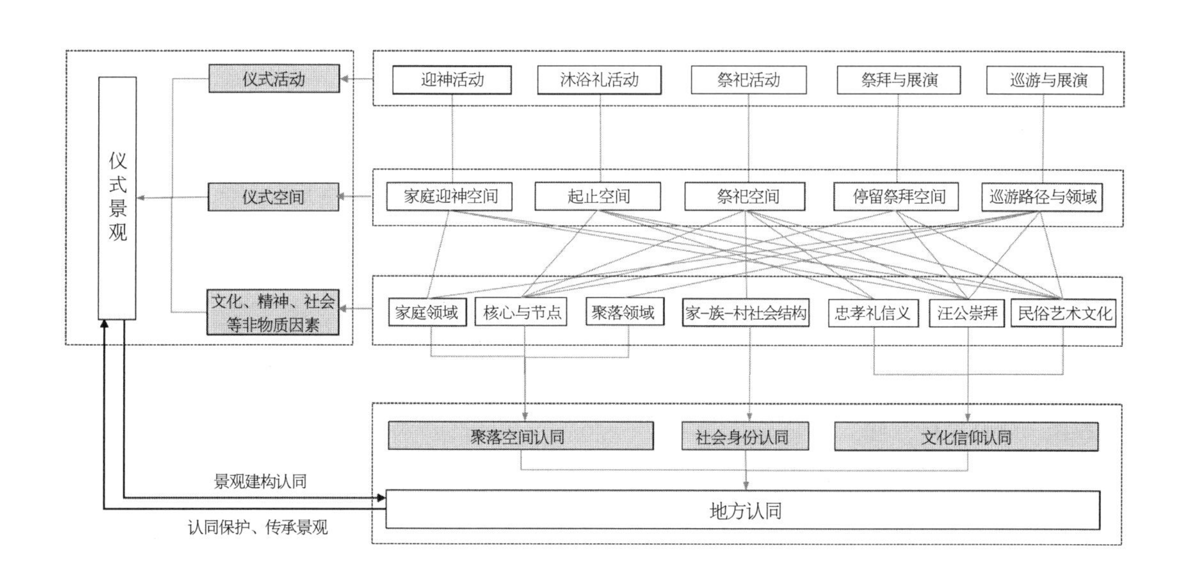

7.3.1 强化村落空间认知

抬舆仪式景观象征性地构建了屯堡村民在精神层面对于村落空间结构、多重领域的界定与确认，并在年复一年的抬舆仪式中重复展示、强化这一认知，并最终成为构建屯堡族群地方认同中聚落空间认同的重要来源。在抬舆仪式刻画出的聚落空间认知中，“村庙—主街—戏台”被重构为仪式起止空间、祭祀空间，通过仪式强调了这一空间作为村落宗族礼制、宗教信仰、社会交往重要核心的象征意义。家庭空间不仅是个体安身立命的最小单元，而且通过门口的迎神祭祀，作为私人领域的家庭空间被纳入仪式当中，成为村落整体的一部分。土地庙、集会广场通过祭祀、民俗活动的激活，被强调为村内重要的地标与社会公共空间。巡游路径所到达的村落及周边山水田园边界内是聚落的整体领域，并通过仪式祈求与巡游覆盖，完成了在精神层面上对聚落整体空间领域与“合境平安”的象征性确认。抬舆仪式空间与村落的社会与精神中心、村落公共节点、私人家庭领域等重要空间叠合并将其依次串联，对象征性的聚落领域进行确认，通过仪式活动强调出它们在村中的所属方位及范围，同时赋予它们神圣性、社会性与平安的寓意。

7.3.2 凝聚共同文化信仰

仪式景观具有展现、凝聚族群文化信仰的儒化功能，对构建社群的地方认同意义重大。屯堡族群的共同文化信仰主要体现在三方面：首先，仪式举办最根本的原因便是出于对特定神灵的共同信仰，仪式中对于神灵的祭祀在村内核心祭祀空间、停留祭拜空间、家庭迎神空间等不同的仪式空间中都有进行，是对这一信仰的不断展现与强化。其次，内容丰富的民俗展演将仪式空间塑造为集中展示屯堡民俗文化的大型舞台。从地戏、山歌、花灯等表演艺术，到彩扎亭装、传统服饰、特色食品等传统手工技艺，再到诵经、叩拜、巡游、祭祀等繁复庄严仪式活动，都在抬舆仪式上大展风采，已然成为屯堡特色的文化符号。最后，“忠、孝、礼、信、义”为核心的屯堡理想价值观不仅在地戏中有所展现，更是渗透到仪式景观中最重要的几个环节之中，如对于核心祭祀空间、参与成员的选择尤其反映出儒家礼制思想、汪公崇拜与仪式空间的互构。祭祀成员在进入仪式空间接触神像前必须要沐浴更衣、净化身心，以示对汪公的敬仰。成为祭祀成员对屯堡人来说无疑是非常光荣的，是被社会认可的表现，而只有同时满足以上要求而后才能获得被选举推任的资格。类似的情况在核心祭祀空间中也有体现，吉昌屯各大家族用抓阄方法确定祭祀顺序，讲究礼节与公平。这些仪式规则是对族群共同道德标准、宗教信仰的确认与奖赏，相应地对养成、凝聚村民守礼尊孝、热衷奉献等共同文化品格具有潜移默化的作用。

7.3.3 整合“家—族—村”社会结构

社会认同是人类个体层面的主观感受，指个体归属于特定社群的归属感[17]，是将个人与地方社会空间相互联系的媒介，对地方社会中个人的地方认同具有重要的构建作用。在仪式的初始阶段，社群往往会按照自身的社会结构与等级秩序严格安排组织活动，将社会秩序的基本规范融合到仪式景观中加以展现与强调，这一点在屯堡抬舆仪式景观的最初阶段也有所体现[16]。仪式前准备是以村内各氏族精英牵头的“十八会”“迎春会”“屯堡文化协会”等组织代表整体聚落，领导村内各个家庭及个人进行仪式筹备工作，反映了“村—族—家—个人”社会等级秩序。此外，祭祀典礼按照“村落整体—各大姓氏家族—家庭—个人”的顺序依次在祭祀核心空间内循序进行，也体现出“家—族—村”的社会建构。屯堡抬舆仪式通过神圣的仪式规范对屯堡聚落的社区结构与等级秩序进行了阐释与整合。仪式中，每一个个体都在各自相应的家庭、氏族、村落社会空间中找到了自身合适的角色与位置，并被给予了宗教式、官方式的确认，得到了归属感。相应的，“家—族—村”这一屯堡聚落的社会结构也得到了整合。

7.4 小结

聚落景观的生成是一个与族群文化信仰、社会秩序不断相互影响、建构的过程。本章以黔中地区典型屯堡聚落为例，研究屯堡聚落的抬舆仪式与聚落空间及景观的互动关系，分析仪式景观社会、文化象征性生成的过程，并且总结这一自觉行为对景观主体地方认同感建构功能。研究结论如下：（1）屯堡聚落的抬舆仪式景观受到屯堡空间特征、族群文化信仰与社会秩序的共同影响；（2）在这一影响下，抬舆仪式空间序列和活动包括：起止空间与沐浴礼、核心祭祀空间与祭祀礼、巡游路线空间与抬神巡境、家庭迎神空间与迎神礼、停留祭祀空间与民俗展演；（3）屯堡聚落抬舆仪式景观具有强化村落空间认同、凝聚共同文化信仰、整合“家—族—村”社会结构三方面的重要功能，从空间认同、文化信仰认同、社会身份认同三方面共同构建起屯堡聚落的地方认同。

笔者认为，抬舆仪式景观的构建与重复上演对屯堡聚落传统空间与文化的保护、传承具有积极意义。屯堡聚落的抬舆仪式景观具有极具屯堡地方色彩的仪式空间与仪式活动，融合、展现了屯堡社区的风土人情、社会百态，并最终反哺滋养它的社会群体，有助于强化社区内部的文化认同与社会稳定。与此同时，强大的地方认同感促进了村民对于仪式物质空间与文化活动的保护与传承。抬舆仪式景观与屯堡地方认同相辅相成，年复一年的仪式活动使得古老的屯堡聚落在漫长的历史长河中始终保持着独特的地方景观与人文特色，呈现出欣欣向荣的景象，这一机制对屯堡聚落传统空间与文化的保护、传承具有启发意义。

参考文献

[1] 彭兆荣．人类学仪式研究评述[J]. 民族研究，2002（2）：88-96.

[2] 罗惠翾．从人类学视野看宗教仪式的社会功能[J]. 新疆师范大学学报（哲学社会科学版），2009，30（1）：37-41.

[3] 冯智明．人类学仪式研究的空间转向——以瑶族送鬼仪式中人、自然与宇宙的关系建构为例[J]. 广西师范大学学报（哲学社会科学版），2013，49（1）：45-50.

[4] 杜芳娟，陈晓亮，朱竑．民族文化重构实践中的身份与地方认同——仡佬族祭祖活动案例[J]. 地理科学，2011，31（12）：1512-1517.

[5] Mccall J C．The Anthropology of Landscape：Perspectives on Place and Space[J]. American Ethnologist，2010，24（3）：676-677.

[6] 崔海洋．人与稻田：贵州黎平黄岗侗族传统生计研究[M]. 昆明：云南人民出版社 ，2009.

[7] 葛荣玲．景观人类学的概念、范畴与意义[J]. 国外社会科学，2014（4）：108-117.

[8] Stedman R．Toward A Social Psychology of Place：Predicting Behavior From Place-Based Cognitions，Attitude and Identity[J]. Environment & Behavior，2002，5（34）：561-581.

[9] Williams D R，Patterson M E，Roggenbuck J W，et al．Beyond the Commodity Metaphor：Examining Emotional and Symbolic Attachment to Place．[J]. Leisure Sciences，1992，14（1）：29-46.

[10] 朱竑，刘博．地方感、地方依恋与地方认同等概念的辨析及研究启示[J]. 华南师范大学学报（自然科学版），2011（1）：1-8.

[11] 方铁．论“屯堡”文化现象存在于特定地域的原因[J]. 贵州民族研究，2019，40（1）：152-160.

[12] 周政旭，李敬婷，钱云．贵州安顺屯堡聚落文化景观的特征与价值分析[J]. 贵州民族研究，2019，40（5）：56-61.

[13] 黄真金．黔中屯堡社区传统教育特色及其传承研究[J]. 贵州民族研究，2014，35（6）：209-212.

[14] 朱伟华．建构与生成：屯堡文化及地戏形态研究[M]. 广西师范大学出版社，2008.

[15] Silverman C．The Politics of Folklore in Bulgaria[J]. Anthropological Quarterly，1983，56（2）：55-61.

[16] 侍非，毛梦如，唐文跃等．仪式活动视角下的集体记忆和象征空间的建构过程及其机制研究——以南京大学校庆典礼为例[J]. 人文地理，2015，30（1）：56-63.

[17] 陈斌．“抬汪公”活动与屯堡社区稳定性思考——以安顺市吉昌屯为个案[J]. 安顺学院学报，2009，11（6）：5-8.

[18] 汪青梅，刘铁梁．集体仪式传承和变迁的多重动力——当代黔中屯堡地区“抬汪公”活动的田野考察[J]. 西南民族大学学报（人文社会科学版），2011，32（3）：16-21.

[19] 吴斌．守望的距离——黔中屯堡的历史与文化观察[D]. 昆明：云南大学，2010.

[20] 张原．在文明与乡野之间[D]. 北京：中央民族大学，2008.

[21] 张原．黔中屯堡村寨的抬舆仪式与社会统合[J]. 西南民族大学学报（人文社科版），2009，30（9）：39-43.

（本章部分内容已刊载于《贵州民族研究》2022年第1期）

8

屯堡民居典型类型

Typical Forms of Tunpu Dwellings

本章作者：周政旭，孙海燕，王慧

摘要：为了总结屯堡民居的系统化、类型化特征，本章通过实地调研、详细测绘、空间分析等研究方法，概括了贵州安顺地区屯堡民居的建筑特色和基本形制，分析了各种民居类型的形成演变过程。主要结论是：当地民居普遍形成了以“三合院”“四合院”为基础的平面布局和石木结合的结构与立面形式，合院式民居是构成聚落的基本单元；铺面、随地形变化的院落、组合院落、碉楼—院落体系、外来文化影响下的院落等是基本形式的演变和发展；屯堡村落还形成了一种由“小院”组成“大院”，最终构成“村落”的构成方式。

安顺位于云贵高原东部黔中地区，地处长江水系乌江流域和珠江水系北盘江流域的分水岭地带，是典型的喀斯特地貌集中区域[1]。地形以山地丘陵为主，具有一定比例较为平坦的山间盆地与河谷坝子。由于位于云南经贵州至中原地区的通道上，历来有“黔之腹、滇之喉、蜀粤之唇齿”之称，具有较为重要的军事战略意义，因此成为贵州地区开发最早的区域之一。

明朝初年，安顺地区成为卫所屯田制的重要实施地，以“控扼要津、防止叛乱、通畅驿路”为主要目的的屯堡开始在此地密集分布，呈现“联系紧密、居住集中”的分布状态[2]。迄今在安顺地区仍分布大量屯堡聚落，是村落、民居建筑以及屯堡文化保存最为完整的区域之一。关于屯堡民居，罗德启在《贵州民居》一书中对屯堡的文化内涵和屯堡民居的基本特征进行了阐述[1]。单军、罗建平对屯堡聚落和民居进行了历时性的分析，指出防御性是安顺屯堡的显著特征[3]。耿虹从建筑环境景观特色的角度，概括出屯堡民居建筑环境具有封闭性、整体性、统一性、匀质性，有利于共同守护与共同防御[4]。另外，彭丽莉、龙彬从文化内涵的角度，介绍了政治文化背景和地域环境对屯堡建筑形式的影响[5]；黄丹等探讨了屯堡民居为适应自然环境而采取的就地取材、改造山地地形、调整居住模式等措施[6]。郎维宏等则重点介绍了垂花门、木雕窗、石地漏等屯堡民居的装饰构件，并就其价值进行了简要分析。学者们还从不同的方面对屯堡民居的历史源流、文化价值、形式特征等进行了阐释[7]。但是，此前的研究案例主要集中于部分典型村落，限于样本等方面的原因，在屯堡民居的地域共同特征和其典型类型的系统性归纳两方面还有待进一步挖掘和深化。

罗德启、朱良文等学者认为在民居研究中需要强调其系统性与类型化[8-9]，有学者也提出当前的民居研究应进一步扩展，从民居到村落再到文化区域，以从不同尺度系统地研究民居的地域文化特征[10-12]。为更为系统地获取材料以作为提炼地域民居共通特征的基础，笔者于2016—2017年对黔中地区安顺市屯堡文化区域内的数十个聚落开展踏勘，在广泛调研的基础上，重点对鲍屯、九溪、吉昌屯、狗场屯、高官堡、山旗堡、山京哨、秀水、本寨、云山坉等集中地体现屯堡聚落民居特色的村寨及其民居进行了测绘。基于以上材料，本章试图在如下方面展开进一步的讨论：首先，黔中广大屯堡地区的民居是否具备一些共同的特征？这需要通过建筑与空间层面的研究对其加以提炼、归纳和整理。其次，600年来黔中屯堡地区出现的种种民居类型与其基本形式之间是怎样的关系？这则需要将其置于当地地理环境与历史进程之中加以考量。此外，值得注意的是，当前黔中不同区域的屯堡村落之间、屯堡村落与周边的布依村落等之间在民居特色上也存在一定的区别和联系，本章研究仅是梳理黔中屯堡民居的整体形制特色的初步尝试，仍待后续研究完善。

8.1 屯堡聚落民居营建的三重影响因素

与当地少数民族聚落民居相比，屯堡聚落民居营建具有很强的自身特色，这与其形成的历史过程紧密相关。“军事驻防”的战略目的、“屯田戍守”的经营方式以及江南文化（明初屯堡军士的主要来源地）与本土文化的融合都对黔中屯堡聚落民居营建产生了深远的影响。

8.1.1 明确的军事防御性

明朝初年，为平定云贵地区局势并保证长久扼控，在云南—贵州一线推行“卫所制”，命令整修驿道，并沿驿道设置卫所，派重兵驻扎实行屯兵戍守，从而形成了防御性极强的屯军聚落。出于对防御性的重视，屯堡聚落中存在着层次分明、布局严谨的防御体系，这种防御体系十分严密，由外到内层层驻守。从聚落的层次来说，屯堡外围多有寨墙作为第一道防御，人们如果想要从外部进入屯堡聚落，需要从防守严密的寨门进入，并依次经过巷门、院门等多重体系。这样既能整体抗敌，又可各自作战；从民居单体或小组团的层次来看，多见民居院落中配建碉楼，这也是体现屯堡民居防御性的重要特征。

8.1.2 对屯田耕作的重视

明"卫所"制度安排驻守官兵除军事戍守外，还需屯田耕种，不仅为了自给兵粮，还要向国家上交一部分田赋，"三分守城，七分屯种；又有二八、四六、一九、中半等例，皆以田地肥瘠、地方缓冲为差。"❶因此，屯堡聚落的选址分布亦需考虑屯田耕作的需要。安顺地区属于典型的山地喀斯特地貌，其地表高低起伏，可用于耕作的用地较为稀少，这就使得屯堡聚落在选址时常选择适宜农耕的区域。对于屯堡聚落的选址，当地有"靠山不居山、临水不靠岸"之说，这样既不占用良田，又能充分取自然之利，高效利用土地资源。屯堡在选址时，多在依山傍水之处，背靠一个或一组小山包，面向开阔的田野。

8.1.3 江南文化与本土文化的交相影响

明初屯堡军士多来自于中原、江南一带，其原生地的生产生活方式、文化习俗、营造记忆等在600年前被带入西南山地并落地生根，但这绝不意味着屯堡是单纯地"移植了江南移风的移民文化"，而是"在母源地和移入地两种物理空间之间，在国家武士和乡村农民两种身份之间，在高位意识和低位生活状况两种心理空间之间，于一系列两极因素造成的生存张力中创造性地利用改造环境形成的特异性文化"[13]。江南文化基底在黔中特有地理、社会环境中发展出的特殊文化，在选址布局、环境营建、民居营建等方面对聚落民居营建也产生了重要的影响。

❶《大明会典》，卷18，《户部》5，《屯田》。

8.2 合院：屯堡民居的主要类型

600年来，所处自然与社会环境不断变化，屯堡民居也经历了漫长的演变过程，从最开始的“营房”转变为“民房”[14]，筑墙材料也很有可能从木质为主（便于短期内营建成型）转变为石质为主（持久、便于防御）。经过不断发展，安顺地区屯堡聚落的民居建筑已经发展成独具特色的建筑群体。其中，最显著区别于当地其他聚落民居的特征在于，屯堡聚落中绝大多数民居建筑为合院式，屯堡聚落形成了以合院为基本单元的居住方式，整体形成了“院—巷道—村落”的层次结构。

8.2.1 三合院

三合院是屯堡民居最常见的形式之一，布局方正，结构清晰，外围护结构坚固，房间通常向内院开敞，既体现很强的防御性，也体现出核心家庭的礼俗秩序。

（1）“三合院”平面基本形制。从平面布局上看表现为“一正两厢”（图8-1），正房坐北朝南，明间为堂屋，供奉神

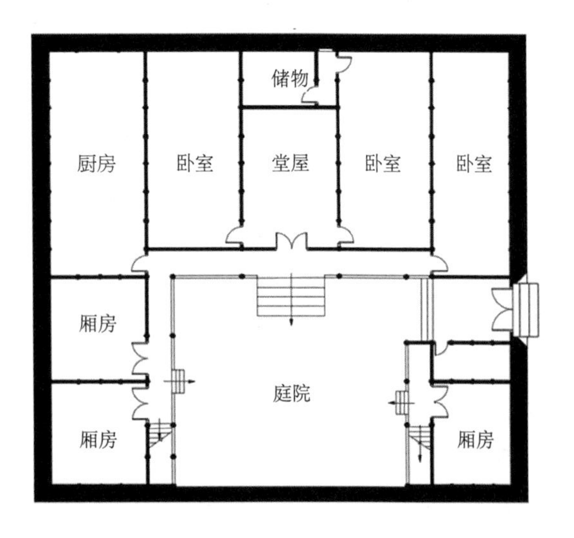

一层平面图

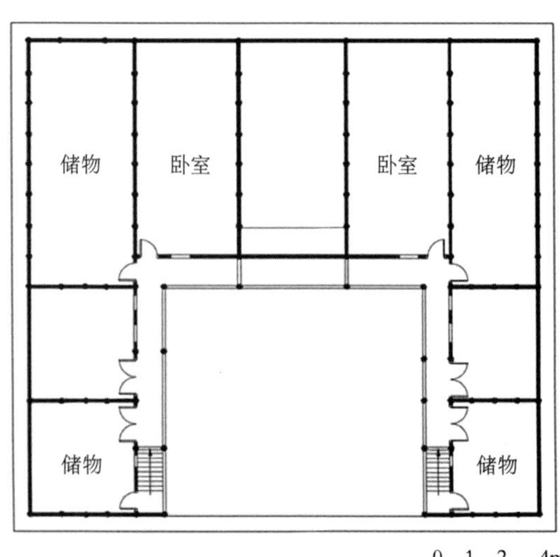

二层平面图

图8-1 秀水村住宅033#平面图

祇及祖先牌位，背后常设爬梯通向二层卧室，两侧次间常作为卧室使用；两侧为厢房，其一层多为牲畜圈、厨房或杂物间，二层为卧室；正房对面为院墙或照壁，与两侧厢房一起围合成“三面临舍、一面对墙”的院落空间。三合院围合出的庭院空间具有很强的实用性，可用作晾晒粮食、放置花木、集会休憩、堆放杂物等，院门通常不会位于正房对面的院墙上，常开在正房与一侧厢房的转角处。从外部特征来看，三合院外墙多采用块石砌筑方式，一层多为厚0.45～0.6米的石墙，墙上开小窗或不开窗，但有射击孔作为防御使用。二层外墙可见清晰的木构体系，在木构框架中嵌入厚0.1～0.15米的薄石板构建整个墙体。从外部看其整体封闭性较强，形成内向型空间，体现出较强的防御性。

（2）“三合院”立面基本形制。三合院布局方式的民居建筑同样可从屋面、墙体、地基三大要素看出其特征。正房屋顶最高，两侧厢房稍低，屋面多使用当地片石，规格多为0.5米见方20～30毫米厚的规整加工片石或自然片石。在铺作时，将片石按照由檐口至屋脊的顺序层叠搭接，依次搁置于椽子之上，整体呈鱼鳞状。

墙体多使用木石材料。合院外墙多为块石砌筑而成，厚度0.45～0.6米。石墙墙体较厚，坚固耐久，防御的性能突出，开窗很小，窗户形式多见长方形、圆拱形、尖形拱，造型大都十分简单朴拙，且墙上多开射击口以利于抵抗外敌。在一些品质较高的建筑中，可见精心凿平的料石砌筑的墙体，这些细制料石规格相似，表面平滑，可以直接砌筑成坚固美观的石墙，缝隙极小，色泽统一，体现出屯堡人精湛的技艺。内院外墙则多为木石结合构造而成，厚0.15～0.2米。内院一层外墙以腰线为界，腰线以下为块石砌筑，并作抹灰处理；腰线以上为木材拼搭而成；内院二层外墙及建筑内墙则多为全木质。

地基多为块石或条石砌筑而成。地基前设有台阶，多数沿底层墙面修筑，用长条形石块铺设。台阶一般宽1.2～1.5

米，踏步宽0.2～0.4米不等，踏步高0.15～0.3米不等，台阶尺度因坡度及材料而定。

8.2.2 四合院

四合院是屯堡聚落中的另一种常见的合院形式，规模更大，规制往往更为严整。

（1）“四合院”平面基本形制。屯堡四合院是以间为基本单位的完整、封闭的院落式空间。屯堡四合院以四面建筑围合中央天井，四周有厚厚的石墙围合，墙上较少开窗，或开小窗，常见不同形式的射击口；房屋的门窗均朝向园内开设。屋面出檐，从高处看，整个庭院仅见一隅。进院大门（朝门）不能正对正房大门，通常位于院落的左、右厢房一侧（图8-2）。由于四合院具有明确的轴线，正房位于纵轴线上，处于领导地位，其中的堂屋常作为整个家族共有的公共空间，有着至高无上的地位，堂屋通常用于日常生活起居和特殊节庆时期的祭祀活动。大部分堂屋的墙上有神榜，多为以红纸书“天地君亲师”；而正房的次间、稍间多用于长辈起居。左右厢房为子女一辈或其他亲眷拥有，处于次要地位。

图8-2 九溪村住宅065#平面图

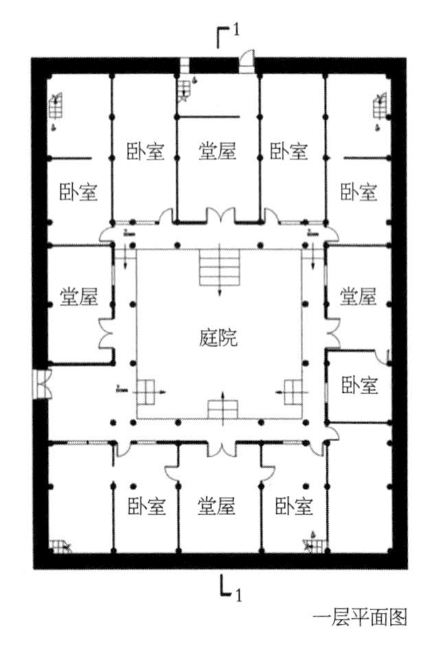

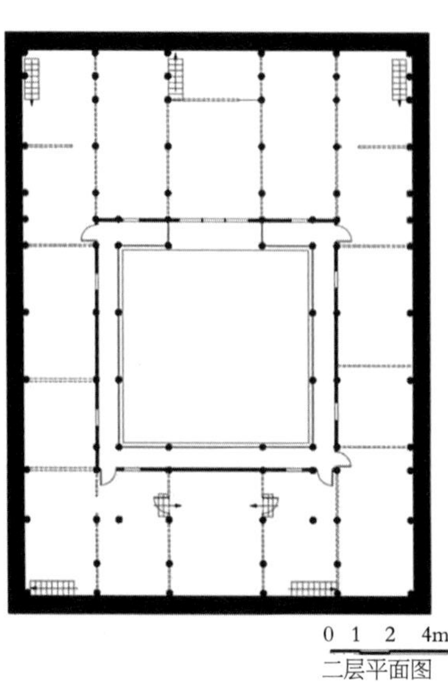

屯堡民居中，四合院的平面布局虽然不尽相同，但有共性明确的构成元素。首先，“院落”是屯堡四合院的核心构成要素，是院落建筑组织的中心和枢纽。四合院的核心位置为开敞的院落，这种以中庭为核心的组织方式与江南地区院落有着异曲同工之妙。院落利于自然通风及采光，同时开敞的内院为屯堡人的日常起居创造了舒适宜人的小环境。其次，廊也是屯堡四合院中的重要组成部分，由于这种合院式的建筑排布方式，廊道成为院子和建筑的过渡地带。其形式纷繁复杂，常见类型有跑马廊子、外挑廊等，且常见混合使用的方式。最后，由于屯堡聚落四合院多为两层或三层，楼梯也是不可或缺的重要组成部分。爬梯有的位于室外，有的位于室内。室外楼梯通常与入口朝门空间结合布置，为单跑木楼梯；室内爬梯常位于两层之间或二层有高差的位置，多数可任意移动，节约空间也利于防守。

（2）“四合院”立面标准型。四合院的立面组成要素和三合院极为相似，但是由于四合院通常为当地大户人家所见，格局完整、工艺精良，在建设和装饰的过程中投入了更多的精力，细部多见精致雕琢（图8-3）。

图8-3 九溪村住宅065#立面及剖面

8.3 铺面以及各种屯堡民居衍生类型

除了三合院、四合院之外，出于功能的需要，屯堡聚落中还出现了沿主要街面分布的商业铺面等民居类型。此外，从合院的基本形制出发，由于适应地形高差、人口繁衍、防御需求等原因，以及受近代以来外来文化影响，屯堡聚落中出现了一系列的民居衍生类型。

8.3.1 沿街商业铺面民居布局

沿街商业铺面随着贸易和商业的发展而逐渐出现，沿主街分布，呈现出下商上居、外商内居的功能布局。一字形布局向街道开放，呈现出鲜明的独立性、开放性。沿街商铺有两种主要的布局方式，一种是建筑三面（山墙两侧及背面）以石墙围合，留出建筑正面直接朝向街道，并直接对街道开门窗，使建筑和街道的关系更为紧密，在平面功能上，一层中央为正房，两侧厢房常为铺面、厨房，二层为卧室、储藏。

另一种则是在原有三合院或四合院的基础之上，将直接临接主街的倒座或者一侧的厢房替换成上述第一种布局的建筑单元，整体还是一个合院，具有与合院相同的内部空间，只是临街界面充分打开，方便进行售卖（图8-4）。其中特别的是，为了方便沿街售卖，直接面向大街的窗户直接作为售卖窗口，其下方的厚石墙进行了刻意加宽，可以放置货品并能够方便买卖双方交谈，这就形成了类似现代“柜台”的售卖空间（图8-5）。

图8-4 山京哨商铺东立面图

图8-5 山京哨商铺东立面

8.3.2 基于地形变化的衍生布局形式

地形对屯堡民居有着重要影响，屯堡聚落民居与地形结合十分紧密，建筑布局充分顺应地形和山势的特点，山旗堡等位于外围地带的屯堡村寨则都往往都处于陡峭的山地，民居院落结合地势布置人的生活空间和饲养牲畜的空间。

其民居院落在平面组织是利用不同的标高，形成“牲畜圈（地下室）——起居（一层）——卧室（二层）”的竖向布局。以山旗堡村住宅002#为例（图8-6），其地下层空间常布置为圈养牲畜或存放杂物的空间，地坪低于室外地坪；将牲畜圈等布置在地下室等地势较低且较不利于人的日常起居的位置。一层空间用于人的正常生活起居，二层则用作卧室或者粮食储藏。这种“上人下畜”的竖向空间布局模式与布依族民居的竖向布局极为相似，也体现出了屯堡人在营建过程中对当地地形的适应[15]。

图8-6 山旗堡村住宅002#平面及剖面　　地下室平面图　　1-1剖面图

8.3.3 基于院落组合的衍生布局形式

屯堡聚落中也有部分由多进院落组成的民居，以三合院或四合院为基本单元，组合形成两进或多进院落空间。多进院落往往由四合院等基本形制通过一定的方式衍生而成，主要有两种构成方式：

（1）“轴线型”多进院落。院落有明确中轴线，院门作为院落的起始设置在轴线的开端，与正房大门方向一致。朝门空间，是外部进入院落的唯一通道，大门体积并不大，这也是出于屯堡建筑防御性的需要。内部天井多为方形，有聚财的含义（图8-7）。此外，也有多个四合院横向扩展连接而成的院落民居。

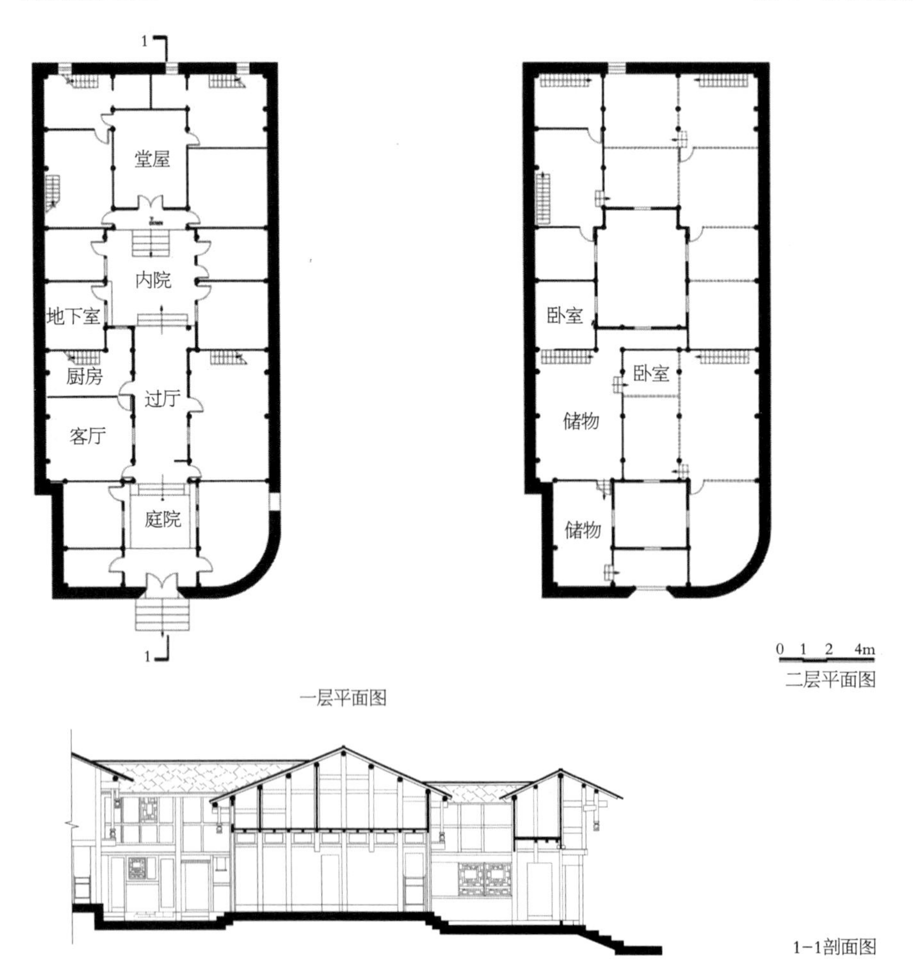

图8-7　鲍屯村住宅013#平面及纵剖面

（2）“自由型”多进院落。本寨村的宏坤别墅（图8-8），其基地位于地坪标高不同的两层台地之上，位于下层的三合院和位于上层的三合院之间进行了灵活的组织。下层合院大门直接开向巷道，合院形制并不完整，朝门开向下层庭院，两侧厢房一层现在用作厨房、起居和卧室。位于上层的院子形制完整，整体构建更为精致，外部的石墙砌筑工艺精良、形象质朴，内部十分重视木质构架基础上的各种装饰，内院门口为垂柱门罩，园内装饰从门窗隔扇到大门之上的门簪都以精致的木雕装饰。

图8-8　本寨村宏坤别墅平面图

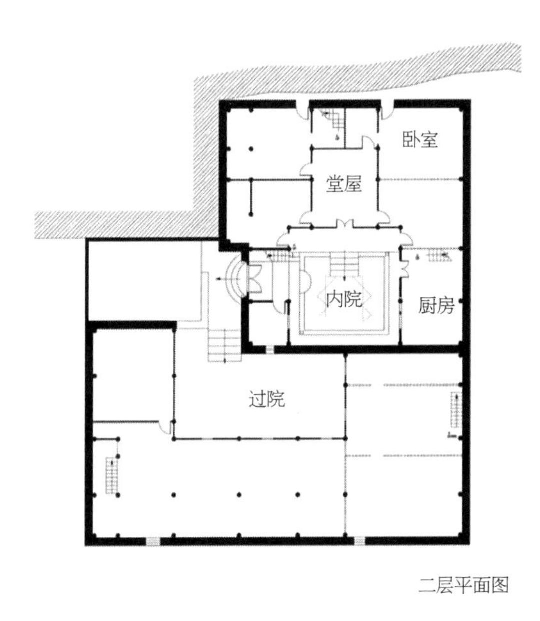

二层平面图

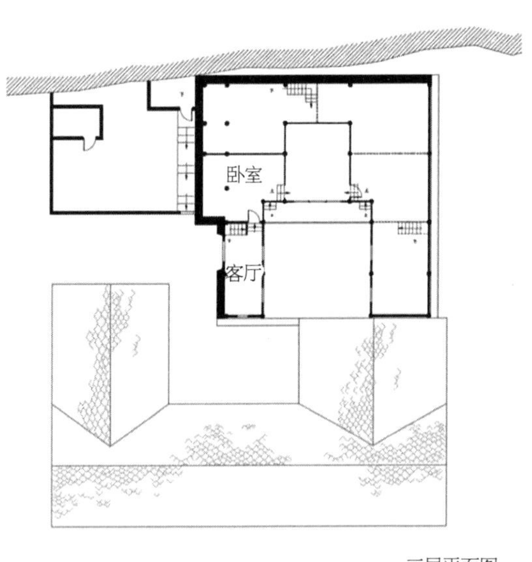

三层平面图

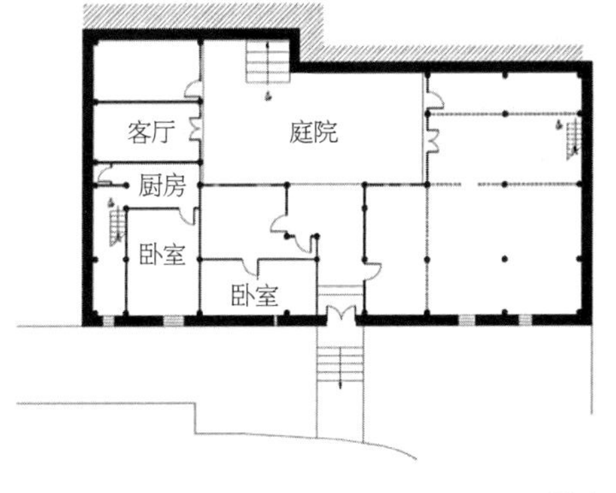

一层平面图

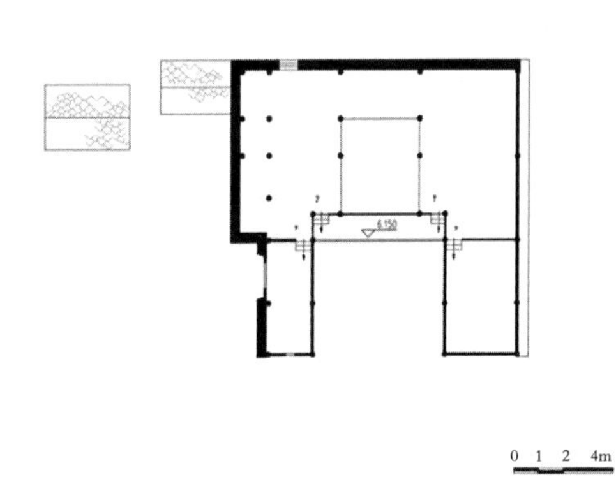

四层平面图

8.3.4 基于碉楼的衍生布局形式

清朝后期，由于长时间处于动乱状态，自我防御的需求十分迫切，屯堡民居普遍自行建造碉楼。大部分碉楼是富户修建用于自身守卫的，常与民居结合在一起，碉楼成为民居院落的一部分。碉楼与院落位置关系不一而足，但是其核心思想却是一致的，一是便于瞭望敌情，二是便于全家坚守其上。屯堡碉楼高度多为3～5层，使用木材和石材建造而成。外部为精细打磨的石块砌筑成的厚石墙，四面外墙上都开有小窗作为防御用的“投弹孔”；内部为木构架结构，各层为木质楼板，层与层之间以木质爬梯连接，爬梯没有扶手，可随时收起以利于防御。在此次调研的所有村寨中，本寨村中完整保留下来的碉楼共有7座，其数量之多，建筑之完整十分难得（图8-9）。

图8-9 本寨村几种碉楼与院落的空间关系

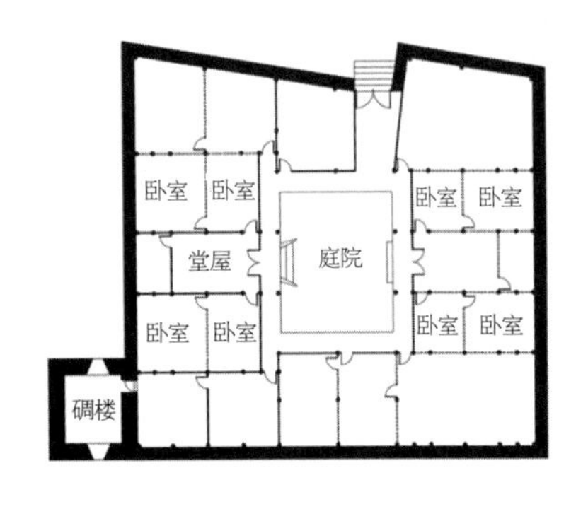

碉楼位于正房厢房交角（凸出院落之外）

碉楼位于正房厢房交角（位于院落内部）

碉楼位于厢房处（位于院落内部）

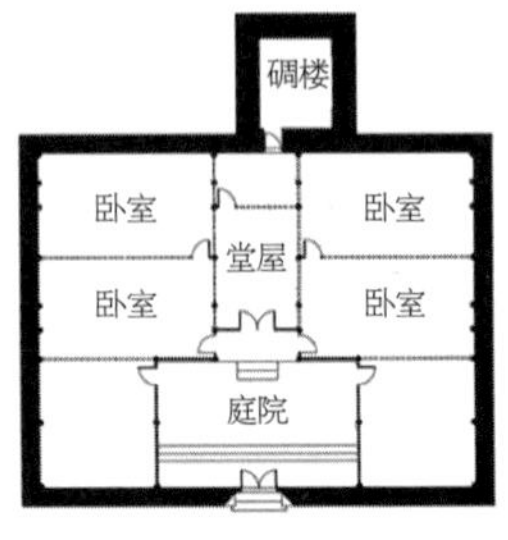

0 1 2 4m

碉楼位于堂屋后方（凸出院落之外）

8.3.5 基于外来文化的衍生形式

清后期之后，屯堡聚落民居中也经常能见到受外来文化影响的痕迹。屯堡人外出学习、经商有所得之后，回到家乡营建自己的房屋时，采用了大量中西合璧的建筑细部处理方式。在平面结构、构造方式以及内立面仍然采用传统屯堡民居的构建方式的基础上，在外立面样式、门窗式样等方面采用了大量西式做法。门窗多为弧形拱，其上部多为半圆或尖券，下部为方形。门窗上多有纷繁复杂的装饰，主要为草、藤蔓等图案。这方面的典型案例有本寨村的欧式大院与山旗堡村的住宅002#（图8-10）。

图8-10 两处受到外来文化影响的屯堡民居形式

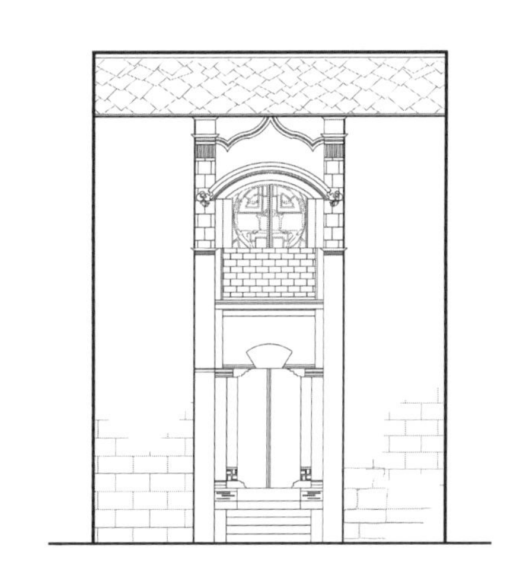

本寨村欧式大院南入口立面图

本寨村欧式大院照片

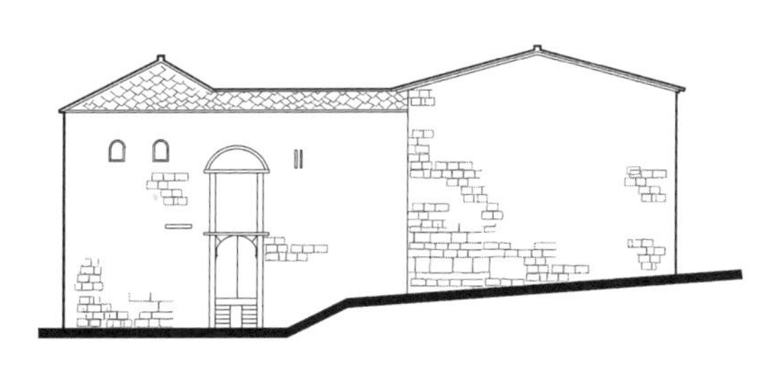

山旗堡村住宅002#东外立面图

山旗堡村住宅002#照片

8.4　一种聚落构成方式：合院—大院—聚落

屯堡社区最开始由军士及随军家属构成的核心家庭组成，但是后期随着其作为军屯的防御驻守功能的逐渐减弱，各个家庭的后代人口逐渐增多，逐渐形成了“小家庭—姓氏—村子”的社会构成。从空间构成的角度来看，最初的核心家庭随着家庭后代人口的增多，院落房屋沿着轴线方向扩展形成一个个连成一列的院落群，由同姓家庭居住，构成一个“大院”，如高官堡村的“杨家院”“范家院”“王家院”等。每个同姓氏族共用一个大院大门，大院中有一条公共巷道作为院落组织的载体，院落堂屋轴线与巷道方向相平行，巷道两侧院门均位于院落厢房一侧，院门直接开向巷道。高官堡中杨家院还有一杨姓祠堂（今建筑已毁），位于杨家院巷道尽头，作为杨姓多个小院共同的家族祠堂。在这一体系下，大院格局清晰，小院布置则呈现出明显的灵活性，院落形制和房间形状根据场地具体的高程、面积、形状作了不同的调整。由于防御性的要求，相邻院落常共用外墙，院落间联系紧密，形成了一种“小院—大院—聚落”的层级体系（图8-11）。

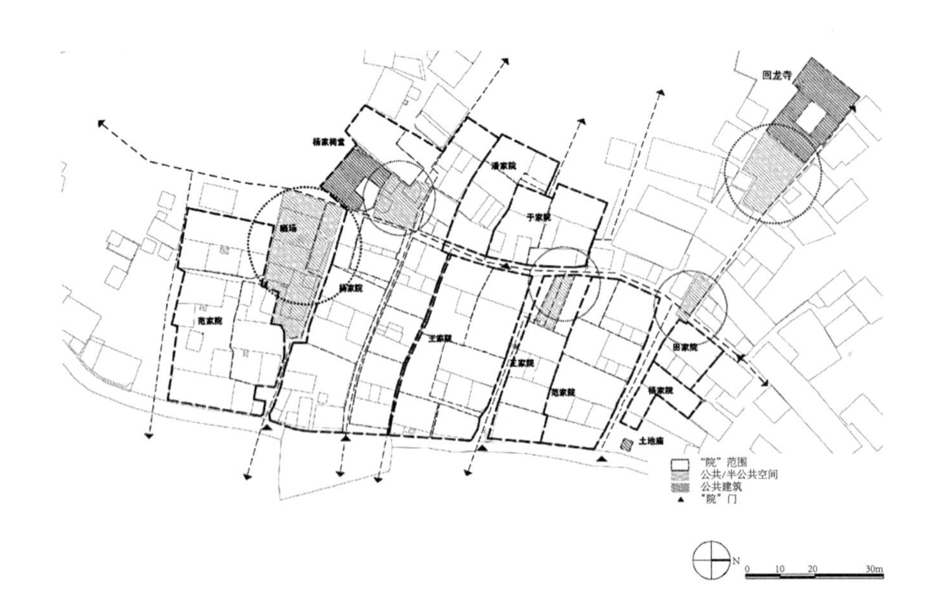

图8-11　高官堡村“小院—大院—聚落”层级结构示意图

8.5 小结

贵州安顺为典型的喀斯特地貌，同时自明初成为卫所屯田制的重要地点，这成为安顺屯堡建筑形成的地理环境和社会基础[16]。笔者调查研究发现合院式民居是构成屯堡聚落的基本单元，平面以院、间、廊、梯为主要构成元素，体现着明显的空间等级划分；立面以屋面、墙体、基座为构成元素，以石材、木为主要构建材料。在不同形制的建筑单体之中，可以清晰地辨识出民居建筑的基本特征：一是院落单体和建筑组团排布均顺应当地地形，聚落沿等高线铺展，依山就势；二是呈现出强烈的军事防御性，格局严整，墙上也多见射击孔等防御设施；三是因地制宜、选取当地材料，屯堡建筑均采用木石结合的构筑方式，外部石材造型简朴，内部木质注重装饰，体现出了当地特征并且节约了建造成本。

同时，研究也发现随着屯堡聚落功能的改变和屯堡人生活需求的增加，屯堡民居以合院为基本形制形成衍生类型。面对日益兴盛的商业活动，形成了沿街商铺；面对变化多样的地形，形成了“牲畜圈（地下室）——起居（一层）——卧室（二层）”的竖向布局；面对日益庞大的家族体系，形成了“轴线型”、“自由型”两种多进院落；完善了屯堡聚落的防御体系，使碉楼与民居结合营建；面对清末进入中国的西方文化，产生了一系列中西合璧的建筑细部构造方式。

此外，该区域还聚居着包括布依族等在内的多民族。他们生活在基本相同的地理环境之中，而数百年以来的交流与融合也使得当地布依族民居与屯堡民居具有了一些相似的特点。二者采用相似的砌筑材料和建造工艺，布依族民居与屯堡民居的建造材料均为石木结合，内部采用木结构体系塑造空间，外部为厚重的石墙围裹，同时为应对当地历史上多发的战乱都十分强调民居防御作用。但是，二者的基本形制仍存在显著的差别，屯堡民居以合院为基本单元，而布依族民居则以三开间建筑为基本构成单元[15]。随着时间的推移，后期当地布依族中的一些大户人家也开始建造合院式的民居，院中甚至采取了与屯堡民居基本相同的雕梁画栋等精美装饰，这也体现了文化之间的交流和涵化。

参考文献

[1] 罗德启. 贵州民居[M]. 北京：中国建筑工业出版社，2008.

[2] 孙兆霞等. 屯堡乡民社会[M]. 北京：社会科学文献出版社，2005.

[3] 单军，罗建平. 防御性建筑的地域性应答——以安顺屯堡为例[J]. 建筑学报，2011（11）：16-20.

[4] 耿虹. 安顺屯堡建筑环境景观研究[D]. 武汉：武汉理工大学，2009.

[5] 彭丽莉，龙彬. 贵州屯堡民居文化内涵浅析[J]. 南方建筑，2006（1）：47-49.

[6] 黄丹，张爱萍. 顺驭自然——黔中屯堡岩石民居的环境适应解读[J]. 城市建筑，2014（19）：108-111.

[7] 郎维宏，黄榜泉. 垂花门·木雕窗·石地漏——屯堡民居装饰初探[J]. 四川建筑科学研究，2009，35（5）：274-276.

[8] 罗德启. 山地特色 文化内涵 与时俱进——《贵州民居》编写前的思考[J]. 南方建筑，2008（5）：40-41.

[9] 朱良文. 对传统村落研究中一些问题的思考[J]. 南方建筑，2017（1）：4-9.

[10] 曾艳，陶金，贺大东，肖大威. 开展传统民居文化地理研究[J]. 南方建筑，2013（1）：83-87.

[11] 周政旭. 山地民族聚落人居环境历史研究的方法论探讨——以贵州为例[J]. 西部人居环境学刊，2016，31（3）：8-16.

[12] 杨宇亮，罗德胤，孙娜. 元江南岸多尺度多民族聚落的空间特征研究[J]. 南方建筑，2017（1）：34-39.

[13] 朱伟华. 黔中屯堡文化性质新探[J]. 贵州文史丛刊，2006（1）：69-73.

[14] 罗建平. 从“营房”到“民房”——安顺屯堡区民居发展考释[J]. 四川建筑科学研究，2012（1）：222-225.

[15] 周政旭，罗亚文. 黔中白水河谷地区山地布依民居研究[J]. 西部人居环境，2016（5）：98-105.

[16] 翁家烈. 屯堡文化研究[J]. 贵州民族研究，2001（4）：68-78.

（本章部分内容已刊载于《南方建筑》2018年第4期）

9

屯堡聚落文化景观的特征与价值

Characteristics and Values of Cultural Landscape of Tunpu Settlements

本章作者：周政旭，李敬婷，钱云

摘要：屯堡自明朝形成至今承载着六百余年的历史，特殊的文化氛围和山地环境孕育了极具特色的聚落景观。本章在“文化景观”的视角下，从区域、聚落、建筑及公共空间三个层面，分析屯堡聚落在空间、时间、精神三种维度中的演变历程，总结屯堡聚落的文化景观特征。研究认为，屯堡特有的文化多元性与丰富性以及聚落营建过程中对于山地环境的足够尊重都是支撑其保留至今并不断发展的重要因素，其“传承历史，顺应自然”的景观营造理念，对山地传统聚落的可持续发展具有十分重要的启示。

近年来，对于“屯堡”的研究方兴未艾，研究内容也已从单纯的建筑形态研究扩展到了社会文化层面，虽然成果日益丰硕，但是在文化多样性的支撑下，其文化景观的价值还有待被深入挖掘。

文化景观，索尔定义为“文化景观是由特定的文化族群在自然景观中创建的样式，文化是动因，自然是载体，而文化景观则是呈现的结果”[1]。经历近一个世纪的学术争辩和多次“价值转向”[2]，1992年世界遗产组织将文化景观作为世界遗产的一个类别纳入世界遗产实践体系。至此，学界对于文化景观遗产有了更加深刻的认识，即倡导在解读文化景观的过程中要不断反思人与自然、文化与自然的关系，在保护自然和生态的基础上，尊重文化景观的演变过程，站在经济、文化、历史、环境、政治等多个角度，衡量文化景观在空间、时间、精神等多种维度上的价值，并采取多条路径进行保护。

文化景观遗产是全人类公认的具有突出意义和普遍价值的“自然和人类的共同作品”，更加强调人与自然之间的相互关系[3-5]。在当前列入世界文化遗产名录的869项文化遗产和39项文化与自然双重遗产❶中，有多项体现出农业生产活动塑造的、体现人与自然互动关系的杰出案例。如2013年列入的中国云南红河哈尼梯田，世界遗产委员会认为这是哈尼人构建的包含山地、森林、梯田、村庄在内的、协调人类活动与自然环境的杰出案例，具有视觉上和生态上的突出价值。此外，也有不同地域文化碰撞产生的，以防御功能为主要聚落特色的杰出案例，如2007年列入的中国广东省开平市开平碉楼与村落，世界遗产委员会认为碉楼与周围的乡村景观和谐共存，“体现了中西建筑结构和装饰形式复杂而绚丽的融合，满足突出的普遍价值”❷。

本书研究的贵州屯堡地区，与以上案例既有共通之处，也在形成历程、对自然利用以及互动方面具有不同特点。屯堡聚落诞生于特定的历史背景下，因而形成了特定的军事职

❶ 数据截至2020年。

❷ 引自联合国教科文组织世界遗产中心，http://whc.unesco.org/en/list/1112.

能，这种职能决定了屯堡在区域聚落布局到居民生活方式的特殊性。同时，屯堡居民“亦兵亦农”，将其来源地——中原及江南地带——的农耕技术与云贵山地地形有机结合，并创新改进水利灌溉技术，形成了由山地、水体、森林、梯田及田坝共同构成的完整农业文化景观体系。在聚落营造建设方面，屯堡民居不仅在形制上实现了中原以及江南民居元素与山地民居特色的融合，还在功能上利用原有地形优势营建了完备的防御体系。本章将结合屯堡历史文化的演变过程，通过对安顺鲍屯、九溪、高官堡等多个屯堡村寨的实地调研测绘和居民走访，从“军事防卫与农业耕作”“原生传统与山地适应”“持续演进的文化景观”和“空间与社会生活的互动”四个方面讨论屯堡文化景观的价值，挖掘文化景观的构建与传承对于实现传统聚落可持续发展的意义。

9.1 屯堡聚落典型文化景观特征

9.1.1 区域层面

屯堡聚落的区域分布首先反映的是当时中央朝廷赋予其的军事功能。明初，一方面为了保障战略大通道的安全，另一方面为了在平息战乱之时各军屯之间既能各自为战，又能联合抗敌，遂形成了沿交通路线展开、以卫所为中心、占据田坝区域以及重要战略地点[1]等布局特点。屯堡聚落看似分散，实则紧密相连，既为各个军事据点间互通信息提供条件，又保证了驿道交通与通信的顺畅，像一张巨大的网，扼守住这条由云南通往中央王朝的重要通道。

同时，屯堡聚落的区域分布需要考虑“屯田”的顺利开展，因此普遍选址于具有丘陵平坝地带。卫所制的稳定是以保证屯田的数量及粮食的供应量为基础的，地形险峻的地方易守难攻，更适宜驻军，但屯垦又需要选择平坦开阔、易于

[1] 洪武十五年七月诏书《敕谕颍川侯傅友德、永昌侯蓝玉、西平侯沐英》：“军士势排在路上，有事会各卫官军剿捕。若分守各处，深入万山，蛮人生变顷刻，道路不通，好生不便……如敕奉行”。

耕作的地形，这些要求在以喀斯特山地地貌为主的贵州得到了满足。贵州多山，喀斯特地貌地形破碎，山前常形成较为平坦的可用于农耕的坝子，这里水源丰富，水质优良，土壤肥沃，田坝的面积虽然不大，但足以为整个屯堡聚落提供粮食。正是出于土地资源条件的限制，生活在贵州的少数民族及屯堡人十分珍视良田与水源，悉心守护着他们赖以生存的环境。

9.1.2 聚落层面

9.1.2.1 喀斯特山地的整体生态格局

屯堡人在选址时将聚落放置于整体生态环境的视角下。一方面，秉持“靠山不居山，近河不靠岸”的聚落营造原则，善于利用山水格局为聚落今后的发展奠定了良好的自然基础。另一方面，移民群体带来的农作技术与农耕文化，为其在黔中的繁衍生息奠定了基础。屯堡村落与周边山水环境关系亲密，村落建于靠近山脚的缓坡或平坝处，四通八达的水渠河流可以灌溉万亩良田。村落周边，尤其是山顶林木茂密、植被丰富，屯堡人对于这些大自然赐予的财富十分珍惜，并且有节制的取用，从而构架起了长久稳定的生态格局。

9.1.2.2 防御体系

在常年受到战乱侵扰的岁月里，屯堡人必须依赖完善的防御系统来应对恶劣的生存条件。通过将鳞次栉比的建筑与院落组合起来营建一道道坚固的防御工事，实现防御体系与村落布局的有机结合。

（1）寨墙。寨墙是村落防御体系中的第一道关卡，均以当地坚固的山石筑成，造型高且长，结合寨门对聚落形成包围之势，有些村寨会结合山地地形设置有不止一道的城墙和城门，从而达到战时易守难攻的目的。

（2）中轴对称的格局以及“大场坝”。如今的部分屯堡还保留了当年典型军屯军营的空间格局，呈现出明确的中轴对称空间格局。“大场坝”位于中轴位置，连通村内大小巷道，在历史时期一度承担集结、操练等军事功能。大部分屯堡尚存的校场基本都演变为供村民活动的公共空间，许多校场也作为公共建筑的前广场。如在鲍屯、吉昌屯等，大场坝和寺庙等公共建筑共同构成村落中最重要的公共空间。

（3）碉楼。大多数碉楼建于清朝中后期，是屯堡聚落中重要的防御建筑，均用石材筑成，高大坚固、庄严肃穆，其墙体上开有大小不一的洞口，用于瞭望、射击。碉楼战时可起到防御、指挥、避难等作用，平时也可防盗、储物。

（4）“囤”。“囤”是战乱年代的临时性避难场所，主要建于清朝“咸同之乱”时期。在广大屯堡聚落中，调研发现了多种类型的“囤”，可大致分为建在河湾处的水囤、建于洞中的洞囤和筑于山顶的山囤三种类型。

9.1.3 建筑与公共空间层面

9.1.3.1 民居建筑

现在的屯堡内的许多民居合院依然保留了较为完整的院落，院落格局基本沿袭了传统民居中尊卑有别、长幼有序的理念，布局方正，具有较强的防御能力。屯堡民居的营造顺应地形变化的特点，不光表现在建筑与建筑之间的错落有致，还表现在建筑单体内部的错层结构。

屯堡民居采用穿斗式结构，梁柱及内部装饰均使用木材，但在建筑外墙及屋顶，采用贵州当地石材，一方面起到加固和保护的作用，另一方面，也可以与贵州当地景观环境取得和谐。木与石的搭配，再加上传统江南建筑的装饰样式，如垂花门、八字朝门、窗花等，令建筑外观更加精致。

9.1.3.2 公共建筑

屯堡公共建筑因承载着居民的特殊活动，往往成为村寨的标志和中心，建筑性质以寺庙、祠堂为主，有些还包括戏台，是屯堡人进行宗教祭祀及社会活动的场所。

（1）寺庙。屯堡的寺庙类型有普通佛寺、汪公庙、五显庙、土地庙等，以上寺庙都延承了汉族传统信仰，在空间上通常占据村寨中位于功能轴线上的核心位置，或是周围重要山体的制高点，是举办各类公共活动和祭祀活动的重要场所。

（2）戏楼/戏台：常与寺庙一起构成村落的主要节点或轴线（如云山屯中戏台与寺庙相对而建，九溪村的戏台则是直接建在寺庙里），造型优美，用来举办地戏、花灯等传统节庆活动。

（3）祠堂：大姓家族设立祠堂以表示对祖先的敬畏，是以家族为单位的祭祀场所，建设在以同姓宗亲为单位的建筑组团中。

9.1.3.3　公共空间

公共空间是屯堡传统聚落整体空间格局中不可或缺的一部分，受其历史、自然、人文等多方面的影响，既是对山水格局、村落形态的延续，也反映了屯堡人民的社会活动。使得屯堡公共空间具备山地村镇的特色，又兼顾防御功能的属性，形成了由点到线，再到村落外部自然界面的有序连续的空间序列，并且通常都有突出的轴线对位关系，各类公共建筑与其面前的校场、练兵场、庙前广场等广场共同构成礼仪性较强的公共空间。它们是村寨的主要节点甚至是中心，由各类公共建筑围合而成，因此发挥多种多样的功能，如休憩、宗教、集会、交往等。

9.2　聚落文化景观价值提炼

安顺屯堡聚落具有文化景观中有机进化的景观（亦持续性景观，continuing landscape）的特点。从聚落选址时，坚持扼守孔道边关，与选择良田大坝子发展山地农业相兼顾；到聚落营建时，建造完备的军防工事和防御体系，与山水林田村构成的稳定生态格局相兼顾；到公共空间营造时，军事活动与公共活动相兼顾；再到最后居住生活时，民居建筑的院落式营造模式，与稳定的家族与邻里关系相兼顾，基于屯堡的发展历程，发展的各个环节无不体现出屯堡聚落人与自然相互作用并取得和谐的突出景观价值，具体可总结为以下方面。

9.2.1 特定历史阶段形成的文化景观：军事防卫与农业耕作

屯堡的形成具有其丰富的历史价值，为了满足特殊历史时期对于军事防卫与农业耕作的共同要求，屯堡人将聚落建造在山脚，积极构筑防御设施及耕种屯田，同时村落内部呈现出了典型的军营格局，做到了农耕与军防兼顾。起初屯堡的功能以军事防御为主，农业耕作为辅，农业为屯军提供后备资源，军与农相辅相成。当屯堡的历史身份发生转变时，其军事地位退化，越来越多居民从军户转为农户，军屯也逐渐演变为普通的农屯。

9.2.2 人与自然互动的文化景观：原生传统与山地适应

首先，体现在生态方面。屯堡聚落将山、水、林、田、村等要素集中纳入整体格局中考虑的营造理念，实现了水、植物、作物、营建耗材、生活废物等得以自我循环的可持续性强的有效生态模式。

其次，体现在农业方面。外来屯军的迁入带来了较为完善的水稻农业耕作技术，又针对贵州山地地形的特点，除了将田土置于宽广的坝子地带，还适当地配合地势营建山地稻田，形成小规模的梯田景观。另外，江南地区先进的水利思想和灌溉技术也得以引入并结合山地特色加以改良运用。

最后，体现在聚落民居的地方适应方面。民居在保留江南民居以木材为主特点的同时，就地取材，选用坚硬的山石筑造外墙与屋顶，建筑的外形、内部结构以及建造工艺等逐渐趋于山地化。

9.2.3 持续演进的文化景观：与历史身份的不断转变相伴

受人口繁衍、战乱冲击、制度变迁等内外因素的影响，在历史的不同阶段产生了不同类型的屯堡村落，它们具有相同的血缘与文化传承，但不同类型的屯堡聚落在空间形态与景观方面亦有自身特点，如最早形成的吉昌屯、鲍屯，以及后期形成的本寨、云山坉等。同时，各屯堡聚落自身也不断演进，在保持文化特色的同时也积极回应时代，当前呈现的村落文化景观则是包含了不同时代痕迹的整体。

9.2.4 反映社会生活的文化景观：空间与文化的互动

现在，许多屯堡年轻人离开了屯堡到城市打工并且安家，留下来的老一辈的屯堡人像普通的村民一样从事着基本的农业和经济活动，即便是这样，关于屯堡的传统活动依然延续了下来，地戏、抬汪公等在屯堡乡民社会中具有重要地位的公共活动直接与聚落空间息息相关。小小的平坝是表演地戏的剧场，丰富的祭祀活动为狭小的巷道增添了一份仪式感。文化与传统在高低错落曲折有致的空间中交融、互动。

9.3 小结

贵州省安顺屯堡聚落（群）是在特定历史条件中形成的汉族移民聚落。聚落植根于喀斯特山地地形及自然资源基底，在严密的卫—所—屯堡军事体制下，形成了具有突出的防卫驻守与屯田开垦功能、将军事聚落与山地稻耕生产相结合的典型人居环境营造与建设，从中体现出人与自然相和谐的互动关系，并且形成了屯堡社区的社会与文化。同时，我们也必须认识到，屯堡聚落从形成到现在，随着历史阶段的不同而处于不断演化的状态，今天的屯堡聚落，正是形成至今六百余年不断演化的结果。其最有价值的特点在于其对历史的诠释，对自然的尊重，对体制的回应，以及对文化的传承。一个朝代制度的推行使数以万计的军民背负特殊身份踏上了陌生的土地，继而成为世世代代的屯堡人，在满足战时功能的同时，怀着对自然的尊崇，以山为背、以水为枕精心营建栖息所。历史的车轮虽然带走了卫所制度和军队结构，但留下了对于明代军事文化的记忆，体现在村民劳作的日常里，镌刻在山水、古村、田坝间。

屯堡可以说是一种不断更新的“活的”文化景观，既高度保留了自身文化的可识别性特征，又反映了明确的地理文化区域特色，是乡村文化景观之经典；既是不同文化内涵相互碰撞交融的产物，又是人类试图不断与自然环境取得和谐的结果；是人与自然相互作用共同缔造的结晶。在这个过程中，人的活动作为其中的一个环节，帮助自然界实现了资源与物质的有机循环，屯堡人顺应环境的同时也在影响着环境，直到现在，都还保持着这种良性互动。

经过数百年的不断演化，屯堡聚落中鲜明的特色也被逐渐挖掘出来被越来越多的人了解，屯堡文化一直处于不断演进的状态，历久弥新；但是也出现了一些矛盾。一方面，屯堡在历史身份转变的过程中并没有意识到自身的文化价值，忽视了对于建筑物等的维护与修缮，出现了普遍存在于古村落中的“空心化”现象。另一方面，现代化旅游开发的介入，对于屯堡这类传统聚落的未来既是机遇也是挑战，过度的商业化开发往往会使其文化包装过于产品化，而失去了原本的质朴，以旅游开发为导向的景观改造活动也会对原本的景观格局造成一定程度的破坏。在此情况下，对屯堡传统聚落文化景观保护利用进行进一步的思考和研究显得尤为重要。

参考文献

[1] Sauer C O. The Morphology of Landscape[J]. University of California Publications in Geography, 1925, 2(2): 46.

[2] 李晓黎，韩锋. 文化景观之理论与价值转向及其对中国的启示[J]. 风景园林，2015(8): 44-49.

[3] 刘祎绯. 文化景观启发的三种价值维度：以世界遗产文化景观为例[J]. 风景园林，2015(8): 50-55.

[4] 单霁翔. 乡村类文化景观遗产保护的探索与实践[J]. 中国名城，2010(4): 4-11.

[5] 周政旭，李修竹，钱云. 贵州省白水河谷地区布依聚落文化景观特征分析与价值评估[J]. 风景园林，2016(5): 98-105.

[6] 吴必虎，刘筱娟. 中国景观史[M]. 上海：上海人民出版社，2004.

[7] 韩锋. 世界遗产文化景观及其国际新动向[J]. 中国园林. 2007, 23(11): 18-21.

[8] 周政旭，封基铖. 生存压力下的贵州少数民族山地聚落营建：以扁担山区为例[J]. 城市规划，2015(9): 74-81.

[9] 吕燕平. 安顺屯堡文化——黔中喀斯特环境中的汉民族地域文化景观[J]. 安顺师范高等专科学校学报(综合版)，2004(4): 66-67, 84.

（本章部分内容已刊载于《贵州民族研究》2019年第5期）

后　记

2008年，刚进入吴良镛先生门下攻读博士学位不久，先生带领我们几位刚进入研究阶段的“小学生”赴西南某地调研。临近尾声，我们几位还想在调研结束之后，结伴去河谷更上游的地方探索一番，但又顾虑于旅途安全、日程安排等。正在踌躇之际，先生知道了我们的想法，特意晚上召集开会，给我们讲了他年轻时的故事，其中一句至今记忆犹新：“腿脚长在自己身上，趁年轻时候就要多去看看。”后来，沿途峡谷的自然格局、城镇村庄、史前聚落遗址等都留下了深刻的印象。此后没多久，该地区发生了罕见大地震。我们除了庆幸于先生鼓励下成行的这段“计划外旅程”之外，还些许遗憾于当时为什么没有更多看一些地方，多记录一些东西。

此后，在吴良镛先生的指导下以贵州为对象开展相关研究。多次调研中逐渐领略到贵州各地少数民族聚落的美好，先生又鼓励我对此开展深入研究。2013年获得博士学位后，吴先生多方联系，促成了清华大学建筑与城市研究所、贵州省住房和城乡建设厅《贵州省“四在农家·美丽乡村”人居环境整治示范项目合作备忘录》的签署，本系列研究的开展即得益于该项合作搭建的平台。从选题到调研到写作过程，吴良镛先生每每悉心指导。先生的言传身教，无论是对治学的不懈追求，还是对我国城乡建设、传统文化的高度责任感，都深深感动并影响着我，并将使我终身受益。

在整个研究过程中，清华大学建筑学院的朱文一、吴唯佳、毛其智、左川、边兰春、武廷海、张悦、党安荣、刘健、于涛方、黄鹤、王英、赵亮等教授提供了诸多帮助与建议。在此一并表示感谢。

贵州省住房和城乡建设厅、安顺市人民政府、安顺市住房和城乡建设局等多家单位对我们的工作给予了大力支持。

调研地点热情的居民提供了无私的帮助。安顺学院吕燕平、吴羽、张定贵老师也对本书提出了诸多建议与意见。在此表示诚挚的谢意！

最后，感谢“山村志”的每位成员。由高校师生和安顺市建筑设计院组成的联合调研团队，在屯堡村寨集中测绘并多次补充调研，以及随后持续近3年开展专题研究，才让这本不成熟的册子得以呈现在所有读者面前。当然，书中还有很多错漏及不足之处，敬请读者批评指正。

周政旭

2021年8月